BIBLIOTHÈQUE

DES ÉCOLES ET DES FAMILLES

HISTOIRE

MONUMENTALE

DE LA FRANCE

PAR

ANTHYME SAINT-PAUL

PARIS

LIBRAIRIE HACHETTE ET Cⁱᵉ

79, BOULEVARD SAINT-GERMAIN, 79

1883

Droits de propriété et de traduction réservés

HISTOIRE

MONUMENTALE

DE LA FRANCE

LAON SOUS PHILIPPE-AUGUSTE

HISTOIRE
MONUMENTALE
DE LA FRANCE

CHAPITRE PREMIER

UTILITÉ DE L'ARCHÉOLOGIE NATIONALE
ET MANIÈRE D'EN ENTREPRENDRE FRUCTUEUSEMENT L'ÉTUDE

Il y a cent ans à peine, l'enseignement de nos annales françaises n'était compris dans aucun programme d'instruction publique, « parce que, disait le bon Rollin, l'ordre naturel demande qu'on fasse marcher l'histoire ancienne avant la moderne, et qu'il ne paraît pas possible de trouver du temps pendant le cours des classes pour s'appliquer à celle de France ».

Les travaux d'Augustin et d'Amédée Thierry, de Guizot, de Michelet, de M. Henri Martin, les patientes et heureuses investigations des érudits, les ouvrages de vulgarisation qui ont mis à la portée de toutes les bourses et de toutes les intelligences les trésors ainsi amassés depuis la Révolution et le premier Empire, rendent enfin si évident l'intérêt de notre histoire nationale, que l'ignorance n'en est plus permise désormais aux élèves de nos écoles. On apprend à voir ailleurs que chez les Grecs et chez les Romains les exemples de courage, de dévouement et de tant d'autres vertus qu'on propose à leur admiration; on leur apprend aussi leur propre généalogie, en ne leur laissant plus ignorer ce qu'ont été leurs aïeux pendant près de deux mille ans.

Il ne faut pas néanmoins se le dissimuler : telle qu'elle est étudiée, l'histoire de France manque encore d'un complément. Ce complément n'est pas indispensable, sans doute, et les programmes classiques, déjà si chargés, n'ont pu lui trouver sa place; mais il est très utile, si utile, que l'État, dès aujourd'hui, en créant des musées et de nouveaux cours, cherche à le rendre accessible à toutes les personnes désireuses de bien comprendre notre passé, et qu'il se décidera peut-être à l'élever au rang de branche obligatoire pour les établissements d'enseignement secondaire et d'enseignement supérieur. Nous voulons parler de l'archéologie[1].

L'*archéologie*, c'est-à-dire la connaissance des arts et tout particulièrement de l'architecture des peuples antérieurs à notre époque, est depuis longtemps presque inséparable de l'étude de l'histoire ancienne, surtout de celle des Grecs et des Romains. Cette connaissance des arts, qui nous fait pénétrer plus intimement dans les sociétés d'autrefois, est aussi une des meilleures écoles du goût, et chaque jour elle fournit à nos contemporains de précieux modèles pour la construction et la décoration de nos édifices.

De tels avantages semblent spécialement attachés à l'étude des antiquités françaises. Quel plaisir n'éprouverions-nous pas à comprendre les monuments qui se présentent partout à nos regards, que nous pouvons analyser nous-mêmes, et qui reportent notre esprit sur les générations dont nous sommes les héritiers? Quels enseignements artistiques n'avons-nous pas à puiser dans les édifices qui, malgré la différence des âges, conviennent mieux à nos mœurs et à nos climats que ceux dont les systèmes sont empruntés aux peuples étrangers? Il est surtout une considération qui doit rendre chère aux Français l'archéologie nationale : en s'y adon-

---

1. « L'architecture française est si intimement liée à notre histoire, aux conquêtes intellectuelles de notre pays, à notre caractère national, dont elle reproduit les traits principaux, les tendances et la direction, qu'on a peine à comprendre comment il se fait qu'elle ne soit pas mieux connue et mieux appréciée, qu'on ne peut concevoir comment l'étude n'en est pas prescrite dans nos écoles, comme l'enseignement de notre histoire. » Ainsi s'exprimait, dès 1854, le plus savant architecte de notre époque, Eugène Viollet-le-Duc (*Dictionnaire raisonné de l'architecture française*, t. I, p. 146). Il existe déjà une *Archéologie des jeunes filles*, mais très succincte, publiée en 1876 pour les élèves des religieuses Ursulines de Clermont.

nant sans préjugé, ils ne tarderont pas à voir que notre pays a surpassé les autres par la perfection de ses monuments et l'incomparable génie avec lequel il en a découvert et modifié les types.

Il n'est donc pas d'étude plus patriotique, plus apte à développer dans les jeunes cœurs l'amour et le respect de la France que l'étude de notre ancienne architecture. Aussi l'archéologie nationale gagne chaque jour du terrain et les traités qui lui sont consacrés tendent à se multiplier.

Nous n'avons pas, quant à nous, en ce moment, la prétention d'écrire un de ces traités méthodiques et détaillés destinés à faire connaître scientifiquement toutes les causes modificatrices et tous les caractères de l'art monumental. Plus modeste, mais non moins utile peut-être, nous nous adressons à ceux que rebuteraient encore et les grands mots tirés du grec, comme celui d'archéologie, et les développements techniques. Nous allons retracer l'histoire des monuments plutôt que celle de l'art, nous nous rapprocherons de l'histoire de France proprement dite, dont nous relèverons certains côtés trop négligés dans les livres classiques et fort bons à connaître; cela pourtant sans négliger tout à fait l'explication des principales causes et des grands résultats des transformations de l'architecture[1].

L'histoire de l'architecture n'est pas, en effet, un simple exposé descriptif des formes monumentales qui se sont succédé à travers les siècles : il faut ajouter à cet exposé de nombreux raisonnements scientifiques, ainsi que l'a fait, pour l'art du moyen âge, l'immortel Viollet-le-Duc. On a cessé pour toujours de ne considérer dans les évolutions de l'architecture que les caprices des constructeurs ou les goûts instinctifs des populations : on admet aujourd'hui que l'art de bâtir est soumis à de rigoureuses lois, aussi bien dans son histoire que dans sa constitution.

Il y a pourtant de fausses architectures : ce sont précisément celles qui dérivent du caprice et de la fantaisie. Nous en avons en France depuis Louis XIII et surtout depuis Louis XIV. Mais, avant

1. La lecture des considérations suivantes devra être omise momentanément par les élèves qui n'auront pas encore commencé leurs cours de physique et de géométrie. Bien que très utiles, ces considérations ne sont pas absolument indispensables pour l'intelligence du reste de l'ouvrage; on pourra n'y recourir que pour les définitions les plus nécessaires, avec le secours d'un index spécial placé à la fin du volume.

ces deux règnes, nos ancêtres ont presque toujours possédé la vraie architecture, celle qui suit la marche naturelle et s'inspire avant tout des nécessités du climat, de la qualité ou de la quantité des matériaux mis en œuvre, et de la destination des édifices.

L'architecture n'est pas un art libre, comme le sont la sculpture, la ciselure, la céramique et la peinture. Elle est un art usuel, indispensable, et elle se laisse conséquemment dominer par les besoins variés et souvent impérieux qui en provoquent l'usage. Elle est également astreinte aux lois inflexibles de la pesanteur, à celles de la climatologie et de la géologie. Or, lorsque le superflu s'ajoute à l'utile, c'est pour le faire valoir et non pour le cacher, et quand on obéit à une loi, il n'en faut point affecter le mépris en voulant paraître s'en affranchir. Agir autrement, c'est renoncer au bon sens, et l'architecte coupable d'un tel manque de sagesse mérite d'être comparé à un littérateur qui, ayant à écrire un discours, une narration ou une poésie, chercherait les mots et les tours de phrase avant de connaître le sens qu'il doit donner à sa composition.

Pour être encore mieux compris, nous distinguerons explicitement, dans les œuvres d'architecture, deux éléments principaux : la structure proprement dite et la décoration. La *structure* est la masse, la disposition des matériaux mis en œuvre pour élever un édifice, et la forme simplement dégrossie résultant nécessairement de cette essence matérielle; la *forme cultivée* ou *monumentale*, la *décoration*, est l'apparence, rendue agréable, sous laquelle se présente cet édifice. Lorsque la structure et la forme cultivée sont réunies, la première devient le point de départ du beau architectural; elle est comme le fond sur lequel vient s'appliquer sans dissimulation la forme monumentale, si elle veut être comprise et plaire.

Ces considérations, très importantes lorsqu'il s'agit d'étudier tout spécialement les conditions du beau monumental, pour comparer entre eux les mérites des principales manières de bâtir, expliquent ici comment les genres d'architecture dont nous aurons à nous occuper, basés sur cet accord de la forme cultivée avec la structure, de la structure avec le but et les moyens, ne dépendant pas de caprices individuels, mais de circonstances variables comme les peuples, les siècles, les religions, les climats et les matériaux, sont par là très divers.

Néanmoins ces divers genres se rattachent tous à deux grands principes généraux, dont les premières applications remontent à l'origine même de l'architecture.

Aussitôt que les premiers hommes éprouvèrent le besoin de se préserver des intempéries et de se tenir en garde contre les agressions soit de leurs semblables, soit des bêtes fauves, ils s'occupèrent de trouver ou de se construire des gîtes capables de les abriter et de les clore. Aux uns le pays fournit lui-même des habitations plus ou moins commodes, creusées par la nature dans le flanc des montagnes et les berges des fleuves. Aux autres le sol ne donna que des troncs ou des branches d'arbres qu'il fallut arracher, dresser, relier ensemble, pour ensuite garnir cette ossature de murs en terre ou en bois et d'une toiture de feuillages ou de chaume. Dans ces deux genres d'abri, la grotte et la cabane, se sont manifestés les deux principes généraux dont nous venons de parler.

Le principe issu de la cabane parvint beaucoup plus tôt que l'autre à son complet développement, parce qu'il est de beaucoup le plus simple. Nous l'appellerons la *stabilité inerte.* Dans ce principe, les couronnements, disposés en traverses horizontales ou plates-bandes, pèsent verticalement sur les supports, sans les solliciter à s'incliner d'un côté ou de l'autre. La construction ainsi disposée reste par elle-même stable, immobile, inerte ; de là le nom que nous donnons au premier principe général, appliqué dès la plus haute antiquité avec succès par les Égyptiens, porté par les Grecs à ses combinaisons les plus parfaites, et mis habilement en œuvre par les Perses, les Romains, les Hindous et les Khmers.

Chez tous ces peuples, les édifices en pierre ne firent que continuer, en l'amplifiant et en l'enrichissant, le type originaire des constructions en bois, comme en témoignent les termes mêmes qui désignent, en grec ou en latin, certains membres d'architecture, et aussi plusieurs motifs de décoration qui n'ont pu être inspirés que par des monuments faits de la dépouille des arbres.

Le principe général issu de la grotte est celui des *poussées obliques,* bien moins simple que le premier et toutefois presque aussi ancien, du moins dans les bâtisses les plus considérables. Quand on ne put trouver ou qu'on n'osa employer des pièces de bois ou des blocs de pierre d'une portée suffisante pour relier deux supports quelque peu éloignés l'un de l'autre, il fallut bien adapter l'un à côté de l'autre de petits matériaux; mais ces matériaux, placés en ligne horizontale, se seraient sûrement désagrégés; on se décida alors à les disposer en courbe très bombée. De là l'arc et la voûte, dont les excavations naturelles avaient fourni l'idée, et que l'on obtint surtout dès que la brique fut connue.

Le principe des poussées obliques est à double titre plus complexe, plus embarrassant dans ses applications, que le principe de la stabilité inerte. D'abord, il est moins facile de construire avec des matériaux de moyenne ou de petite dimension des arcs d'une structure solide que de maintenir sur deux supports une pièce horizontale unique; ensuite, il faut, avec l'arc ou la voûte, étayer les supports eux-mêmes, incessamment en butte à la propriété qu'ont les arcs d'écarter l'un de l'autre les points sur lesquels ils s'appuient. Il y a deux moyens de venir au secours de supports ainsi menacés : on peut, ou bien étouffer la poussée en renforçant les supports et en leur donnant une épaisseur considérable dans le sens où s'opère le mouvement; ou bien neutraliser cette poussée par une poussée agissant en sens contraire, opposer un arc à un autre arc, une voûte à une autre voûte, de manière à produire l'équilibre. De là deux degrés dans le principe des poussées obliques; nous déterminerons désormais le second degré par le nom spécial de *principe d'équilibre*.

Les Assyriens, habiles dès la plus haute antiquité à cuire la brique, employèrent les premiers l'arc et la voûte, qui, après eux, ne furent inconnus ni des Juifs, ni des Phéniciens, ni de quelques peuples de l'Asie Mineure, auxquels peut-être les Étrusques, issus des Lydiens suivant Hérodote, les empruntèrent pour les transmettre plus tard aux Romains. Ces derniers en firent la base de leur système monumental, et ce fut d'eux que l'empruntèrent à leur tour les Gaulois, directement, et les Arabes, les Russes et les Allemands du moyen âge, par l'intermédiaire du style byzantin.

Il est impossible d'établir, d'après les deux principes généraux ci-dessus énoncés, deux grandes divisions chronologiques dans l'histoire de l'art, puisque les applications de l'un et de l'autre ont été et sont encore à peu près contemporaines. Il serait moins difficile de créer des divisions géographiques, en groupant ensemble les peuples selon le principe qu'ils ont adopté, mais encore ici l'exactitude serait loin d'être parfaite, car plusieurs peuples ont recouru simultanément à l'un et à l'autre principe.

En tête de ces derniers peuples il faut placer les Romains, et c'est en ce moment que nous allons nous occuper scientifiquement de leur architecture, racine et point de départ de l'art français.

Les Romains, dès les premiers temps de leur histoire, employèrent systématiquement l'arc et la voûte. Leur esprit pratique, bien connu, les fit recourir au principe des poussées obliques, qui les dispensait d'extraire, de transporter à grands frais et d'élever de gros blocs monolithes, dont, au reste, le sol italien était moins prodigue que celui de l'Orient. Avec cet emploi des petits matériaux, l'arc était seul possible.

Les murs romains étaient généralement parementés en briques seules ou en petits moellons cubiques noyés dans un ciment très dur et remplacés souvent, à des intervalles réguliers, par des zones de briques. Entre les parements étaient jetés sans ordre du mortier et des débris de pierre formant le *blocage* ou noyau du mur.

L'arc préféré des Romains était le *plein cintre* ou arc en demi-cercle : c'est la courbe la plus naturelle et la plus simple, et celle dont l'usage a presque toujours dominé, si l'on excepte la période gothique. Souvent, dès l'antiquité comme de nos jours, le plein cintre fut plus ou moins rogné à sa base et ne décrivit qu'une portion de demi-circonférence : ainsi fut formé l'*arc bombé*, plus plat cependant que le plein cintre et par conséquent de nature moins solide. Les Romains connurent à peine l'*anse de panier*, arc de même famille que l'arc bombé, mais formé de trois courbes représentant la moitié d'une ellipse coupée sur son plus long diamètre.

Trois sortes de voûtes furent usitées chez les Romains : le berceau, la voûte d'arête et la coupole.

Les *voûtes en berceau* sont simplement un arc dilaté, comme les arches d'un pont, ou, si l'on veut, un demi-cylindre creux.

Les *voûtes d'arêtes* sont engendrées par la pénétration de deux berceaux à hauteur égale.

Ce système a l'avantage de reporter le poids et la poussée des voûtes sur des points déterminés que l'on peut isoler, tandis que les berceaux poussent d'une manière continue et nécessitent des murs d'une épaisseur considérable, qu'on n'est pas toujours dispensé de soutenir au moyen de piliers extérieurs ou *contreforts*.

La *coupole* se construit sur une base circulaire ou polygonale. Sa figure est celle d'une calotte. Un de ses avantages est sa faible poussée; mais si on veut l'élever sur quatre points d'appui, il faut disposer sous la base de la coupole un système de maçonnerie destiné à reporter le poids sur ces quatre piliers, et cette surcharge donne à l'ensemble une grande lourdeur.

Ce que nous disons des avantages et des inconvénients des voûtes romaines va bientôt avoir son application.

En donnant de grands développements au principe des poussées obliques, les Romains rendirent possibles les intérieurs vastes et dégagés, qu'on ne fût jamais parvenu à couvrir par des plates-bandes horizontales. Le christianisme, qui avait précisément besoin de vaisseaux spacieux et libres de tout encombrement de piliers, aurait trouvé une satisfaction complète dans l'architecture romaine, si elle était restée pure et indépendante. Étrangers aux délicatesses du goût, les Romains s'aveuglèrent, dans leur admiration pour les Grecs, jusqu'à prendre l'architecture de ce peuple, toute dérivée de la stabilité inerte, pour l'unir à la leur, inspirée du principe des poussées obliques. L'architecture grecque, si merveilleuse sous le ciel de l'antique pays des Hellènes, ne fut pas comprise par les conquérants du monde, qui, en la faisant passer dans leurs rudes mains, en détruisirent l'incomparable harmonie, et ensuite l'appliquèrent, semblable à une gigantesque ornementation, contre leurs édifices arqués et voûtés. Ils firent de l'architecture grecque une sorte d'enveloppe, un vrai maillot qui arrêta pour longtemps les progrès de l'art monumental. Aux difficultés déjà inhérentes à la construction des voûtes ils ajoutèrent les obstacles du principe de la stabilité inerte inconsidérément employé, et ils allèrent jusqu'à répandre dans les intérieurs mêmes ce principe incommode, qui amena dans les espaces libres et ouverts les plus regrettables réductions. Les Romains perdirent ainsi l'occasion de conduire à son apogée le principe des poussées obliques; en disparaissant de la scène du monde, ils laissèrent aux nations qui les remplacèrent le soin de réaliser les perfectionnements que la civilisation eût été en droit d'attendre d'un peuple aussi intelligent et aussi habile.

Avant de mieux montrer quelle rude besogne les Romains transmirent au christianisme occidental, nous devons rappeler en deux mots ce qu'était l'art grec.

De simples traverses de bois supportées par des troncs d'arbres les premiers habitants civilisés de l'Hellade surent tirer une ordonnance qui, en passant dans la pierre, devint le prototype du genre d'architecture appelé encore *classique*, parce qu'il fut longtemps chez nous le seul dont l'étude fût recommandée ou même permise. Le tronc d'arbre devint la *colonne*, c'est-à-dire un cylindre ou plutôt un cône tronqué très allongé, dont la partie la plus large s'appuya sur le sol du monument, soit directement, soit plus rarement, en Grèce, par l'intermédiaire d'une *base*. Cette dernière consistait simplement en une large tablette semblable à une énorme brique (de là le nom de *plinthe*, tiré du grec πλίνθος); quelquefois, entre la plinthe et le pied du cône tronqué, fut interposé un membre d'architecture qui, au lieu d'avoir le plan carré comme la plinthe, s'arrondit comme la colonne, dont il embrassait le pied. Là est à proprement parler la base, dont le profil, depuis l'antiquité jusqu'à notre époque, a offert comme moulures dominantes un gros *tore*, ou moulure demi-cylindrique posée immédiatement sur la plinthe, et une *scotie*, autre moulure arrondie, mais creuse et dont le contour n'est pas exactement une portion de cercle; au-dessus de la scotie régnait souvent un second tore, plus petit que le premier.

La partie lisse de la colonne est appelée spécialement le *fût*, du latin *fustis*, qui signifie « bâton ». Outre ce souvenir des constructions en bois, on en retrouve un autre dans le nom de *cannelures*, tiré du latin *canna*, « roseau », et donné aux entailles longitudinales que l'on pratiquait, soit sur une partie, soit sur toute la longueur du fût, dans les édifices tant soit peu riches.

Du côté opposé à la base, c'est-à-dire à son extrémité supérieure, la colonne se termine, dans toutes les architectures connues, par un évasement ou un encorbellement de forme très diverse qu'on nomme *chapiteau*. Ce chapiteau doit être taillé de manière à présenter un plan circulaire du côté du fût, puisque celui-ci est cylindrique, et du côté de l'architrave un plan rectangulaire, afin d'offrir à celle-ci une assiette plus convenable. Plusieurs peuples dont nous n'avons pas à nous occuper, notamment les Égyptiens, n'ont pas cherché à utiliser la saillie formée par le chapiteau. La partie arrondie du chapiteau est appelée *corbeille*, surtout quand cette partie se couvre de feuillages. La partie supérieure du chapiteau, de forme carrée, porte les noms d'*abaque* et de *tailloir*, qui ont un même sens et dérivent de deux mots, l'un grec (ἄβαξ), l'autre latin (*tabularium*), signifiant également « table » ou « tablette ».

Sur le chapiteau repose l'*entablement*, composé de deux parties essentielles : l'*architrave* et la *corniche*. La première, dont le nom signifie « maîtresse-poutre », se trouve en effet au niveau des poutres principales qui soutiennent le plafond de l'édifice. La *corniche* n'est

qu'un ensemble de moulures accusant une saillie assez forte pour permettre aux eaux pluviales de tomber sur le sol sans rencontrer aucune des autres parties ci-dessus décrites. Très souvent, entre l'architrave et la corniche, l'entablement présente une partie plate favorable à la décoration et que l'on appelle *frise*.

Base, colonne, chapiteau et entablement constituent, réunis, ce que l'on appelle un *ordre*. Les ordres se reconnaissent surtout à leurs chapiteaux. La figure ci-jointe représente quatre ordres, auxquels a été ajouté, sous la base, le *piédestal*, membre peu connu des Grecs, rare chez les Romains, et qui était un moyen d'augmenter la hauteur des ordres sans en changer les proportions.

Les Romains eurent un *dorique*, différant de celui des Grecs dans ses proportions, sa forme et ses détails : il est le second dans la figure précédente. Le premier est l'ordre *toscan*, qu'on peut considérer comme un dorique simplifié, si l'on n'aime mieux en rapporter l'invention aux Toscans ou Étrusques, dont on lui a donné le nom. Le chapiteau dorique romain et le chapiteau toscan se ressemblent beaucoup, mais l'entablement dorique porte des ornements, et la colonne dorique est souvent cannelée, tandis que l'ordre toscan exclut rigoureusement toute décoration et toute sculpture. Le troisième et le quatrième ordre sont l'*ionique* et le *corinthien*, assez semblables chez les Romains à ceux de la Grèce ; toutefois les Romains, en joignant les grandes volutes ioniques au feuillage corinthien, formèrent une sorte de cinquième ordre, appelé *composite*, parce qu'il est composé (*compositus*) de deux autres ordres. L'ordre corinthien, soit pur, soit composite, est celui qui a dominé sous les Césars ; c'est lui qui par conséquent a eu la plus grande influence sur les chapiteaux du moyen âge.

En adoptant le système des ordres classiques, les Romains leur fixèrent des proportions à peu près invariables. La base, le chapiteau, la fri⸱e, etc., devaient être en relations déterminées avec le demi-diamètre ou rayon de la colonne : c'était ce que nous appelons le *module*. De là des obstacles nouveaux dans la libre disposition des édifices. Lorsque les ordres furent appliqués aux murs de façade, les arcades ou les voûtes donnant sur les murs durent se plier aux proportions de ces mêmes ordres, au risque de gêner toutes les dispositions intérieures ; et quand les colonnades furent introduites dans les intérieurs, dans les péristyles, — on désigne sous le nom de *péristyle* une colonnade ou ensemble de colonnes entourant un édifice ; si au contraire l'édifice entoure la colonnade, le péristyle est dit plus spécialement *portique*, — il fallut souvent renoncer à la voûte et se contenter de plafonds en bois.

Les Romains ne furent vraiment grands architectes que dans les constructions d'où ils exclurent les ordres classiques ou dans lesquelles ils surent assigner à l'entablement un rôle subalterne. Il n'en fut malheureusement pas ainsi dans les monuments que les premiers chrétiens trouvèrent à leur disposition.

Les riches patriciens romains possédaient dans leurs maisons une vaste salle à trois nefs dans laquelle se tenaient les grandes réunions, celles surtout où, pour des motifs divers, ils donnaient audience à leurs clients. On sait quelle ostentation mettaient les citoyens de Rome à leurs réceptions solennelles; aussi le lieu qui en était le théâtre était-il le plus orné de la demeure patricienne : de là son nom de *basilique,* qui signifie « royal ».

On appelle *nefs* les divisions formées, dans le sens de la longueur ou de la profondeur d'un édifice, par des rangées de colonnes ou de piliers; le mot *nef* s'applique aussi à la partie d'une église qui est en deçà du chœur, sans tenir aucun compte de l'existence ou de l'absence des divisions longitudinales. En adoptant en ce moment le premier sens, nous répétons ce que nous venions déjà de dire, que les basiliques romaines avaient trois nefs. Celles-ci étaient fort inégales : la nef du centre était d'une largeur à peu près double et d'une élévation beaucoup plus considérable; les nefs latérales, que nous appellerons aussi *collatéraux* à cause de leur situation, et *bas-côtés* à cause de leurs proportions relatives, étaient bien plus petites; souvent elles étaient surmontées d'une galerie ou tribune de même largeur qu'elles. Les colonnes séparant les trois nefs supportaient au-dessus des collatéraux ou des tribunes les murs de la nef centrale, qui étaient percés de fenêtres et supportaient à leur tour le grand comble.

Les nefs se terminaient par un chancel ou clôture en balustrade, et au delà de cette clôture, appelée *septum* en latin, les colonnades s'interrompaient pour laisser libre toute la largeur entre les deux murs extrêmes de la basilique. Cet espace ainsi dégagé est nommé par les archéologues *transsept,* parce qu'il se trouvait « au delà de la balustrade », *trans septum.*

L'extrémité de la basilique opposée à la façade, et appelée *chevet,* s'arrondissait en forme d'*abside* peu profonde et peu élevée, s'ouvrant sur le transsept.

Ces basiliques privées furent consacrées au nouveau culte par les premiers patriciens qui se convertirent au christianisme : non seulement leur valeur artistique, mais encore leurs dispositions particulières en faisaient des sanctuaires tout à fait convenables pour les actes les plus imposants de la religion catholique. Les fidèles se placèrent dans les nefs; les tribunes furent réservées aux femmes :

de là leur nom de *gynécées*, tiré du grec, et qui signifie « apparte-
ment des femmes »; dans le transsept se rangèrent les ministres
du culte, en laissant libre l'espace central où se dressa l'autel ;
enfin l'évêque, du fond de l'abside, présida les assemblées[1].

Le culte catholique s'identifia en quelque sorte si étroitement
avec les dispositions basilicales, qu'il les reproduisit dans les églises
construites durant les intervalles des persécutions, et que, lorsque, sous Constantin et surtout sous Théodose, les temples païens,
dépouillés de leurs idoles, furent mis à sa disposition, il ne trouva
pas à les utiliser. Entourés au dehors d'un péristyle qui éloignait le
jour, dépourvus de fenêtres et consacrés à des cérémonies extérieures, ces temples ne pouvaient guère servir à des réunions ou à
des solennités qui demandaient l'espace et la lumière d'un intérieur vaste et assez largement éclairé.

La basilique elle-même vint à ne plus suffire, mais ce fut elle
que l'on prit comme point de départ des amplifications ultérieures,
tout en conservant ses caractères les plus essentiels. D'abord, une
pensée mystique fit élargir ou plutôt allonger le transsept, de manière que, débordant sur la largeur totale des trois nefs, il des-
sina les bras d'une croix. Plus tard, l'abside centrale s'accom-
pagna de deux petites absides ou absidioles latérales donnant sur
le transsept et qui, après avoir servi de sacristies, eurent, depuis
le neuvième ou le dixième siècle, pour destination plus spéciale
de contenir des autels secondaires. Plus tard encore, on augmenta
la profondeur de la basilique en séparant du transsept la grande
abside, par une prolongation soit de la grande nef seule, soit des
trois nefs ; dans ce cas, les bas-côtés se terminèrent le plus souvent
par des absidioles. Enfin les bas-côtés, après s'être continués au
delà du transsept, pourtournèrent l'abside centrale, dont la partie
inférieure fut mise à jour au moyen d'arcades et de piliers ; et sur
ce pourtour, appelé *déambulatoire*, vinrent s'ouvrir des chapelles
qui complétèrent la couronne absidale ou *rond-point*. Tel fut le
plan de la basilique agrandie : comme on peut le remarquer, les
modifications atteignirent principalement la région du transsept

---

1. Il y avait aussi des basiliques publiques, mais de forme un peu différente et moins
aptes à contenir des assemblées religieuses.

et du chœur, et furent conséquemment provoquées par les développements de la liturgie chrétienne.

Ainsi se trouvèrent de plus en plus compliquées les difficultés que suscita aux chrétiens l'adoption de la forme basilicale. S'ils avaient voulu se contenter de couvrir leurs églises de plafonds en bois, c'eût été pour le mieux, et les colonnades séparant les trois nefs n'y apportaient aucun obstacle. Mais, sans la voûte, les basiliques, malgré leur richesse décorative, étaient peu monumentales, peu dignes du grand Dieu qui les choisissait pour son palais et pour son tribunal terrestre ; de plus, elles demeuraient sujettes à mille dangers d'incendie. Le clergé chercha donc à les voûter, sans pour cela renoncer aux colonnes et à d'autres obstacles résultant soit de la différence de hauteur des trois nefs, soit des accroissements que nous avons signalés. De là une opposition, une lutte entre deux éléments qui paraissaient irréconciliables : la voûte et le plan basilical ; de là un problème architectonique que nous appellerons le *problème fondamental* et qui peut se formuler ainsi : « Étant donnée une église de forme basilicale, la voûter entièrement par le procédé le plus simple, le plus solide, le plus franc, le plus universel, sans rien retrancher ou réduire de l'édifice, en introduisant au contraire ou en admettant des amplifications ».

Il y eut dans la recherche d'une solution trois périodes principales. Durant la première, il ne fut fait aucune tentative sérieuse ou suivie : c'est cette période que les savants appellent *ère latine*, et c'est à elle qu'est consacré notre quatrième chapitre. Durant la seconde, on parvint à une solution incomplète ou plutôt à diverses solutions imparfaites. On se résigna à sacrifier préalablement les colonnades gréco-romaines et à les remplacer par des piliers assez forts et assez convenablement espacés pour porter des voûtes, au moins du côté des collatéraux. Il fut plus malaisé de couvrir en pierre les grandes nefs, à cause de leur hauteur considérable relativement aux bas-côtés. Trop élevées pour se servir de l'appui des voûtes inférieures, les voûtes supérieures ne pouvaient être équilibrées que par des contreforts, et il aurait fallu suspendre ceux-ci sur le vide des bas-côtés, chose impraticable. A cette vue, on conserva à la nef principale son plafond de bois, ou bien, pour la voûter, on l'abaissa tellement, qu'on laissa entre les arcades des bas-côtés et la grande voûte juste la place de toutes petites fenêtres, et que souvent il n'y eut même pas d'ouvertures en cet endroit où elles étaient si utiles. Quelques architectes, assez téméraires pour voûter la grande nef sans en réduire la hauteur relative, eurent la douleur de voir leur ouvrage crouler sous leurs propres yeux ou tout au moins menacer une ruine imminente que les générations suivantes durent conjurer de leur mieux. Ce fut bien pis quand il s'agit de voûter les ronds-points. Les piliers, à cause de la forme circulaire des absides et des rayonnements qu'elle entraînait, ne s'y présen-

PORTE EN OGIVE

taient plus sur les plans réguliers qu'exigeaient les voûtes romaines' pour être bien construites. En attendant mieux, on déforma ces voûtes romaines, et on recourut à des expédients qui n'avaient point la valeur d'un système franc et arrêté. Cette période constitue l'*ère romane*; nous lui consacrons notre cinquième et notre septième chapitre, embrassant l'un l'*ère romane primitive*, de Charlemagne aux Capétiens, l'autre l'*ère romane proprement dite* ou *secondaire*, contemporaine des premiers Capétiens.

La troisième période est celle du triomphe. A force de tâtonnements, les architectes reconnaissent qu'ils ne peuvent rien tirer des différentes voûtes antiques, soit en arêtes, soit en coupole, soit en berceau. Ils comprennent la nécessité de s'affranchir des traditions du passé et de se dérober à la fascination que produisait encore, en plein moyen âge, le nom romain. D'abord ils constatent que le plein cintre, jusqu'alors employé, est un arc trop bas dans beaucoup de circonstances et que ses proportions invariables l'excluent de toute voûte à plan irrégulier. Ils adoptent alors l'arc pointu ou brisé que nous appelons *ogive*; cet arc, plus rapproché de la verticale, pousse moins obliquement, et comme il est tracé avec deux ouvertures de compas, il a plus ou moins de largeur relative et varie suivant le rôle qu'il est appelé à remplir. Ensuite, ces mêmes architectes, après avoir acquis une grande habileté dans la construction de la voûte d'arêtes, imaginent de la soutenir par des arcs croisés ou *nervures*[1], qui, au lieu de dépendre de la voûte, lui impriment eux-mêmes des formes diverses et servent ainsi à l'appliquer à toute sorte de plan. Enfin, pour maintenir à une hauteur quelconque les voûtes supérieures, on s'avise de les relier aux murs extérieurs par des arcs en quart de cercle ou *arcs-boutants* qui franchissent hardiment l'espace au-dessus des collatéraux. Dès lors fut créé, sous Louis VII et Philippe Auguste, l'art injustement désigné sous le nom de *gothique*, mieux nommé *ogival*, et dont l'origine fait l'objet de notre huitième chapitre.

Là se termine la phase militante et ascendante de l'art français. En possession tranquille du principe d'équilibre, nos ancêtres ne tardèrent pas à en abuser, et dès lors commença une décadence brillante, mais réelle et palpable. Toutefois une branche de l'art continua de progresser : ce fut l'architecture civile, qui finit par prendre le pas sur l'architecture religieuse et l'architecture féodale et par leur imposer ses propres évolutions. De là successivement la Renaissance et le retour aux traditions gréco-romaines.

---

1. Dans les ouvrages scientifiques d'archéologie, le mot *ogive* ou *arc-ogive* désigne les nervures croisées d'une voûte gothique. Bien que plus exacte, cette acception sera négligée dans notre ouvrage, où, pour nous mettre mieux à la portée de nos lecteurs, nous préférerons toujours les expressions les plus usitées.

CHAPITRE II

Les temps *préhistoriques*, c'est-à-dire antérieurs à l'histoire écrite, ont laissé des traces nombreuses sur ou plutôt dans le sol de la France actuelle. Ce sont des ardoises gravées, des haches et des flèches en pierre, des parures en os, des bâtons de commandement en ivoire, etc., exhumés à la suite de fouilles heureuses, mais point d'autres débris d'architecture que des pièces de bois ayant fait partie d'*habitations lacustres*. On appelle ainsi les maisons que, dans les siècles de l'humanité naissante, nos ancêtres se construisirent sur pilotis au milieu des grands fleuves et surtout des lacs, afin de s'isoler davantage et de mieux se garantir des agressions auxquelles les exposaient et la barbarie originelle de leurs semblables et le voisinage des forêts peuplées d'animaux carnassiers. Des vestiges d'édifices de ce genre ont été découverts, notamment dans les lacs de la Savoie et sur l'emplacement des antiques lacs pyrénéens qu'ont aujourd'hui remplacés la vallée de Luchon et la petite plaine de Peyrehorade.

Nos ancêtres primitifs surent également se ménager de sûres retraites au fond des grottes naturelles, et il est probable qu'ils en creusèrent souvent d'artificielles; mais nous n'avons pas à nous occuper de ces abris où la main de l'homme est si difficile à reconnaître.

Il est cependant convenable d'ajouter aux habitations lacustres les *mégalithes* ou monuments *mégalithiques*, formés de grandes pierres, comme l'indique leur nom moderne, tiré du grec. Ces gros blocs sont complètement bruts ou à peine dégrossis; ils marquent néanmoins une tendance vers un système d'architecture qu'on n'eut pas l'habileté ou le temps de développer.

L'origine des mégalithes a été, depuis le milieu du présent siècle, vivement et longuement discutée. Jusqu'alors on les avait attribués au culte gaulois : de là leurs noms de *celtiques* et de *druidiques*. L'opinion la plus conciliante et, selon toute apparence, la plus raisonnable est que ces monuments auraient eu pour premiers auteurs des peuples ayant précédé les Celtes, mais que les Gaulois auraient continué d'en élever de semblables, jusqu'aux derniers temps de la domination romaine. Ce qui prouve ou insinue fortement la longue durée de ce système rudimentaire de construction,

ALLÉE COUVERTE

c'est la présence sous les monuments mégalithiques, non seulement des objets en pierre et en os qui caractérisent l'âge préhistorique, mais encore d'armes ou de parures en bronze de fabrication gauloise et même de monnaies romaines. Or il est admis aujourd'hui que, du Rhin aux Pyrénées, les métaux ne furent pas employés par les peuples antérieurs aux Celtes. Ce qui prouve encore la date relativement récente d'un grand nombre de mégalithes, c'est que le culte dont quelques-uns, notamment les menhirs et les pierres branlantes, avaient été l'objet à leur origine, s'est maintenu jusqu'en plein moyen âge et n'a pas encore entièrement disparu de la Bretagne, où il donne lieu aux croyances les plus bizarres. Dans ce pays, on ne se contenta pas d'entourer les mégalithes d'une sorte de crainte religieuse : on continua, jusqu'aux douzième et treizième siècles, à ériger, dans les cimetières, des pierres ou *lechs* semblables à des menhirs, quoique moins volumineuses. Il y a des menhirs qui portent des inscriptions gauloises et ne sont guère antérieurs à la domination romaine, si même ils ne lui sont parfois contemporains ; le plus célèbre est le menhir du Vieux-Poitiers, où sont gravés ces mots : RATN BRIVATIOM FRONTV TARBEILNIOS IEVRV,

DOLMEN OU ALLÉE COUVERTE DE KORCONNO (MORBIHAN)

signifiant en français : « Tarbellinus a dédié, près du pont, ce monument à Frontus. »

La destination des mégalithes n'est pas non plus absolument connue. On sait seulement que les *dolmens*[1], composés, dans leur expression la plus simple, d'une large table posée sur deux ou trois blocs verticaux, ont servi le plus souvent de sépultures, surtout lorsqu'ils s'étendaient en profondeur de manière à former une

---

1. Les mots que nos savants modernes ont adoptés pour désigner chaque sorte de mégalithe sont tirés du dialecte breton, qu'on croit issu de la langue celtique.

allée couverte ou *grotte aux fées*. Beaucoup de dolmens servant de sépultures étaient recouverts d'un monticule artificiel dit *tombelle* ou *tumulus*, et il y a de ces buttes qui sont perreyées extérieurement ; on les nomme alors plus spécialement *galgals*.

La controverse concernant les pierres levées, appelées **menhirs** ou *peulvens*, est loin d'être close. Souvent les menhirs sont isolés, mais on les trouve parfois rangés par centaines, comme dans les célèbres *alignements* de Carnac. Dans l'un et dans l'autre cas sont-ils des monuments commémoratifs? marquaient-ils des lieux sacrés ou des limites territoriales? symbolisaient-ils des idoles ou des armées victorieuses? signalaient-ils une sépulture qu'on n'avait pas eu le temps de disposer en dolmen? On ne peut se prononcer avec prudence qu'en assignant aux peulvens diverses destinations ; la dernière que nous venons d'indiquer a été constatée par la présence d'ossements humains et d'objets funéraires au pied de quelques menhirs.

Il existe des dolmens et rarement des menhirs percés d'une ouverture de médiocre largeur. Parfois des menhirs, ou des blocs de pierre moins élevés, sont rangés en un ou plusieurs cercles. Cet ensemble, appelé *cromlech*, paraît avoir eu véritablement une destination religieuse et liturgique : là était le temple celtique, avec son autel en forme de dolmen ou de gros bloc simplement posé sur le sol. Cependant certaines sépultures s'entouraient aussi d'un petit cromlech, dont les honneurs étaient sans doute réservés aux chefs les plus puissants.

Il suffira de mentionner les *pierres-autels*, les *pierres à bassins*, les *trilithes* ou *lichavens*, sortes de portes composées de deux longues pierres isolées supportant une traverse ou linteau, les *demi-dolmens*, les caveaux funéraires creusés en pleine terre ou en plein roc et recouverts parfois de tombelles, etc. Mais il y a lieu d'insister davantage sur les *pierres branlantes*, formées de deux blocs dont l'un, parfois le plus gros, est posé en équilibre sur l'autre et cède facilement à l'impulsion de la main. Ces blocs, qui le plus souvent ne sont que des jeux de la nature, servaient à la divination.

Nous avons dit que les mégalithes ont été jusqu'à nos jours l'objet de superstitions bizarres, surtout en Bretagne, où le clergé

catholique les a vainement combattues depuis quinze siècles. Un
concile, tenu à Nantes sous Clotaire III, les condamne en ces termes :
« Il y a, dans des lieux abandonnés et couverts de forêts, certaines
pierres auxquelles le paysan, trompé par les mauvais esprits,
rend ses adorations, apporte ses vœux et ses présents : il faut

GRAND MENHIR DE LOCMARIAKER, AVANT SA CHUTE

toutes les enlever, jusqu'à leurs bases plantées dans la terre, et les
jeter en des endroits où leurs adorateurs ne puissent plus les retrouver. » Deux capitulaires de Charlemagne, promulgués en 789 et
794, ordonnent de détruire partout où il est établi « l'abus insensé
qui consiste à rendre un culte à des pierres et à allumer des flambeaux devant elles », traitant de sacrilèges les curés qui négli-
geraient de corriger de telles aberrations. Vainement saint Vin-

cent Ferrier, de 1417 à 1419, et le célèbre missionnaire Le Nobletz, de 1610 à 1650, prêchèrent dans toute l'Armorique pour en déraciner ces restes du paganisme.

Le clergé du moyen âge suivit généralement une tactique plus habile : il consacra les mégalithes au culte chrétien; ne pouvant empêcher la vénération qu'on leur conservait, il en détourna le sens. Des menhirs reçurent des inscriptions ou d'autres signes chrétiens; des dolmens furent affectés aux dévotions locales. A Saint-Germain-sur-Vienne, près de Confolens, on alla jusqu'à détruire les supports d'un de ces mégalithes pour le remplacer en sous-œuvre par cinq colonnes romanes qui en soutiennent aujourd'hui la table restée brute; ainsi transformé, le dolmen passa au culte de sainte Madeleine. Aux Sept-Saints, près de Plouaret (Côtes-du-Nord), c'est une chapelle bâtie sur un dolmen qui sert lui-même d'oratoire; et au nord de Lannion, près de Perros, la chapelle de Saint-Quirec repose de même, depuis le douzième siècle, sur une table de dolmen.

Plusieurs menhirs demeurés sans nouvelle destination religieuse continuent d'alimenter les superstitions les plus naïves. Tel menhir ne manque pas de tourner sur lui-même, tous les ans, à Noël, au premier coup de minuit. Un autre rend fécondes les femmes stériles qui viennent le toucher. Sur le territoire de Plouarzel (Finistère) se dresse un monolithe haut de 12 mètres. « Parfois, à l'approche de la nuit, dit Fréminville (*Antiquités du Finistère*), deux nouveaux mariés se rendent dévotement au pied de ce menhir et se frottent contre la pierre, la femme d'un côté, le mari de l'autre. Après cette cérémonie, accomplie fort sérieusement, les deux époux s'en retournent joyeux au logis, l'homme sûr d'obtenir des enfants mâles, la femme heureuse de pouvoir, toute sa vie, gouverner son mari à sa guise. » A Belle-Ile, des souvenirs légendaires ont fait baptiser deux peulvens qui se font face : l'un s'appelle *Jean de Runello*, l'autre *Jeanne de Runello :* ce furent deux époux métamorphosés en rocher.

Les pierres branlantes conservent à peu près le rôle qu'elles eurent jadis; elles sont notamment consultées par le mari ou par la femme qui veut s'assurer de la persévérance de son conjoint. Selon les traditions locales, la roche est mise en branle, soit par celui qui soupçonne, comme à Trégunc (Finistère), soit par celui qui est soupçonné. Si elle résiste, la culpabilité de l'époux mis en cause n'est plus douteuse.

Néanmoins, dans un grand nombre de provinces françaises, et particulièrement dans le Midi, aucune idée historique ou religieuse ne s'attache plus aujourd'hui aux mégalithes, dont les cultivateurs se montrent fort disposés à se débarrasser [1].

Malgré les destructions, de plus en plus fréquentes à mesure que l'on cesse de les vénérer ou de les rattacher à l'histoire, et à mesure que s'accentuent la cupidité des cultivateurs et l'intolérance des agents voyers, il reste encore en France de nombreux monuments mégalithiques [2]. Les dolmens de Locmariaker, dans le Morbihan, sont les plus beaux et les mieux conservés; à côté d'eux s'élevait le roi des menhirs, haut de 25 mètres, qu'une tempête a renversé et brisé en trois morceaux. On trouve beaucoup de dolmens dans les autres parties de la Bretagne, en Anjou, dans le Maine et en Touraine, en Angoumois, dans le Poitou, en Vendée, dans le Quercy, dans le Rouergue où ils sont magnifiques. Les dolmens de Korconno, entre Erdeven et Carnac, les dolmens de Bagneux (Maine-et-Loire) et d'Essé (Ille-et-Vilaine) sont de magnifiques allées couvertes, de même que celui dit de Mettray, au nord de Tours, le plus soigné que nous possédions. Les menhirs se rencontrent à chaque pas dans la Bre-

---

1. Un journal de Paris, *le Gaulois,* rapportait, il y a quelques années, une assez piquante anecdote à ce sujet.

« M. X..., sous-préfet dans le Midi, est en même temps un antiquaire acharné.

« Dernièrement il découvre, dans un champ, un magnifique dolmen. Il en fait aussitôt part à la Société archéologique du département, dont il est un des membres les plus assidus, et invite tous les sociétaires à se rendre dans le champ, à jour fixe, pour leur faire une conférence.

« Au jour dit, les antiquaires sont exacts; la foule s'empresse autour d'eux. Le sous-préfet arrive, il fend la foule, l'air rayonnant.

« Bientôt il pâlit, regarde autour de lui, se frotte les yeux.

« — Le dolmen, où est le dolmen? demande-t-il avec angoisse au propriétaire du champ. — Quel dolmen? — Celui qui était là! — Ah! cette grosse pierre! répond l'homme avec tranquillité; j'ai pensé qu'elle gênerait pour la réunion, je l'ai fait casser et jeter sur la grande route : comme ça on circulera mieux. — Malheureux! gémit le sous-préfet. »

« Et il pensa s'évanouir. »

2. Le gouvernement républicain a fait classer, en 1882 et 1883, un certain nombre de mégalithes parmi les monuments historiques, et les a ainsi efficacement protégés. On appelle *monuments historiques* ceux qui, en raison de l'intérêt historique ou artistique qui s'y rattache, sont conservés, entretenus et au besoin restaurés aux frais de l'État.

tagne, où on les voit souvent disposés par alignements. Les alignements de Carnac, continués par ceux d'Erdeven (Morbihan), ceux
de Plouhinec, près de Lorient, de Kercolleoc'h, dans la presqu'île
de Crozon, et de Lestridiou (Finistère) sont les plus connus. Dans
certaines régions de la Touraine et du Poitou, sur la montagne de
l'Espiaup, voisine de Bagnères-de-Luchon, et ailleurs, on voit de
vastes espaces jonchés de pierres mégalithiques peu élevées, dispo-

ALIGNEMENTS DE CARNAC (MORBIHAN)

sées sur des lignes plus ou moins constantes, plus ou moins régulières, qu'on s'accorde assez à considérer comme des *carneillous*
ou cimetières.

Les tombelles les plus célèbres sont celle de Gavr'inis, située dans
une petite île du Morbihan et renfermant une allée couverte ornée
de dessins mystérieux, celles de Tumiac, dans la presqu'île de Rhuis
(Morbihan), et de Trôo, près de Montoire (Loir-et-Cher).

On trouve, dans presque toutes les provinces françaises, des loca-

lités dont le nom même perpétue le souvenir de mégalithes ayant
existé dans le voisinage : *Pierrefitte, Pierrefixe, Péréfixe, Pierre-
latte, Pierrelez, Pierrelaye* (*petra lata*, pierre apportée), *Peyre-
levade, Peyreficade, Peyrehorade* et *Pierre-Percée* (ces deux mots
ont le même sens), *Peyrelongue, Peyrecave*, etc. On voit que c'est
surtout à des menhirs que ces noms se rattachent.

Parmi les monuments mégalithiques, les tombelles sont ceux qui

REMPARTS GAULOIS

peuvent nous servir de transition pour passer avec certitude de l'ère
préhistorique à l'ère gauloise. Ces buttes sont en effet, en grande
partie, contemporaines des Celtes, des Romains et même des Mérovingiens ; les plus récentes ne renferment ni dolmens, ni allées
couvertes, ni chambres sépulcrales.

Quand les Romains arrivèrent en Gaule, nos ancêtres n'avaient
pas encore songé à se loger aussi solidement pendant leur vie
qu'après leur mort. « Leurs demeures, d'après Strabon, étaient de

forme circulaire, faites de planches et d'osier, recouvertes d'une grande toiture conique ». S'il ne reste rien d'habitations aussi fragiles, on en constate en plusieurs endroits les emplacements, sortes d'excavations en entonnoir appelées *margelles* dans le Bas-Berry et *clotes* dans la Gascogne. A Gergovie et dans la cité de Bibracte, retrouvée sur le mont Beuvray, près d'Autun, par M. Bulliot, président de la Société Éduenne, on retrouve les fondements de maisons qui paraissent avoir été en partie construites de pierres sèches.

Les bâtisses gauloises dont les débris les plus considérables soient parvenus jusqu'à nous consistent en murs fortifiés. Ceux-là étaient vraiment faits pour résister aux engins de destruction et au temps. La plupart des villes gauloises étaient des *oppida* ou places de guerre; elles s'élevaient, en conséquence, sur des hauteurs faciles à défendre. Comme ces places furent en majeure partie abandonnées après la conquête, les remparts n'en furent pas reconstruits et quelques ruines sont restées pour témoigner de l'exactitude complète d'un texte de César, qui décrit la structure des forteresses attaquées ou visitées par lui. Les remparts gaulois étaient bâtis de pierres à peine équarries, juxtaposées sans ciment, laissant entre elles de longs conduits se croisant perpendiculairement et destinés à renfermer des pièces de bois. L'*oppidum* le mieux conservé et le plus conforme à la précédente description est celui de Murcens, récemment signalé dans le Lot. Le même département, qui est l'ancien pays des Cadurques, en renferme deux autres presque aussi bien caractérisés : l'Impernal, à Luzech, et, sur un des plus beaux points de la vallée de la Dordogne, le Puy-d'Issolu, l'antique *Uxellodunum*, dernier foyer de la résistance gauloise. L'oppidum du Beuvray présente des restes semblables à ceux de Murcens, de même que celui de *Landunum* (Côte-d'Or).

S'il ne nous reste aucun édifice gaulois vraiment digne du nom de monument, il est à croire cependant que nos premiers ancêtres historiques n'ont pas été absolument incapables d'élever des constructions en belle pierre taillée et sculptée. Nos musées renferment des fragments de statues et de bas-reliefs qu'on n'hésite pas à leur attribuer. Il existe notamment à Aix des pierres provenant d'Entremont, localité située au nord de cette ville, et qui ont fait partie d'un trophée. Des sculptures assez fines y représentent les têtes coupées des vaincus et les figures des vainqueurs avec leurs chevaux et leurs armes.

Les Gaulois ne sont pas la seule race qui ait habité la Gaule depuis les temps préhistoriques jusqu'aux Romains. Ils furent précédés, sur la côte méditerranéenne, par les Phéniciens, dont on trouve quelques pierres funéraires au musée de Marseille, puis par les Phocéens, et dans le bassin du Rhône par les Ligures, qui ont laissé à Murviel, près de Montpellier, et à Nages, dans les environs de Nîmes, des remparts bâtis en pierres mieux équarries et plus grandes que celles de Murcens.

Il est aujourd'hui facile d'étudier dans tous ses détails l'art des peuples qui ont habité le sol français avant la conquête romaine. Outre les livres importants qui ont été publiés à ce sujet, un musée de premier ordre a été créé, en 1862, dans l'ancienne demeure royale de Saint-Germain, près Paris. Cette précieuse collection, qui grossit tous les jours, renferme les produits les plus variés de l'industrie naissante, des moulages ou des réductions en plâtre de monuments mégalithiques, de forteresses, de sculptures et d'inscriptions gauloises, et même un mégalithe absolument authentique, l'allée couverte de Conflans-Sainte-Honorine, transportée de son emplacement dans les anciens fossés du château.

CHAPITRE III

On sait que la Gaule fut conquise en deux fois, à soixante-dix ans d'intervalle. La première fois, de 122 à 119 avant Jésus-Christ, les consuls Sextius Calvinus, Fabius Maximus et Domitius Ahenobarbus annexèrent à la république romaine le vaste territoire compris entre les Pyrénées, la Garonne, les Cévennes, les Alpes et la mer. Cette contrée, appelée par les vainqueurs la Province et un peu plus tard la Narbonnaise, fut dotée aussitôt de tous les bienfaits de la civilisation païenne. Des routes maçonnées et dallées y furent tracées, et parmi elles la voie Moneta ou Domitia, qui, partant d'Arles où elle recevait trois autres grandes voies arrivant d'Italie, aboutissait à l'Espagne par Nîmes, Narbonne et le col de Pertus.

C'était en partie pour établir ces communications continentales entre Rome et l'Ibérie que les Romains avaient conquis le littoral gaulois de la Méditerranée avec le bassin inférieur du Rhône. Devenus tranquilles possesseurs de la Narbonnaise, les Romains s'y plurent à embellir les villes, à en fonder de nouvelles dont la splendeur ne laissât rien à désirer aux anciennes, et à se construire, comme en Campanie, en Sicile et en Afrique, de luxueuses villas.

Malgré tant de travaux, il ne reste dans l'antique Narbonnaise que peu de débris antérieurs à Auguste. De même que dans les autres parties de la Gaule, presque tout y fut renouvelé sous les Antonins et leurs successeurs.

La seconde conquête fut celle de la Gaule-Chevelue ou des Trois-Provinces, faite et immortalisée par Jules César. Là encore, peu ou

point de monuments antérieurs à Auguste ou à Tibère ; d'ailleurs
la civilisation italique fut assez longue à pénétrer dans ces contrées,
où les colonies romaines furent moins considérables que dans la
Narbonnaise, les séjours des vainqueurs moins constants, et le
sentiment de la vieille indépendance tellement enraciné que l'empereur Auguste lui donna une sorte de demi-satisfaction en créant à
Lyon une assemblée de députés, chargée de veiller efficacement aux
intérêts des peuples nouvellement subjugués.

Mais ce fut aussi pour empêcher à l'avenir toute velléité de
révolte que Jules César et Auguste modifièrent gravement la situation des principales villes de la Gaule Chevelue. Plusieurs, qui
rappelaient aux conquérants de trop désagréables souvenirs ou
pouvaient perpétuer chez les vaincus la mémoire d'une patriotique
résistance, furent détruites sans être remplacées : on n'entendit
plus parler de Gergovie, d'Alesia et d'Uxellodunum, cités si bien
effacées de l'histoire que l'emplacement des deux dernières n'est
pas encore déterminé avec une évidence absolue. Beaucoup d'autres
furent déplacées et quittèrent les hauteurs, trop faciles à défendre,
pour descendre dans les vallées, les plaines ou les coteaux peu
élevés. Déjà, dans la Narbonnaise, les Tectosages avaient abandonné le promontoire actuel de Vieille-Toulouse pour transférer
leur capitale à deux ou trois lieues plus au nord, dans la plaine de
la rive droite de la Garonne. Poitiers, Laon, Noyon, Bibracte, Bra-
tuspantium, Évreux, allèrent chercher assez loin un emplacement
nouveau, et heureuses sans doute s'estimèrent les villes qui, comme
Auch, Lectoure, Périgueux, Tours, Amiens, obtinrent de rester
tout à côté des ruines de leurs antiques remparts. Enfin, une
révolution profonde se fit dans les noms, qui furent généralement
changés dans la Gaule Chevelue, tandis qu'ils étaient maintenus
dans la Province, à deux ou trois exceptions près. La flatterie créa
ceux de *Juliomagus* (Angers), *Cæsarodunum* (Tours), *Cæsaromagus*
(Beauvais), *Augustodunum* (Autun), *Augustoritum* (Limoges), etc.,
et plus tard celui d'*Aurelianum* (Orléans), et les habitudes offi-
cielles firent prévaloir, pour désigner les cités, les noms mêmes
des peuples dont elles étaient les capitales. On dit *Parisii* pour
Lutetia, *Bituriges* pour *Avaricum*, *Bellovaci* au lieu de *Bratuspan-
tium*, *Ausci* au lieu d'*Elimberris*, *Pictavi* pour *Limonum*. Ce sont

ces noms de peuples qui ont servi à former les noms modernes : Paris, Bourges, Beauvais, Auch, Poitiers, etc.

Ces mesures une fois prises, l'administration impériale se montra généreuse envers les villes et les campagnes de la Gaule, tant des Trois-Provinces que de la Narbonnaise. Elle les couvrit de monuments destinés aux besoins publics ou seulement à la décoration, et souvent elle eut pour émules, comme à Rome, des particuliers qui cherchaient à acquérir de la popularité ou à faire ostentation de leur fortune.

La grandeur romaine se montra surtout dans la construction des aqueducs, des thermes et des édifices affectés aux divers genres de spectacles.

Lyon, le centre administratif des Trois-Provinces, fut la ville la mieux dotée sous le rapport des eaux. Ses fontaines et ses établissements publics furent alimentés par quatre grands aqueducs; le plus long (57 milles, ou 84 kilomètres) venait du mont Pilat et se dégorgeait, comme les trois autres, à Fourvière, après avoir passé sur dix-huit ponts. La partie de cet aqueduc bâtie en arcades au-dessus des vallées a laissé d'admirables restes au sud-ouest de Lyon.

Nîmes s'approvisionna aux belles sources des environs d'Uzès par un aqueduc de 26 à 27 milles qui traversait une seule rivière, le Gardon; mais l'unique pont construit pour cet aqueduc est un chef-d'œuvre, justement célèbre sous le nom de *Pont du Gard*.

Haut de 49 mètres, long de 269 mètres au niveau de l'étage supérieur, et de 171 au niveau du premier étage, il se compose de deux rangs de grandes arcades et d'un troisième rang d'arcades plus petites, toutes en plein cintre. Le premier étage, haut de 20 mètres, comprend six arches, dont la plus large, celle sous laquelle passe la rivière, mesure 21 mètres et demi d'ouverture. Le second étage, d'une hauteur égale au premier, compte onze arcades; le troisième, qui mesure 8 mètres et demi jusqu'au-dessus des dalles de couronnement, se compose de 35 arceaux de 4^m,80 d'ouverture chacun, également en retrait sur le second rang. Au-dessus du troisième étage est établie la rigole d'écoulement. Bâti en grosses pierres posées les unes sur les autres sans mortier, l'édifice entier repose sur un rocher taillé de niveau à 1 ou 2 mètres hors de l'eau. Sur les faces et sous les arches, on voit encore les corbeaux

LE PONT DU GARD

de pierre qui ont servi à la pose des cintres et aux échafaudages. On attribue généralement le Pont du Gard au gendre d'Auguste, Agrippa, qui était curateur des eaux de l'Empire, emploi assez analogue à notre ministère actuel des travaux publics. On voit aussi de beaux restes d'aqueducs au nord de Fréjus, au nord-est d'Arles, à l'est de Vienne, au pied des hauteurs de Luynes près de Tours, et à Parigné près Poitiers. Les parties des antiques aqueducs construites en canal souterrain se retrouvent aux environs de presque toutes les villes habitées sous les Romains. Nîmes conserve son *castellum divisorium* ou château d'eau.

Les thermes publics étaient nombreux en Gaule : il en existait de très somptueux dans toutes les grandes villes, où ils ont laissé peu de débris. Ceux de Cahors et de Nîmes étaient consacrés à Diane et les pans de murs qui en conservent le souvenir portent encore le nom de la déesse. Les thermes de Nîmes contiennent encore une fort belle salle voûtée en berceau, décorée de colonnes et de frontons. Des thermes de Périgueux, il reste les deux inscriptions qui en constatent la reconstruction par l'affranchi Marc Pompée et l'approvisionnement par Marulle. Les thermes de Poitiers ont été retrouvés en 1877 par le P. de la Croix, qui en a également signalé de très considérables à Sanxay (Vienne). Il existe encore des débris de thermes à Montmaurin (Haute-Garonne), à Drévant (Cher), à Champlieu (Oise), sur l'emplacement d'*Alauna*, près Valognes, au Vieux-Poitiers, etc. Il est probable que les localités citées en dernier lieu, de même que Chennevières (Loiret), Aubigné (Sarthe), Araines (Loir-et-Cher), Saint-Cybardeaux (Charente), et autres, étaient des rendez-vous de plaisir.

Outre ces rendez-vous, la plupart des grandes stations thermales fréquentées aujourd'hui avaient été déjà mises à la mode par les Romains. Alet, Amélie-les-Bains (*Arulæ*), Aulus, Bagnères-de-Bigorre (*Aquæ Bigerrionum*), Bagnères-de-Luchon (*Thermæ Onesiorum*), Bagnols, Bains-en-Vosges, Balaruc, Bourbon-l'Archambault (*Aquæ Borvonis*), Bourbon-Lancy, Bourbonne-les-Bains, la Bourboule, Capvern (*Aquæ Convenarum*), Châteauneuf-les-Bains, Chaudesaigues, Encausse, les Escaldas, Évaux (*Evahonium*), Gréoulx (*Grisellum*), Luxeuil (*Luxovium*), Moingt (*Aquæ Segetæ*), le Mont-Dore, Néris (*Neri* ou *Neriomagus*), Plombières, Rennes-les-Bains, Royat, Sail-les-

Bains, Saint-Alban, Saint-Amand-les-Eaux, Saint-Galmier, Saint-Honoré (*Aquæ Nisinei*), Saint-Nectaire, Uriage, Vic-sur-Cère, Vichy (*Aquæ Calidæ*), et des localités dont le nom actuel dérive du latin *aquæ* (les eaux), telles que Dax, autrefois Acqs (*Aquæ Tarbellicæ*), Aix-en-Provence (*Aquæ Sextiæ*), Aix-les-Bains (*Aquæ Gratianæ*), et Ax (*Aquæ Consoranorum*), témoignent encore de leur origine antique par des restes d'établissements balnéaires, des inscriptions, des fragments de sculpture ou des médailles. Aix-en-Provence était

THERMES DE NIMES

une grosse ville qu'avait fondée Sextius Calvinus dès la conquête de la Narbonnaise. Néris, Moingt, et plusieurs autres stations thermales, sans avoir aucune importance administrative, possédaient néanmoins des théâtres, dont on retrouve des ruines ou des traces évidentes. Néris, Aix-les-Bains, Amélie-les-Bains et Alet ont conservé de leurs thermes de beaux débris, et la première de ces localités a pu former, dans l'établissement actuel, une collection lapidaire fort intéressante.

Les amphithéâtres sont les monuments les plus considérables que les Romains aient bâtis dans leurs villes de la Gaule. Le mieux con-

servé est celui de Nîmes, qu'il serait facile de restaurer complètement et que l'on a déjà beaucoup réparé. Comme dans tous les
monuments de la même espèce, son plan décrit une vaste ellipse
dont le pourtour est formé de voûtes et d'escaliers intérieurs soutenant les gradins. Ceux-ci, appuyant sur le mur extérieur leur zone
la plus élevée, descendaient vers l'espace intérieur ou *arène*, qui
avait aussi la figure d'une ellipse, et où se donnaient les combats de
gladiateurs et de bêtes féroces, et parfois des *naumachies*, c'est-à-

AMPHITHÉÂTRE DE NÎMES (EXTÉRIEUR)

dire des simulacres de combat naval (dans ce dernier cas, tout
était disposé de manière à inonder l'arène). Un mur peu élevé,
appelé *podium*, séparait de l'arène les gradins, qui étaient par-
tagés eux-mêmes en plusieurs rangs, ou *précinctions*. Des degrés
d'escalier, donnant directement accès aux gradins, divisaient chaque
précinction en zones ou sections appelées *cunei* (coins), à cause
de la disposition rayonnante de ces escaliers. Le grand mur extérieur de l'amphithéâtre de Nîmes est percé de larges arcades sé-
parées par des pilastres. Les arcades du rez-de-chaussée servaient

quelques-unes d'entrées et toutes de sorties ; on les nommait plus
particulièrement *vomitoria* ou vomitoires, parce que, après un spec-
tacle ou une cérémonie, les sorties ont lieu en foule et nécessitent alors des issues plus nombreuses. A l'*attique*, ou petit étage de
couronnement, étaient fixés les poteaux qui soutenaient le *velarium*,
immense toile couvrant l'amphithéâtre tout entier les jours de
grand soleil. L'amphithéâtre gallo-romain le mieux conservé après

AMPHITHÉATRE DE NIMES (INTÉRIEUR)

celui de Nîmes est l'amphithéâtre d'Arles. Ce dernier était plus
riche, puisqu'il avait des colonnes au lieu de pilastres ; ce n'était pas
néanmoins, comme on l'a souvent répété, le plus vaste de toute la
Gaule. L'amphithéâtre le plus spacieux dont les restes aient été
mesurés en France paraît être celui de Poitiers, détruit récemment,
et dont le grand axe avait 156 mètres, le petit 130 et demi. Venaient
ensuite Périgueux (153 mètres sur 125), Angers (140 mètres environ), Lyon (140-117 mètres), Arles (140-103 mètres), Bordeaux
(137-114 mètres), Tours (135-120 mètres), Nîmes (133-102 mètres),

Saintes (133-80 mètres), Paris (127 mètres), Fréjus (114-82 mètres), Senlis (75-68 mètres), Cimiez près Nice (65-55 mètres), Chassenon (Charente), l'antique *Cassino magus* (60-45 mètres). Ces localités, à l'exception d'Angers, Lyon, Paris, Poitiers et Tours, possèdent encore des ruines plus ou moins imposantes de leurs amphithéâtres. Après Arles et Nîmes, il faut surtout citer Fréjus, Saintes et Périgueux. Grand (Vosges), Chennevières (Loiret), Gennes (Maine-et-Loire) et Toulouse possèdent aussi quelques débris de ces sortes de monuments.

L'amphithéâtre servait très rarement aux jeux du cirque. Les véritables *cirques*, bien différents des amphithéâtres, avaient aussi des gradins et des vomitoires, mais ils se rapprochaient beaucoup, par le plan, de la forme d'un rectangle très allongé. Au milieu du sol intérieur, sur un soubassement commun appelé *spina* ou épine, s'alignait, dans le sens du grand axe, une rangée d'obélisques et de petits temples dédiés à diverses divinités. Les deux extrémités de la spina étaient garanties par des bornes, ou *metæ*, du choc des chevaux ou des chars, qui devaient courir entre cette épine

et le mur du podium. Lyon, Arles, Vienne et Autun avaient des cirques dont on connaît l'emplacement, encore déterminé dans ces deux dernières localités par des obélisques de la spina. L'obélisque de Vienne, parfaitement conservé, est appelé le « Plan de l'Aiguille » ; la destination en avait longtemps été ignorée.

Les plus grands théâtres romains connus en France sont ceux de Lillebonne, qui avait 110 mètres de façade, de Saint-Cybardeaux (Charente), qui dépasse 107 mètres, d'Orange et d'Arles, qui ont 103 mètres chacun, et celui de Sanxay, près Poitiers, découvert, avec d'autres belles ruines, en 1881, par le P. de la Croix. Le

théâtre de Cahors, détruit de nos jours, mesurait 85 à 90 mètres;
ceux de Jublains (Mayenne), de Drévant (Cher), de Néris (Allier) et
de Champlieu (Oise), 80 mètres; ceux de Fréjus, de Vieux (Calvados), d'Aubigné (Sarthe), d'Araines (Loir-et-Cher) et de Mandeure
(Doubs) sont encore plus petits. La façade d'un théâtre était un
vaste mur qui cachait la scène et ses dépendances; la mieux conservée est celle du théâtre d'Orange, construction imposante, digne

PILE DE LABARTHE (HAUTE-GARONNE)

de sa réputation. Derrière la façade, les gradins formaient un hé-
micycle et parfois un fer à cheval qui entourait le sol intérieur ou
orchestre; cette partie est fort remarquable à Arles. Les gradins,
les escaliers et les vomitoires étaient disposés comme dans les amphithéâtres.

Il arrivait souvent que, pour s'épargner l'exécution de grands
murs circulaires, d'escaliers intérieurs et de vomitoires, on ap-
puyait les amphithéâtres, les théâtres ou les cirques de manière à

utiliser la déclivité d'un coteau, d'une colline, et à pratiquer dans le sol même une partie de l'enceinte. Ce procédé économique a été suivi notamment à Orange et à Sanxay pour le théâtre, à Gennes et à Cimiez pour l'amphithéâtre.

La construction et l'embellissement des voies publiques étaient l'objet constant de la sollicitude impériale. Venu à Aix, en l'an 16 avant Jésus-Christ, Auguste donna son plan pour le tracé des voies militaires qui devaient sillonner la Gaule, et notamment la Gaule Chevelue qui n'en avait pas encore. Agrippa fit exécuter l'œuvre de son beau-père, et le géographe Strabon, qui vivait sous les deux premiers empereurs, nous fournit là-dessus de précieux renseignements. « Lyon, dit-il, est situé comme une forteresse au cœur de la Gaule; là est le confluent des fleuves, et la ville est voisine des autres contrées de ce pays. Aussi Agrippa en a-t-il fait le point de départ des principales routes : l'une, traversant les Cévennes et les monts d'Auvergne, va jusqu'en Aquitaine; une seconde atteint le Rhin; la troisième se dirige vers la Manche par les territoires des Bellovaques et des Ambiens; la quatrième conduit, par la Narbonnaise, au port de Massilie. » Le nombre de ces voies fut rapidement augmenté, et la notice connue sous le nom d'Itinéraire d'Antonin en mentionne une quarantaine, reliant toutes les cités. Sur ces maîtresses routes s'embranchaient des routes secondaires. Des unes et des autres il restait encore, il y a cent ans, des vestiges assez importants pour en reconstituer en grande partie la direction; et malgré l'établissement de notre nouveau réseau de routes, on peut toujours en beaucoup d'endroits suivre le tracé des anciennes voies romaines, souvent marqué sur notre grande carte de France dite de l'État-Major. Ces voies sont appelées par les paysans *chemin de César, voie Ténarèse, chemin romain, chemin des Pèlerins, chaussée de Brunehaut*, du nom de la reine d'Austrasie qui les aurait fait restaurer, et *chemin ferré*, à cause de la dureté des matériaux qui les composaient et du dallage qui les recouvrait.

Entre les villes situées sur les voies principales se trouvaient des stations, divisées en deux classes: les *mansiones*, où l'on pouvait passer la nuit et qui étaient souvent de petites villes, et les *mutationes*, où communément on ne faisait que changer de chevaux. Les distances étaient marquées au moyen de pierres milliaires analogues à nos bornes kilométriques, mais plus volumineuses et de forme cylindrique. Des inscriptions y mentionnaient, outre la distance jusqu'à la ville voisine, le nom de l'empereur qui les avait fait ériger et l'année de son règne. Nos collections lapidaires renferment une grande quantité de ces pierres milliaires; mais ce qu'on n'a pu transporter dans nos musées, ce sont les édicules en forme de tours carrées, consacrés aux *dii viales* ou dieux des chemins, notamment à Mercure, et échelonnés le long des voies principales comme le sont aujourd'hui les *montjoies*, sortes de niches pratiquées dans un massif de maçonnerie et contenant une statuette de saint. Ces petites tours, que les savants dé-signent le plus ordinairement sous le nom de *piles romaines*, étaient naguère assez communes dans le Midi. Le département de la Charente-Inférieure en renferme deux : la Pirelonge, près de Saint-Romain-de-Benet, et le fanal d'Ébéon. Il y en a plusieurs dans Lot-et-Garonne et surtout dans le Gers, où se trouve la pile de Saint-Lary, la plus belle et la mieux conservée de toutes. Dans la Haute-Garonne, nous en avons nous-même signalé deux, l'une au nord de Montrejeau, l'autre à Labarthe-de-Rivière. La pile de Saint-Lary devrait descendre au second rang parmi ses pareilles, si l'on pouvait joindre à ce genre de monuments la pile de Cinq-

PILE DE CINQ-MARS

Mars, en Touraine. Celle-ci, d'une hauteur de 29 mètres, est ornée de dessins d'appareils et surmontée de quatre obélisques. Il n'est possible d'assigner au monument de Cinq-Mars une destination qu'en supposant qu'il fut aussi, en effet, une montjoie romaine. Aucune pile romaine n'a conservé intact son couronnement; il est à croire cependant que ces piles et les statues qu'elles abri-taient n'étaient pas de simples objets de dévotion : elles permet-taient de retrouver la voie en temps de neige et pendant la nuit. Pour ce dernier cas elles étaient surmontées d'un phare, ce qu'indi-quent le nom de *fanal*, donné à la pile d'Ébéon, et celui de *l'Estelle* ou *l'Estélou* (étoile), porté, dans la région pyrénéenne, par trois localités qui possédaient des piles romaines, récemment détruites.

Des ponts construits avec soin et souvent avec luxe portaient les voies romaines au-dessus des fleuves. La voie Domitienne franchissait le Vidourle à *Ambrussum* et l'Hérault à *Cessero* (Saint-Thibéry), sur des ponts dont les ruines sont encore considérables. Près d'Apt, sur le Caulon, est le pont Julien, d'une admirable conservation; il servait à la voie Aurélienne de Milan à Arles. Un autre pont, en Provence, le pont Flavien, présente un genre d'intérêt tout particulier. Il est situé près de Saint-Chamas. Son arche unique, de 21

PONT JULIEN (VAUCLUSE)

mètres et demi de portée, est jetée sur la Touloubre entre deux arcs de triomphe d'ordre corinthien. Suivant une inscription gravée à l'un des entablements, il fut bâti au moyen d'une somme léguée par Flavus, prêtre de Rome et d'Auguste, probablement dans le cours du premier siècle. Le pont romain de Besançon est en grande partie noyé dans la maçonnerie d'un pont moderne.

Il ne faut pas oublier que les voies romaines étaient avant tout, comme nos routes nationales actuelles, des routes stratégiques. Aussi étaient-elles tracées ou envoyaient-elles des embranchements de manière à desservir les camps disséminés sur le territoire

MAUSOLÉE DE SAINT-REMY

gaulois. Nous avons en France de nombreux *camps de César*, levées
de terre entourées de fossés et comprenant le plus souvent deux enceintes. César n'a pu séjourner dans tous, et plusieurs même de
ces camps sont d'origine incertaine, gaulois peut-être, peut-être
mérovingiens ou moins anciens encore. Les plus remarquables ou
les mieux connus sont la Cité de Limes, en face de Dieppe, le camp
de César à Bailleu-sur-Thérain (Oise), celui de Champlieu, ceux de
Tirancourt et de l'Étoile (Somme), de Sougé (Loir-et-Cher), de Si-
chard près d'Anché (Vienne), de Chênehutte (Maine-et-Loire), de

Césarines près Saint-Céré (Lot), de Gandalou près de Castelsarrasin
(Tarn-et-Garonne), le camp d'Attila près de Suippes (Marne), etc.
Certains camps permanents ou *castra stativa* étaient entourés de
murs, comme celui de Péran (Côtes-du-Nord), remarquable par ses
remparts vitrifiés qui ont donné lieu à de longues controverses.

Aux abords des villes, les voies, comme à Rome, se bordaient de
monuments funéraires. Un de ces mausolées, encore à peu près intact, s'élève, à côté d'un arc de triomphe, près de Saint-Remy
(Bouches-du-Rhône), sur l'emplacement de *Glanum*. Ses bas-reliefs
représentent des scènes guerrières; dans la petite colonnade qui

couronne le monument sont debout les statues de Julius Caïus et de sa femme, à qui leurs enfants ont fait élever ce tombeau, vers le milieu du premier siècle. A Aix-les-Bains, l'arc de Campanus, qui a passé longtemps pour une porte triomphale, n'est que le fragment d'un mausolée, ce qu'indiquent suffisamment les inscriptions.

Outre l'arc de triomphe de Saint-Remy, la France en possède plusieurs autres, dont quelques-uns ne sont que de simples portes urbaines. Les portes les plus monumentales étaient triples, comme

PORTE SAINT-ANDRÉ, A AUTUN

l'arc d'Orange, édifice d'une richesse de sculpture telle, qu'on renonce maintenant à le faire remonter à Tibère, en l'honneur duquel on croyait d'abord qu'il avait été élevé.

La porte de Mars à Reims, presque aussi riche que celle d'Orange, est d'ordre corinthien et à trois arcades. Les portes d'Arroux et Saint-André à Autun, celle de Langres, l'arc de Germanicus à Saintes, et la porte d'Auguste à Nîmes, bâtie seize ans avant Jésus-Christ, se composent de deux grands arcs semblables ; aux deux portes d'Autun et à la porte d'Auguste, on trouve latéralement deux arcs plus petits pratiqués pour le passage des piétons. A Saint-Remy, à Carpentras, à Cavaillon, à la porte Noire de Besançon, à la porte Dorée de Fréjus et à la porte de France à Nîmes, il n'y a qu'un seul arc ; ceux de Saint-Remy et de Carpentras étaient les plus ornés.

COLONNE DE CUSSY

Les grandes colonnes isolées servaient, comme parfois les portes urbaines, de monuments commémoratifs. Il en existe une assez bien conservée à Cussy (Côte-d'Or), mais on ignore à quelle époque et à quel évènement on doit la rapporter. En 1878, les fragments presque complets d'une colonne semblable ont été exhumés à Merten, dans notre ancien département de la Moselle. Une statue équestre en surmontait le chapiteau.

Puisque nous en sommes aux monuments commémoratifs, nous devons mentionner le « Trophée des Alpes », élevé par Auguste, en l'an 7 avant Jésus-Christ, pour rappeler sa victoire sur quarante-huit peuples montagnards. Il en reste à la Turbie, entre Villefranche et Monaco, un fragment de muraille noyé dans la maçonnerie d'une haute tour de défense bâtie au quinzième siècle.

Chaque grande cité avait, comme Rome, son *forum*. Ceux d'Arles et de Vienne ont laissé quelques traces. Il y en avait un fort considérable à Lyon, bâti par Trajan, mais mal entretenu plus tard, puisqu'il s'écroula tout d'une pièce le 21 septembre 840.

Les capitales de provinces, Aix, Auch, Besançon, Bordeaux,

Bourges, Cologne, Embrun, Lyon, Mayence, Narbonne, Reims, Rouen, Sens, Tarantaise, Tours, Trèves et Vienne, eurent des palais pour les magistrats qui les gouvernaient à titre de présidents ou de consulaires. Il ne reste rien ou presque rien de ces édifices, qui furent quelquefois utilisés au moyen âge par les premiers seigneurs féodaux. Lutèce et Arles, quoique n'étant pas chefs-lieux de provinces, furent habitées par des empereurs, la première par Constance Chlore et Julien, la seconde par Constantin et Honorius. Ces princes y construisirent des palais somptueux. C'est à Julien l'Apostat que la tradition attribue le palais parisien, qui fut plus tard la résidence des rois mérovingiens, et dont la masse était encore presque intacte en 1485, date où la majeure partie fut détruite pour l'établissement des bâtiments et des jardins de l'hôtel de Cluny. Parmi les débris conservés jusqu'à nos jours sont la grande salle des bains, d'où le nom de « Thermes de Julien » , et sa voûte d'arêtes, la plus belle voûte romaine connue en France. A Arles, les restes du palais de Constantin sont appelés « la Trouille, » d'un mot grec latinisé qui signifie coupole.

Les temples furent nombreux dans la Gaule. Outre ceux des divinités romaines, Jupiter, Mercure, Vénus, Minerve, Hercule, etc., qui furent solennellement adoptées à Lyon par les députés des Trois-Provinces, en l'an 12 avant Jésus-Christ, il y eut ceux des divinités locales, que les conquérants s'efforcèrent d'identifier à leurs propres dieux, sans toujours y réussir. Le grand temple national paraît avoir été celui de Vasso, que les Gaulois purent continuer d'invoquer, à la condition de l'appeler le Mercure Domien (*Mercurius Dumias*). Néron permit même à un sculpteur grec alors célèbre, Zénodore, d'aller chez les Arvernes exécuter pour ce temple une statue colossale en bronze. Les restes du temple de Vasso, détruit vers 265 par les Alamans de Crocus, et dont on ignorait l'emplacement, ont été retrouvés, en 1873, au sommet du Puy de Dôme.

D'autres divinités topiques (locales) conservèrent leurs temples et leurs adorateurs jusqu'à l'apostolat de saint Martin; quelques-unes donnèrent leurs noms aux localités ou le reçurent d'elles. *Borvo*, sorte d'Apollon gaulois, possédait des temples à Entrains (Nièvre) et dans les quatre stations balnéaires d'Aix-les-Bains, de

Bourbon-l'Archambault, de Bourbon-Lancy et de Bourbonne-les-Bains. *Namoz* avait son culte à Nimes, la déesse *Vésunna* à Vésone ou Périgueux, où l'on voit encore un mur circulaire appelé « Tour de Vésone » , *Rudiobus* à Neuvy-en-Sullias (Loiret), *Vosagus* dans les Vosges, *Divona* à Cahors et à Bordeaux, *Sirona* en Aquitaine et en Armorique, *Deirona* en Lorraine, *Clutonda* à Mesves (Loiret), *Luxovius* et *Brixia* à Luxeuil, etc.

Le Panthéon gaulois le plus curieux et le plus riche que nous possédions est celui de la région centrale des Pyrénées (Bigorre, Comminges et Couserans). Le dieu *Ilixon*, plus que jamais célèbre, revit dans Luchon, *Iluro* dans Oloron et la vallée de Louron, *Carr* dans la belle montagne de Gar, près Saint-Béat, *Boccus Harouso* dans le village de Boucou (Haute-Garonne), *Bæzertus* dans le hameau de Bazert, entre Montrejeau et Saint-Bertrand-de-Comminges. Les noms précédents, comme ceux d'*Abellion, Aherbelst, Alardos, Arixon, Armaston, Astoilun, Baicorix, Baïosis, Barce, Belisama* (Minerve), *Bopienn, Dah* (Mars), *Édelat, Erge, Expercenn, Iscitt, Lahe, Leherenn, Sexarbor, Teotan, Xuban*, nous sont conservés par de précieux autels votifs, déposés en majeure partie dans le musée de Toulouse, où ils forment une collection unique en Europe. Les noms de personnages fournis par ces petits monuments prouvent que les Romains eux-mêmes portaient leurs adorations à nos dieux indigènes, comme ils les avaient portées à ceux d'Égypte et de la Perse.

Le Panthéon romain fut toutefois, lui aussi, représenté par des temples somptueux, notamment dans les villes, sur des emplacements que plus tard on choisit de préférence pour y élever les cathédrales. Là où trône aujourd'hui Notre-Dame de Paris, il y avait, avant Constantin, un beau temple de Jupiter, bâti ou décoré aux frais des bateliers parisiens, qui formaient une riche corporation. Quand Auguste vint à Arles, il y fit bâtir un temple au vent Circius; lui-même eut de nombreux sanctuaires. Un autel, dédié à « Rome et Auguste » lui fut érigé de son vivant dans la ville de Lyon, au nom des Trois-Provinces, et la dédicace solennelle en fut faite, l'an 10 av. J.-C., par Drusus Germanicus, fils de l'impératrice Livie. Ce temple se trouvait au confluent de la Saône et du Rhône, qui s'opérait alors près de l'église actuelle d'Ainay; ce dernier édifice con-

tient quatre colonnes qu'on croit provenir du célèbre sanctuaire
gallo-romain. De plus, Rome et Auguste eurent, dans la Narbonnaise particulièrement, leurs prêtres ou flamines, attachés aux
temples que leur consacra la superstitieuse adulation de nos ancêtres. A Vienne, le temple qui subsiste encore porte sur la frise les
noms d'Auguste et de Livie; on croit qu'il a été reconstruit sous les

TOUR DE VÉSONE, A PÉRIGUEUX

Antonins, de même que la fameuse Maison-Carrée de Nîmes, le chef-
d'œuvre du goût romain dans notre pays.

La Maison-Carrée, qui mériterait une longue description, forme
un rectangle, de 25 mètres de longueur sur 12 de largeur. Le riche
entablement est supporté par 30 colonnes corinthiennes ($7^m,16$
de hauteur); 20 de ces colonnes sont engagées dans les murs de
l'édifice; les 10 autres soutiennent le péristyle, auquel on monte
par un perron de 15 marches. La grande porte ($6^m,83$ de hauteur)
est couronnée par une élégante corniche que supportent des con-

soles d'un fort beau travail. Dans l'opinion des archéologues, ce temple fut l'annexe d'un vaste forum.

Les temples gallo-romains présentaient deux principales variétés comme forme. Les plus nombreux, comme la Maison-Carrée, le temple de Vienne et les temples ruinés de Vernègues (Bouches-du-Rhône), d'Izernore (Ain), de Champlieu, etc., étaient plantés sur le rectangle, avec un péristyle ou tout au moins une colonnade sur la façade. Les autres, et plus particulièrement, dit-on, ceux qui avaient pour patronne une déesse, comme celui de Vésone, étaient circulaires ou octogonaux ; ce type est celui des temples de la Rigale, à Villetoureix (Dordogne), de Sanxay (Vienne, et de Montélu, près Chassenon (Charente). On ne sait si les quatre belles colonnes corinthiennes qui sont debout à Riez (Basses-Alpes) ont appartenu à un temple, et si le monument cruciforme de Lanuéjols (Lozère) fut un sanctuaire ou un tombeau.

Les constructions romaines devraient nous rester en plus grand nombre, eu égard à leur solidité. Bâtis pour l'éternité, quel que fût le système de maçonnerie, les monuments antiques ont succombé néanmoins fort vite à diverses causes de destruction.

Les premiers Vandales, ce furent les Romains eux-mêmes : à l'époque de l'invasion des vrais Vandales et des autres barbares, au cinquième siècle, ils avaient déjà renversé quelques-uns de leurs plus beaux édifices ; nous allons dire comment. Vinrent ensuite les barbares, qui détruisirent rapidement dans leur passage, et qui, une fois établis sur le sol de l'empire romain, pillèrent les ruines afin d'y trouver pour leurs églises et leurs palais des colonnes taillées, des pierres équarries et des sculptures. Le moyen âge pilla encore, mutila, transforma ; il convertit en forteresses et en châteaux ce qui parut assez robuste pour supporter des tours et des parapets crénelés. Le retour au goût antique ne sauva pas tout ce qui avait survécu : depuis François Ier jusqu'à nos jours, nous avons perdu plusieurs monuments de premier ordre, par suite de l'incurie des municipalités ou des gouvernements, de la cupidité ou de l'indifférence des particuliers.

Nous n'avons ici à nous occuper que des Romains. Deux raisons les amenèrent à se faire démolisseurs. La première fut une sorte d'intolérance religieuse, provoquée principalement par les empe-

reurs Théodose et Honorius, et qui déchaîna contre les temples
païens une guerre acharnée, plus tard adoucie par les efforts du pape
saint Grégoire le Grand. La seconde fut une nécessité politique.

Quand les barbares eurent franchi le Rhin, dès la fin du troisième
siècle et surtout dans les deux siècles suivants, des paniques su-

TEMPLE DIT LA MAISON-CARRÉE, A NIMES

bites se saisirent des habitants des Gaules, qui, confiants dans la
durée de la « paix romaine », n'avaient pas entretenu les murs de
leurs villes ou avaient négligé d'en munir celles qui n'en possédaient pas. On mit à construire des remparts une précipitation qui
fut fatale aux monuments. Renonçant à fortifier les cités dans toute
leur étendue quand elles étaient trop vastes, on traça des enceintes
réduites, sans étude, au hasard ou suivant les déclivités du sol,

rencontrant çà et là des thermes, des temples, des tombeaux, des
maisons qu'on abattait sans pitié. On faisait grâce pourtant aux
théâtres et aux amphithéâtres, car la société romaine, même devenue catholique, continua d'aimer les spectacles et les combats de
bêtes féroces [1]; il était d'ailleurs possible d'utiliser le pourtour de
ces monuments par la suppression de leurs larges ouvertures. Des
décombres, on fit deux parts. Les plus beaux matériaux, pierres
angulaires, tronçons de pilastres, de colonnes ou d'entablements,
bases, bas-reliefs, statues, inscriptions, furent jetés dans les tranchées de fondation, et là-dessus, avec ce qui restait, on jeta hardiment de hautes et épaisses murailles flanquées de tours rondes. La
cohésion du mortier suppléa à l'insuffisance des fondements, et les
murs ainsi élevés tiennent comme s'ils étaient d'une seule pièce.
Quand les édifices démolis pour le passage de l'enceinte n'avaient
pas fourni assez de matériaux, on étendait la destruction à ceux
qui restaient en dehors. Souvent on plaça les acropoles sur l'emplacement des vieilles cités gauloises : Lyon de Comminges, Lyon
de Couserans, Auch, Lectoure, remontèrent sur leurs collines primitives. Ce n'était pas seulement le temps qui faisait défaut, mais
aussi les ressources : le système d'impôts établi par Dioclétien et
aggravé par ses successeurs avait ruiné les municipes. Les remparts gallo-romains les mieux conservés que nous possédions aujourd'hui sont ceux de Lyon de Couserans (*Lugdunum Consoranorum*, Saint-Lizier, dans le département de l'Ariège), de Senlis,
de Bourges, auxquels on peut ajouter des fragments notables des
remparts du Mans, de Vannes, de Beauvais, de Dax et de Lyon de
Comminges (*Lugdunum Convenarum*, Saint-Bertrand, dans le département actuel de la Haute-Garonne). On peut encore déterminer
le tracé exact de ceux de Bordeaux, de Poitiers, de Tours et de
Lisieux. A Nîmes, la fameuse Tour-Magne est une forteresse du
quatrième siècle enveloppant un tombeau plus ancien, qui dut à
sa position stratégique cette transformation.

On fortifia également, au quatrième et au cinquième siècle, des
bourgades et des villes qui eurent le titre de *castrum* et prirent

1. Les combats de gladiateurs et de bêtes féroces ne furent abolis que par un édit de
l'empereur Valentinien II, vers 390.

souvent une assez grande importance pour devenir des évêchés : ainsi la ville de Bigorre, dont on ignore la situation exacte, *Lapurdum* ou Bayonne, qui conserve des débris aujourd'hui recouverts de plâtre, *Matisco* ou Mâcon, *Cabillonum* ou Châlon, Dijon, Carcassonne, qui possède encore une section très considérable de son enceinte, vrai boulevard de la Gaule méridionale. Jublains, qui du rang de cité paraît être descendu à celui de *castrum*, n'a, au lieu d'enceinte, qu'un véritable château romain, dont la disposition est des plus remarquables. D'autres châteaux forts plus ou moins isolés s'élevaient sur des collines ou sur des lieux de passage très fréquentés : ils portaient le nom de *castellum*. Il en existe un à Larçay, près de Tours, bâti, comme les murs des cités, sur des tronçons de colonnes antiques. Sa longueur sur les deux grands côtés est de 75 mètres. Le front le mieux conservé, tourné au sud, offre quatre tours engagées et pleines, dont deux forment les angles. Une tour semblable flanque chacun des petits côtés. Une forteresse de forme à peu près analogue, mais d'une construction tout à fait grossière, a été trouvée par M. l'abbé Robert Charles dans la forêt de Sillé-le-Guillaume (Sarthe) ; il est possible qu'elle soit postérieure aux Romains.

Ce réseau de citadelles et de châteaux n'empêcha pas la Gaule d'être sillonnée en tous sens, pendant un siècle (408-507), par des hordes barbares qui pillèrent les villes aussi bien que les campagnes. Les forteresses étaient bonnes, mais les bras manquèrent pour les défendre. Rome, qui sous César et sous Auguste avait eu assez de soldats pour conquérir le monde, ne put, sous les faibles successeurs de Théodose, en fournir aux habitants de ses provinces, qui les appelaient à leur secours, trop efféminés et trop fatigués des fiscalités impériales pour risquer leurs propres vies dans une lutte sans espoir.

CHAPITRE IV

LES ÉGLISES LATINES ET MÉROVINGIENNES

Le christianisme pénétra dans la plus grande partie de la Narbonnaise et dans quelques districts limitrophes, dès la fin du premier siècle, et s'y répandit assez facilement, à la faveur des progrès qu'y avait antérieurement faits la civilisation romaine. Mais il n'en fut pas de même dans le reste de la Gaule, encore attaché à ses cultes nationaux, malgré l'adoption officielle des divinités de l'Olympe. Si la mission des évêques Trophime à Arles, Paul ou Paul-Serge à Narbonne, Saturnin à Toulouse, Austremoine en Auvergne, Martial à Limoges, Gatien à Tours et Denis à Paris remonte en réalité au pontificat du pape saint Clément (91-100) plutôt qu'à celui de Fabien (236-250), ce qui n'est pas historiquement démontré, les germes de christianisme laissés par ces apôtres ne prospérèrent pas ou furent étouffés par les persécutions ; rien du moins n'affirme l'existence et la vitalité des Églises qu'ils avaient fondées.

C'est seulement à partir de la fin du troisième siècle qu'on voit les diocèses s'organiser dans toutes les provinces et qu'on retrouve la succession régulière de leurs pasteurs. La Gaule eut beau être la première à jouir, sous Constance Chlore, père de Constantin, de la liberté religieuse, elle était encore, après Constantin, en partie païenne dans les villes et presque tout à fait dans les bourgs et les villages.

Enfin, durant la période presque séculaire qui s'étend de la mort de Julien l'Apostat à l'invasion d'Attila (363-451), les évêques, jugeant leur influence suffisamment affermie dans les cités, se mirent sérieusement à évangéliser les campagnes, soit par eux-mêmes, soit par le ministère de pasteurs auxiliaires ou « chorévêques ». Alors brillèrent saint Martin à Tours, saint Hilaire à Poitiers, saint Aignan à Orléans, saint Marcel à Paris, saint Exupère à Toulouse, saint Nicaise à Reims, saint Firmin II à Amiens, saint Delphin à Bordeaux, saint Phébade à Agen, saint Marcellin à Embrun, saint Honorat et saint Hilaire à Arles. Grâce à de tels hommes et surtout à saint Martin, le grand thaumaturge et le grand apôtre des Gaules, qui pendant plus de trente ans parcourut en tous sens nos provinces, les Francs trouvèrent le christianisme complètement établi dans les pays compris entre le Rhin et les Pyrénées, à part de nombreuses superstitions locales qui ont traversé le moyen âge.

Nous n'avons à nous occuper des Mérovingiens que d'une manière tout à fait incidente : la conquête franque, de même que la domination des Burgondes et des Visigoths, n'amena d'autre résultat que de précipiter la décadence politique, littéraire et artistique commencée en plein Empire. Rien ne fut notablement changé à la direction des idées religieuses et de ce qui dérivait d'elles, par exemple l'architecture. Car, Rome tombée, il ne fut plus question de bâtir de vastes monuments publics ; toute la puissance des gouvernements et toute l'intelligence des ouvriers se concentrèrent sur les églises. A part peut-être la ruine qu'on appelle aujourd'hui le Châtelet à Orléans, nos rois eux-mêmes n'eurent d'autres palais de pierre que ceux qui furent conservés dans les cités. Certains pans de murs qui n'ont pas appartenu à des églises et qu'on n'ose faire remonter aux Romains, comme le prétendu palais de Pépin le Bref à Vernou (Indre-et-Loire), et le monument de Thésée (Loir-et-Cher), n'ont rien qui les rattache avec évidence à l'époque mérovingienne.

De même que les Romains vainqueurs de la Grèce s'étaient laissé vaincre par les arts de cette nation, les barbares, après avoir ruiné la puissance politique de Rome, se virent subjugués par la civilisation que d'abord ils avaient voulu détruire. Les lois, les lettres et les arts romains fleurirent dans toute l'Aquitaine pendant la domination séculaire (412-507) des Visigoths. Brunehaut, reine d'Austrasie, tant qu'elle posséda la plus grande partie de la Gaule méridionale, voulut y rétablir la civilisation romaine, y fit restaurer des monuments et des chemins, d'où le nom de « chaussées Brunehaut », donné encore, dans ce pays, aux voies antiques. Ces goûts paraissent naturels chez la fille d'un roi visigoth. Cependant Chilpéric, avec moins d'habileté, cherchait de son côté à se rapprocher des Romains. Tous ces efforts assez malheureux aboutirent à une tentative plus malheureuse encore. Lorsque Gondowald, fils réel ou supposé de Clotaire Ier, réclama sa part de l'héritage paternel, plusieurs nobles gallo-romains se groupèrent autour de lui, voyant ou voulant voir dans ce prince le restaurateur de la civilisation regrettée. Gontran déjoua ces espérances par la ruine de Lyon de Comminges, le dernier asile du prétendant (585).

Les vrais gardiens des lettres et des arts pendant la période mérovingienne, ce furent les évêques, et c'est à eux qu'il nous faut revenir. Après avoir été, dans les derniers temps de l'Empire, sous le nom de « défenseurs », les véritables souverains des cités, ils continuèrent à y jouir d'une puissance presque sans bornes, qui servit de base plus tard à leur juridiction féodale. Leurs lumières les rendaient aussi les conseillers naturels des rois, des gouverneurs, des populations, et Chilpéric se plaignait un jour de n'être rien à côté de ses prélats, dont bien peu étaient de race franque.

C'est aux évêques gallo-romains que furent dues nos premières églises, soit avant, soit pendant la domination franque. Ces églises furent d'abord assez modestes, même celles qui servaient de cathédrales. Il faut arriver au cinquième siècle pour trouver des édifices d'une certaine importance. Le musée de Narbonne possède la grande inscription qui constatait l'achèvement de l'église bâtie par les soins de l'évêque Rustique, de 442 à 446, dans le bourg dit Minerve (aujourd'hui dans le département de l'Aude). Ce monument était déjà construit avec soin et même avec luxe, comme l'insinuent les termes mêmes de l'inscription.

Un contemporain de Rustique, Namatius, évêque d'Auvergne, fit reconstruire sa cathédrale de Clermont, qui eut trois nefs, un transsept et deux absides extrêmes, l'une tenant lieu de façade, l'autre servant de chœur.

Une basilique bien plus belle s'éleva, par les soins de l'évêque de Tours, Perpétue ou Perpet, sur le tombeau de saint Martin. Un des successeurs de Perpétue, saint Grégoire, décrit assez confusément l'édifice. « Il a, dit-il, 160 pieds de long, 60 de large, 45 de hauteur sous voûte, trente-deux fenêtres dans la partie qui entoure l'autel, vingt dans la nef et quarante et une colonnes; dans toute l'église, on compte cinquante-deux fenêtres, cent vingt colonnes et huit portes, dont trois autour de l'autel et cinq dans la nef. » Le savant archéologue Jules Quicherat, à l'aide de ce passage et de plusieurs autres documents, est arrivé à comprendre assez clairement la disposition de l'église Saint-Martin, qui, la première peut-être dans la chrétienté, semble avoir eu un déambulatoire autour de l'abside. Cette basilique, consacrée en 477, devint bientôt, grâce à la célébrité de son patron et à la dévotion toute spéciale de Clovis pour saint Martin, le grand pèlerinage national, et c'est en sa faveur principalement que fut institué le droit d'asile, accordé pendant tout le moyen âge, mais avec plus ou moins de restrictions, aux temples ou aux monastères renommés.

Saint Félix de Nantes, saint Agricol de Châlon et saint Dalmace de Rodez furent, durant la seconde moitié du sixième siècle, en pleine domination franque, de zélés bâtisseurs et peut-être d'habiles architectes, étendant leur sollicitude jusque sur les travaux d'utilité publique. Saint Félix n'oubliait pas les canaux et les ponts, tandis qu'il construisait une cathédrale presque aussi belle que la basilique de Tours.

Un peu plus tard, saint Géry ou Didier, évêque de Cahors, mort en 655, se rendait célèbre par son talent comme constructeur. Il passa auprès de ses contemporains pour avoir retrouvé le système antique d'appareil en grosses pierres de taille, abandonné dès les derniers temps de l'Empire au profit du petit appareil chaîné de briques. Outre sa cathédrale, il répara ou reconstruisit en partie les murs de Cahors, jeta des ponts sur le Lot, bâtit un palais épiscopal et divers établissements religieux.

Sans être toujours aussi habiles ou aussi bien secondés que tous ces prélats, nos rois mérovingiens voulurent laisser dans leur capitale des monuments de leur piété. Clovis y fonda l'église Saint-Pierre et Saint-Paul, qui devint après la mort de sainte Geneviève le sanctuaire de la patronne de Paris. Childebert éleva l'église Saint-Vincent, devenue un peu plus tard Saint-Germain-des-Prés, et à côté de la cathédrale Saint-Étienne il fonda la basilique Notre-Dame, pompeusement décrite par Fortunat avec ses colonnes de marbre et ses vitraux, qui sans doute n'étaient pas coloriés. Au village de *Catulliacum*, sur le tombeau du premier apôtre de Paris, Dagobert fonda l'église abbatiale de Saint-Denis, probablement avec l'aide de saint Éloi, qui de son côté bâtit à Paris même l'église Saint-Martial, couverte en lames de plomb.

S'il faut en croire Fortunat, un officier franc surpassa les Romains de son temps dans la construction d'une église de Toulouse.

> Launebodes enim, post sæcula longa, ducatum
> Dum gerit, instruxit culmina sancta loci.
> Quod nullus veniens romana gente fabrivit,
> Hic vir barbarica gente peregit opus[1].

Les églises dites *latines*, c'est-à-dire construites durant la décadence romaine, Mérovingiens compris, ressemblaient assez aux premières basiliques occupées ou bâties par les chrétiens de Rome. Elles avaient en moins la correction des formes et la beauté d'exécution : le sentiment du goût se perdait et le ciseau du tailleur de pierres devenait barbare. Mais, par une glorieuse compensation, le clocher fit son apparition dans la Gaule, avant qu'on y inventât ou qu'on y connût les cloches. Il fut créé pour compléter l'effet monumental des églises et signaler au loin le lieu où s'offrait le saint sacrifice, car il s'éleva d'abord sur l'autel et demeura creux dans toute sa hauteur de manière à former lanterne, comme de nos jours les coupoles de Saint-Pierre de Rome et du Panthéon de Paris. Il y eut une tour de ce genre à Saint-Martin, une autre fort belle à l'église de Nantes bâtie par saint Félix; les chroniqueurs en signalent, à Narbonne, une troisième, dont Alaric II fit abattre un étage parce qu'il gênait les vues de son palais sur la campagne (les résidences des rois visigoths en Aquitaine étaient Toulouse, Poitiers, Aire et Narbonne). Les descriptions du poète Fortunat semblent indiquer aussi des tours-lanternes sur une église de Bordeaux bâtie vers 550 et sur la basilique Notre-Dame à Paris.

Cette compensation n'empêche pas de regretter la perte considé-

1. «Launebode, ayant pris enfin le gouvernement de ce duché (de Toulouse), éleva les murs sacrés de la basilique, et, bien que de race barbare, il réalisa ce que n'aurait pu entreprendre un Romain venu d'Italie ». — Il s'agit ici peut-être de l'église dite du Taur, où reposa d'abord l'apôtre de Toulouse, saint Saturnin.

rable que fit l'art à l'époque latine : il n'y eut plus de sculpture, à part celle des chapiteaux, quelques moulures ornées et de rares bas-reliefs ; la statuaire disparut. Au milieu de populations qui avaient rendu aux statues un véritable culte, les premiers chrétiens n'avaient pas osé en mettre dans leurs églises ; et comme il ne se fit plus de statues païennes ou simplement allégoriques, et que d'un autre côté beaucoup de statues anciennes avaient été brisées à cause des idées superstitieuses et immorales qui s'y rattachaient, il cessa d'exister des artistes capables de ciseler des statues d'aucune sorte. Cette grave lacune dura un demi-millier d'années. Fort heureusement la peinture ne parut pas avoir autant d'inconvénients que la statuaire ; elle fut même vivement encouragée par saint Grégoire le Grand pour l'instruction des fidèles, qui pouvaient lire ainsi les dogmes ou l'histoire sacrée sur les murs quand ils ne savaient pas lire dans les livres. Aussi était-ce le clergé qui se chargeait du soin d'indiquer les sujets ou les figures à peindre ; il lui arrivait rarement de le laisser à des personnes laïques, à moins qu'elles n'eussent entrepris la construction à leurs frais, ainsi que cela se présenta dans le cas que nous allons raconter, d'après Grégoire de Tours. « La femme de l'évêque Namatius [1] faisait bâtir dans un faubourg de Clermont l'église Saint-Étienne. Elle résolut de l'orner de couleurs variées ; munie d'un livre, elle y choisissait des traits historiques dignes d'être représentés et les indiquait aux peintres qui devaient les reproduire sur les murs. Un jour qu'assise dans la basilique elle tenait son livre sur ses genoux et lisait, un pauvre entra pour prier ; la voyant âgée et modestement vêtue de noir, il la prit pour une mendiante comme lui, et lui présenta du pain. Celle-ci, loin de dédaigner l'aumône du pauvre et de l'avertir de sa méprise, le remercia, garda soigneusement le pain, le mit tous les jours sur sa table et récita sur lui son *Benedicite*, en mangeant chaque fois un morceau jusqu'à ce qu'il n'en resta plus. »

Nous connaissons par le même saint Grégoire un autre épisode relatif à la peinture. Sous un faux nom, Gondowald avait exercé la profession de peintre avant de se poser en héritier du roi Clotaire.

---

1. On sait que la plupart des évêques de la primitive Église étaient choisis parmi les hommes mariés et quittaient leurs femmes après leur ordination. — La basilique Saint-Étienne de Clermont est aujourd'hui l'église paroissiale Saint-Eutrope.

Aussi, quand il paraissait aux remparts de Lyon de Comminges, essuyait-il souvent les railleries des assiégeants. « N'es-tu pas, lui criait-on, ce Ballomer qui barbouillait de couleurs les murs de nos églises? » Si Ballomer barbouillait, ses confrères ne devaient être guère plus adroits.

Dans les églises riches, des revêtements de marbre, des mosaïques ou des placages en stuc remplaçaient par endroits la peinture. Une autre manière de décorer les murs tout en instruisant le peuple, c'était l'usage parfois immodéré des inscriptions.

BAPTISTÈRE DE POITIERS

Il nous reste peu de chose de nos églises latines, qui étaient loin d'être toutes construites en pierre; plusieurs, même importantes, étaient complètement en bois (Grégoire de Tours en cite quelques-unes), et celles de pierre n'avaient point de voûtes, à part dans leurs *cryptes*, ou chœurs souterrains, genre de construction qui resta en usage durant toute l'époque romane. De celles-ci nous en possédons au moins une entière, s'il est bien établi que la crypte de Saint-Avit d'Orléans, retrouvée en 1852, soit la même qui fut bâtie au sixième siècle par Childebert. Les cryptes de Jouarre (Seine-et-Marne) et de Saint-Laurent de Grenoble, remarquables par leurs colonnes, peuvent encore passer pour mérovingiennes, et il est probable que plusieurs cryptes moins importantes et moins célèbres leur sont contemporaines.

Nous ne saurions affirmer sans témérité que les parties les plus anciennes de Saint-Front de Périgueux appartiennent à la construction entreprise par Chronope, évêque de 506 à 533 environ, ni que

CRYPTE DE JOUARRE (SEINE-ET-MARNE)

Saint-Pierre de Vienne, avec ses trois nefs primitivement sans voûtes, soit un édifice antérieur au neuvième siècle. Mais il est deux édifices religieux fort intéressants qui peuvent se rapporter avec une pleine certitude à la période latine : ce sont le fameux temple Saint-Jean à Poitiers, remarquable par sa forme en croix grecque (croix à branches égales) et par sa décoration extérieure, et le Panthéon à Riez (Basses-Alpes), fait en partie de colonnes provenant d'un temple païen. Tous deux étaient des baptistères, comme on a fini par le reconnaître après de longues discussions.

CHAPITRE IV

Au point de vue politique et artistique, Pépin le Bref est le dernier des Mérovingiens plutôt que le premier des Carlovingiens. C'est Charlemagne qui ouvre la période dont nous allons nous occuper, et encore ne faut-il pas remonter au commencement de son règne, en 768, mais plutôt à 775 environ, date où ses conquêtes sont avancées et où il commence à s'occuper activement de l'administration de ses vastes États.

Comme Chilpéric et Brunehaut, Charlemagne rêva le rétablissement d'une sorte de monarchie romaine, surtout lorsque, devenu empereur d'Occident et véritable maître de Rome, il se crut le successeur des Césars. Avec une telle puissance, mise au service d'une intelligence supérieure, il paraissait capable de réaliser son entreprise ; mais « les fleuves ne remontent pas vers leur source », dit Horace, l'histoire ne se recommence pas, et un état social disparu ne se reconstitue pas à coups de décrets. Les éléments d'une restauration romaine manquaient presque totalement. Il n'y avait plus guère de prélats de race gallo-romaine sur les sièges épiscopaux, et l'invasion sarrasine d'un côté, de l'autre le désordre administratif qui signala les derniers règnes mérovingiens, avaient éteint dans la race gallo-romaine elle-même les dernières lueurs de la civilisation antique. C'était uniquement par routine que l'on continuait de bâtir les églises à la manière des basiliques primitives. Charlemagne le comprit : il fit venir de Rome des ouvriers chargés de lui créer des plans et de lui amener des colonnes de marbre, dépouilles des monuments des Césars. A Constantinople il demanda également des architectes, espérant que ses vues seraient certainement remplies, puisqu'il avait ainsi recours aux deux anciennes capitales du monde romain.

Heureusement on ne s'occupait guère d'archéologie dans l'académie palatine d'Aix-la-Chapelle, et l'on ne s'aperçut pas que les nouveaux venus pratiquaient et enseignaient l'art byzantin au lieu de l'art gréco-romain, à peu près oublié partout, même au pied du Capitole. L'art byzantin avait, mais en tronquant le plan basilical, réalisé la substitution de la voûte et de l'arc aux colonnades grécoromaines à architraves : il admettait à peine le chapiteau corinthien, qu'il remplaçait par une masse cubique assez disgracieuse, et il avait trouvé le moyen d'élever des coupoles de toute dimension audessus de quatre piliers disposés en carré. On ne s'aperçut pas, à la cour de Charlemagne, que tout cela était bien loin de l'architecture antique. On confia donc aux artistes étrangers les plus vastes travaux, et comme Charlemagne avait chargé ses *missi dominici* d'inspecter sévèrement les églises, évêques et abbés s'étudièrent à éviter les reproches du maître par un soigneux entretien et souvent par la reconstruction totale de leurs basiliques.

Charlemagne, en introduisant inconsciemment l'architecture byzantine dans ses États, poussa nos constructeurs à chercher dans la voûte le principe de l'art de bâtir, et à créer ainsi, avec assez de rapidité, le style roman, germe lui-même du style ogival. On se sentit à l'aise avec l'art néo-grec, et le mouvement artistique s'accrut par la facilité relative que l'on trouvait à ériger de beaux édifices. Si nous ajoutons que le nombre des paroisses, depuis les premiers rois mérovingiens, s'était considérablement augmenté, on pourra se représenter ce glorieux règne de Charlemagne comme le vrai point de départ de la période artistique du moyen âge.

Cette marche ascendante fut considérablement ralentie, mais rarement arrêtée, par les ravages des Normands. Le dixième siècle, un des plus mauvais de l'histoire, ne fut pas tel partout au point de vue de l'architecture; dans quelques provinces déjà apparaît à cette époque l'art roman à peu près formé. L'école auvergnate et celle de Toulouse remontent fort probablement aux dernières années du neuvième siècle; il en est de même de l'école provençale; le Midi précédait le Nord, comme plus tard le Nord devait précéder le Midi.

Nous n'avons pas à nous occuper encore des églises qui, bien que déjà romanes, sont antérieures aux Capétiens; nous dirons deux mots d'abord de celles qui ont les caractères spécialement assignés à l'époque carlovingienne.

Il est pourtant difficile de déterminer ces caractères spéciaux ou du moins de les appliquer d'une manière générale. Le règne de Charlemagne et ceux de ses successeurs furent une de ces époques de tâtonnements où l'art, cherchant sa voie, n'étant basé sur aucune règle, ni sur aucun usage, ni sur aucune tradition solide, est rendu de la façon la plus diverse, selon l'expédient imaginé ou le progrès entrevu par chaque artiste.

Nous avions en France, avant 1870, un monument sans prix qu'on a depuis détruit pour le rebâtir sur le même plan : c'est l'église de Germigny-les-Prés (Loiret), qui remontait bien authentiquement aux dernières années de Charlemagne et avait été bâtie par Théodule, un des plus grands évêques d'Orléans. Elle avait la forme d'une croix grecque, sans bas-côtés, couverte de coupoles byzantines comme devait l'être plus tard Saint-Front de Périgueux. Sur la croisée, la coupole était remplacée par une tour carrée formant lanterne à l'étage inférieur.

Ces dispositions toutes byzantines durent être rares sous Charlemagne et ne prirent pas racine en France, malgré l'influence que semblait devoir exercer l'église d'Aix-la-Chapelle, bâtie par le grand empereur. On sut chez nous sacrifier l'entablement à l'arc et à la voûte sans imiter servilement les Orientaux, on sut aussi attendre avec patience un résultat décisif. Les piliers ayant remplacé les colonnades, on se contenta communément d'abord de voûter les bas-côtés. Le plan des églises tendit à s'amplifier dans la région du transsept et du chœur, et les déambulatoires avec chapelles commencèrent à paraître : il y en eut dans la cathédrale bâtie au Mans, en 834, par Aldric, et à l'église de Saint-Denis, reconstruite par Pépin et Charlemagne.

L'usage des tours devint universel, parce qu'elles n'étaient plus un simple ornement. Les cloches étaient inventées et fort usitées du temps de Charlemagne. Alors comme aujourd'hui, on avait coutume de les baptiser, ce qui scandalisa l'empereur et fut défendu par un capitulaire de l'an 780 : *Cloccas non baptizent.* Elles étaient déjà fort grosses, comme le prouve le fait suivant, raconté par l'auteur des *Faits et gestes de Charlemagne.*

« Tanchon, moine de Saint-Gall, ayant fondu une excellente cloche dont le son plaisait beaucoup au grand Charles, vint un jour lui dire : « Seigneur roi, ordonnez qu'on m'apporte beaucoup de

ÉGLISE D'AIX-LA-CHAPELLE

» cuivre; et pour que je puisse le purifier convenablement à la » fonte, faites-moi aussi donner, au lieu d'étain, autant d'argent qu'il » est nécessaire, au moins cent livres, et vous aurez une cloche telle » que l'autre sera muette en comparaison. » — Ce misérable, ayant reçu tout ce qu'il demandait, s'en alla joyeux, nettoya le cuivre avec soin, y mêla de l'étain parfaitement purifié au lieu d'argent, fabriqua en peu de temps une cloche bien supérieure à l'autre avec ce métal altéré, en fit l'épreuve et la présenta au monarque. Celui-ci, satisfait de la forme superbe de cette cloche, ordonna d'y attacher le battant et de la suspendre dans le clocher. Le gardien de l'église, tous les chapelains, les hommes de service même, se remplaçant les uns les autres, s'efforcèrent de tirer quelque son de cet instrument, sans pouvoir y parvenir. L'homme qui l'avait fondu et s'était rendu coupable de cette fourberie sans exemple se saisit tout à coup de la corde et tire la cloche : le fer qui la traversait par le milieu se détache, tombe sur sa tête déjà chargée d'iniquités, et perçant son corps déjà privé de vie, vient jusqu'à terre avec les intestins de ce malheureux. On retrouva l'argent, et l'équitable Charles le fit distribuer entre les plus pauvres de ses officiers. »

Le luxe des cloches et des clochers alla fort loin au moyen âge. Angilbert, gendre de Charlemagne, devenu, du consentement de sa femme, moine, puis abbé de Saint-Riquier, fit placer quinze cloches dans chacune des deux tours qu'il avait fait construire, vers 798, sur la basilique principale de son monastère, et quinze autres cloches dans l'unique tour de la seconde église. On vit, dès le neuvième siècle, trois tours sur les églises bâties avec le plus de richesse.

Par leurs détails, les églises carlovingiennes se rapprochent plus des églises latines que des églises romanes proprement dites. Il importe de s'en bien pénétrer, et nous ne craignons pas de le redire : ce qui sépare le roman primordial du style latin et le rapproche davantage du roman secondaire, c'est le changement du principe de construction, la substitution désormais systématique et constante de l'arc à l'entablement, de la voûte au plafond quand cela paraît possible, des piliers assez forts et convenablement espacés aux colonnades. Ce fut l'inverse pour la décoration, qui, remarquons-le bien aussi, est toujours en retard sur les progrès de la structure.

Il reste d'ailleurs peu d'églises où l'on puisse reconnaître aujourd'hui la trace des tentatives de perfectionnement réalisées pendant l'ère romane primordiale, car celles que nous possédons sont de troisième ou de quatrième ordre, et ce n'est point avec de tels édifices, à plan écourté, faciles à construire, que progresse l'art monumental. Ce qui sert le mieux à nous faire distinguer les églises carlovingiennes des églises postérieures, ce sont leurs murs en petit appareil, encore parfois sillonné de briques; mais il est aussi des murs qui ont le moyen appareil.

L'église Saint-Pierre à Vienne, si elle n'est pas mérovingienne, Saint-Pierre de Jumièges (petite église distincte de la basilique abbatiale), la Basse-Œuvre ou cathédrale primitive de Beauvais, les églises de Beaulieu-lès-Loches (Indre-et-Loire), de Saint-Généroux (Deux-Sèvres) et de Valcabrère (Haute-Garonne) sont chez nous, à part quelques cryptes telles que les cryptes de Saint-Aignand'Orléans et en partie celle de Saint-Denis, les restes les plus importants de l'époque romane primordiale. Ces monuments religieux lui appartiennent, si peu reculée que soit leur date, car la Basse-Œuvre est des deux ou trois premières années du roi Robert, et la nef de l'église de Beaulieu n'a été bâtie, par Foulques Nerra, que de 1007 à 1012. Il en est de même des nombreuses petites églises qu'on remarque dans les environs de Béziers, en Armagnac, en Anjou, en Touraine, en Beauvaisis et dans le Laonnais : si quelques-unes sont capétiennes par l'époque de leur construction, elles restent carlovingiennes dans leur style. Par contre, il est, comme on le verra plus bas, des monuments déjà capétiens en apparence et qui remontent aux premières années du dixième siècle ou aux dernières du neuvième. Les deux époques, romane primordiale et romane secondaire, se pénètrent réciproquement, et il est difficile de marquer entre elles une limite bien nette.

On est libre de ranger dans la première ou dans la seconde époque romane trois monuments importants jusqu'ici réputés carlovingiens : la nef de l'église de Montiérender (Haute-Marne), consacrée en 989; l'église entière de Vignory (Haute-Marne), de vingt ans environ moins ancienne, et la nef avec le transsept de Saint-Remi de Reims, consacrés seulement en 1049. Cette église de Saint-Remi avait été commencée par l'abbé Airard, mais sur de si vastes proportions, pour le temps, que l'abbé Hérimar, successeur d'Airard, de 1036 à 1048, dut la démolir et en bâtir une autre un peu plus modeste. Tels qu'ils sont néanmoins, la nef et les croisillons de l'église actuelle peuvent compter parmi les plus grands et les plus remarquables qui nous restent de toute la période romane.

CHAPITRE VI

« Cluny est le berceau de la civilisation moderne, » disait Viollet-le-Duc en parlant d'une de nos plus célèbres abbayes. Il y a un peu d'exagération en faveur de Cluny : une part notable de cet honneur doit revenir à quelques autres grands monastères qui ont fondé ou développé en France les idées d'ordre, les études littéraires, la pratique des arts, et à l'institut cistercien tout entier, qui a créé chez nous l'agriculture.

L'épiscopat, sous les empereurs romains et sous les Mérovingiens, avait tenu la tête de l'Église et de la société catholique, et, dans cette situation éminente, le rôle que les temps lui assignèrent fut celui de protecteur et de conservateur. Il avait préservé l'art, comme la société, du dernier degré de la barbarie; il ne pouvait guère davantage. Quand vinrent les moines, ceux-ci eurent à se saisir des vestiges d'art qu'ils purent retrouver et à tout refondre pour imprimer à l'architecture une marche résolument ascendante, ce dont ils étaient seuls capables avec leurs longues et patientes études, avec le courage, la persévérance et le soin minutieux qu'ils apportaient dans le travail des mains.

L'institut monastique date en France de l'époque romaine. Le premier monastère y fut fondé par saint Hilaire de Poitiers, vers 350, à Ansion (Saint-Jouin-lès-Marnes), le second vers 360 à Ligugé par saint Martin, qui, devenu évêque de Tours, fonda une troisième abbaye à Marmoutier. Un autre monastère, qui se forma plus tard sur le tombeau de saint Martin, devint sous les Mérovingiens le plus grand établissement de ce genre dans la Gaule. Sous les Mérovingiens se

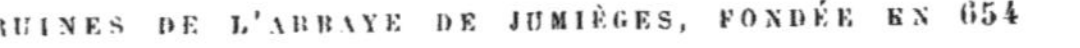

RUINES DE L'ABBAYE DE JUMIÈGES, FONDÉE EN 654

formèrent aussi, dans la capitale, les abbayes de Saint-Germain-des-Prés sur le tombeau de l'évêque saint Germain, et de sainte Geneviève sur celui de la patronne de Paris; à Saint-Denis, l'abbaye du même nom, sur le tombeau du premier apôtre de Lutèce. Remarquons se dessiner ici la double origine des monastères. Les uns durent leur existence à des hommes pieux qui se groupèrent sous une règle ascétique pour vivre selon la perfection chrétienne et oublier le monde. Les autres eurent pour objet immédiat de desservir le sanctuaire où avait été enseveli quelque saint; ceux-ci furent naturellement les plus riches, car, outre les vertus et la science de leurs religieux, ils attiraient les foules par les reliques vénérées qu'ils conservaient. Il arriva très souvent que des monastères de la première catégorie passèrent dans la seconde, et presque tous finirent par posséder un but de dévotion : soit le corps d'un de leurs abbés mort en réputation de sainteté, soit une statue miraculeuse, soit une relique importante rapportée de l'étranger.

Voici les noms des principales abbayes déjà existantes sous Charlemagne, outre celles que nous avons déjà mentionnées : à Paris, Saint-Martin-des-Champs; Saint-Éloi de Noyon; Lagny, dans le diocèse de Meaux; Saint-Médard de Soissons; Saint-Lucien et Fleix (Saint-Germer), dans le Beauvaisis; Saint-Aignan d'Orléans; Fleury (Saint-Benoît-sur-Loire) et Ferrières, dans l'Orléanais; Saint-Germain d'Auxerre; Saint-Pierre le Vif, à Sens; Saint-Bénigne de Dijon; Tournus, entre Châlon et Mâcon; Ainay, à Lyon; l'Ile-Barbe, près de Lyon; Saint-Oyend (Saint-Claude), Luxeuil et Saint-Dié, en pays séquanais (Franche-Comté); Saint-Remi de Reims; Saint-Vanne de Verdun; Saint-Quentin de Vermandois; Elnon (Saint-Amand), dans le Hainaut; Saint-Vaast d'Arras; Sithiu (Saint-Bertin de Saint-Omer); Corbie et Saint-Riquier, dans le diocèse d'Amiens; Saint-Ouen de Rouen, Jumièges, Fontenelle (Saint-Vandrille), Saint-Taurin d'Évreux et Saint-Évroult d'Ouche, en Normandie; Saint-Melaine de Rennes, Aindre ou Indre, Vertou, Saint-Méen, Saint-Mahé et Saint-Gildas-de-Rhuis, en Bretagne; la Couture, au Mans; Anisole ou Saint-Calais; Saint-Aubin d'Angers, Saint-Maur et Saint-Florent, en Anjou; Saint-Pierre de Chartres; Saint-Hilaire de Poitiers et Saint-Maixent, en Poitou; Saint-Eutrope de Saintes; dans le Limousin, le Dorat et Solignac, le berceau de l'orfèvrerie française; Saint

Front de Périgueux; Moissac; Saint-Sauveur de Figeac, création de Pépin le Bref; Saint-Sernin de Toulouse; Castres, en Albigeois; Vabres, Nant et Conques, dans le Rouergue; Saint-Chaffre (le Monastier), dans le Velay; Saint-Victor de Marseille, etc.

A cette liste, déjà si longue, s'ajoutèrent, sous Charlemagne et ses successeurs carlovingiens, des noms destinés à devenir également illustres : Saint-Crépin-le-Grand, à Soissons; Saint-Corneille de Compiègne; Mouzon, dans le diocèse de Reims; Sainte-Croix de Saint-Lô et le Mont-Saint-Michel, en Normandie; Redon, en Bretagne; Saint-Laumer de Blois; Charroux, Airvault et Saint-Savin, dans le Poitou; Déols, dans le Bas-Berry; Ébreuil, en Bourbonnais; Saint-Martial de Limoges, Beaulieu et Uzerche, dans le Limousin; Saint-Allyre de Clermont, Saint-Géraud d'Aurillac, Issoire et Mauriac, en Auvergne; Charlieu, en Forez; Saint-Gilles, Saint-Guilhem-du-Désert, Lagrasse, Aniane, Caunes, Saint-Pons et Lézat, en Languedoc; Sorde et Saint-Savin, dans les Pyrénées; Lombez, Condom et Saint-Sever, en Gascogne; Saint-Théodard (Montauban), en Quercy; Brantôme, en Périgord; la Réole, en Guyenne; Saint-Jean-d'Angély, etc.; sans compter Cluny, dont nous reparlerons.

On le voit, les mailles du réseau monastique, déjà passablement serrées à l'avènement de Charlemagne, se resserrèrent encore sensiblement sous sa dynastie. Ce furent dès lors les moines qui représentèrent la civilisation chrétienne. Sans réduire, tant s'en faut, les évêques à s'effacer, le grand empereur franc s'appuya davantage sur les religieux, qu'il s'efforça lui-même, par d'utiles réformes, de rendre dignes du rôle que l'état social de l'époque leur assignait.

Après avoir fleuri avec les moines sous Charlemagne, les études et les arts déclinèrent bien vite avec eux. Dès le milieu du dixième siècle, une réforme radicale était devenue nécessaire. Elle partit, vers 930, de Cluny, monastère bourguignon fondé vingt ans auparavant.

Parmi les monastères fondés au onzième siècle ou dans les dix dernières années du siècle précédent, nous devons remarquer, outre Fécamp et Vézelay, anciens couvents de femmes devenus abbayes d'hommes : Saint-Nicaise de Reims; Nogent-sous-Coucy, en Picardie; Anchin et Arrouaise, dans le diocèse d'Arras; Saint-Georges-de-Boscherville, Saint-Étienne de Caen, Saint-Pierre-sur-

Dive, le Bec, Conches, Cérisy-la-Forêt et Lessay, en Normandie; la
Trinité de Vendôme; Beaulieu, près de Loches; Montierneuf de
Poitiers; Maillezais (990); la Sauve-Majeure, en Guyenne; Fontgombault et Chezal-Benoît, en Berry; la Charité-sur-Loire; Saint-Étienne
de Nevers; Souvigny, en Bourbonnais; la Chaise-Dieu, en Auvergne; Pebrac, en Velay; Saint-Martin-du-Canigou, dans les Pyrénées, etc.

Trois ou quatre de ces abbayes furent fondées par les Clunistes;

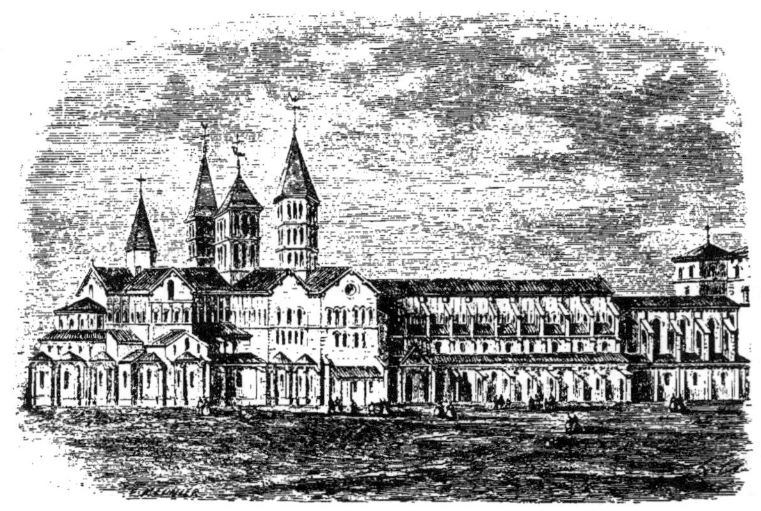

d'autres, nouvelles ou anciennes, leur furent affiliées; le reste, à
leur exemple, s'astreignit à une observance plus rigoureuse.

Mais cela ne parut point encore suffisant à la génération qui vit
la première croisade. Fondé en 1098 par saint Robert, réorganisé
et activement propagé par saint Bernard à partir de 1115, l'institut
cistercien répondait à un besoin réel de la société chrétienne. Malgré les réformes, les monastères bénédictins et augustins tendaient
sans cesse à décliner; tout en rendant les plus signalés services,
les religieux perdaient l'esprit de leur profession. En allant fré-

quemment dans le monde, les moines en prenaient la dissipation,
et quand ils rentraient dans leurs cloîtres, ils y retrouvaient la foule
des curieux, des hôtes et des pèlerins qu'eux-mêmes attiraient.
Bâtis, jusqu'au onzième siècle, dans des villes, ou devenus, à la
suite des invasions sarrasine et normande, des centres de population, à cause de la sécurité relative qu'offrait leur voisinage, les
monastères ne pouvaient rester l'asile du recueillement que pour

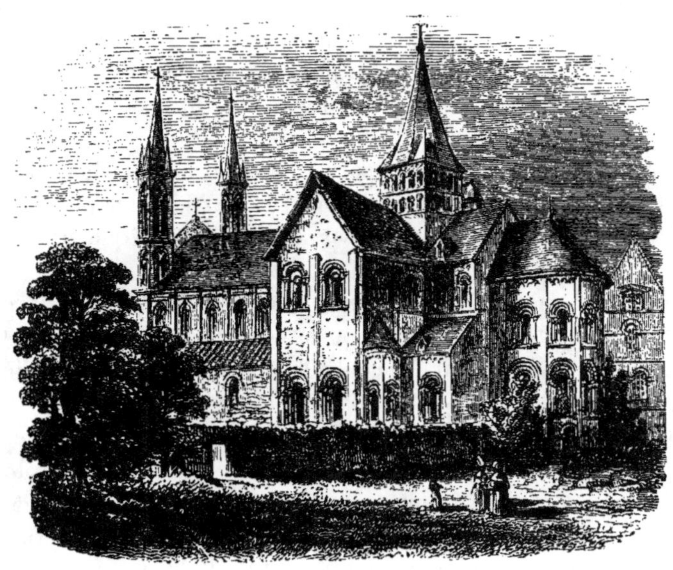

ABBAYE DE BOSCHERVILLE

un certain nombre de religieux occupés de travaux intellectuels. Les
moines étaient en outre propriétaires féodaux, ils avaient leurs juri-
dictions à côté de celles des évêques, et certaines maisons, comme
Saint-Germain-des-Prés, Saint-Denis, Saint-Martin, Cluny, Vendôme, Moissac, ne relevaient que du pape; de là des soucis tout à
fait temporels, des dissensions, des querelles souvent mesquines
et jusqu'à des luttes à main armée. En 1073, Saint-Ouen de Rouen
fut le théâtre, en plein office, d'une scène tumultueuse, qui faillit
devenir sanglante, entre les moines et leur archevêque. En 1147, les

frères convers de Sainte-Geneviève assaillirent de coups de poing
et de coups de bâton les gens du pape, dans l'église, en présence
du pape lui-même et du roi Louis VII, qui, en voulant rétablir
l'ordre comme un simple agent de police, vit son autorité méconnue.
L'objet de la dispute était le pallium ou manteau pontifical, dont il
ne resta que les lambeaux. Plusieurs évêques se virent refuser
l'hospitalité dans les monastères de leurs diocèses, comme cela
arriva un soir à Yves de Chartres; d'autres prélats ne furent pas
invités à de solennelles consécrations d'églises, ou furent éconduits
lorsqu'ils se présentèrent. Le motif de pareilles inconvenances était
que les évêques diocésains pouvaient par la suite revendiquer
comme droits acquis ce que les moines auraient accordé par défé-
rence et par politesse.

Mainte querelle se termina par les plus extrêmes violences. Il
avait plu aux moines de Saint-Mihiel de se soustraire à la juridiction
de l'évêque de Verdun pour passer à celle de l'évêque de Toul.
Thierry, l'évêque lésé, prit si mal la chose, qu'il marcha avec des
troupes sur le monastère et le renversa (1084). En 1119, ce furent
les moines de Saint-Orens qui couronnèrent leurs longues luttes
avec leurs archevêques par l'incendie de la cathédrale d'Auch. Vingt
ans plus tard, les moines de Savigny, dans le diocèse de Lyon,
détruisirent de fond en comble l'abbaye cistercienne de la Bénissons-
Dieu, parce que les seigneurs de la contrée reportaient plus volontiers sur cette dernière les marques de leur bienveillance. La même
cause, en 1150, arma les moines de Gigny, habitués aux riches
offrandes des seigneurs bourguignons, contre l'abbaye naissante du
Miroir, qui expia par une ruine presque totale la préférence dont
elle était l'objet.

La cupidité et la vanité, sinon des religieux, tout au moins de leurs
abbés, s'étendait jusqu'au culte lui-même et aux édifices qui lui
étaient consacrés. Saint Bernard, dans une épître aussi célèbre que
peu connue, les en reprend avec une exagération évidente; mais ses
éloquentes réprimandes méritent d'être ici reproduites, car elles
montrent jusqu'à quel point avait été porté, au douzième siècle, le
luxe des monuments religieux.

Après avoir blâmé la pompe mondaine dont s'entouraient les
abbés de son temps :

« Tout cela est peu de chose, ajoute-t-il ; voici qui est plus grave,
et d'autant plus grave que l'abus, étant universel, paraît excusable.
La hauteur surprenante des églises, leur excessive longueur, l'inutile ampleur de leurs nefs, leurs riches matériaux polis avec tant de
soin, leurs peintures occupant le regard, je passe sur toutes ces
choses, qui, appelant sur elles l'attention des fidèles venus pour se
recueillir, me représentent assez le culte tout matériel des anciens
Juifs. Mais soit, la gloire de Dieu est votre but ; permettez seulement
à un moine d'adresser à des moines l'observation qu'un païen
adressait jadis à des païens :

Pontifes, dites-moi, que fait l'or au saint lieu ?

» Et moi j'interroge des pauvres, non des pontifes ; je fais plus
d'attention au sens qu'à la mesure du vers. Pauvres, dirai-je, si
toutefois vous êtes bien des pauvres, que fait l'or au saint lieu ? Autre
est la cause des évêques, autre celle des moines. Nous savons que
les premiers se doivent indifféremment aux sages et aux insensés,
et que, ne pouvant toujours réchauffer la dévotion d'une foule char-
nelle par des moyens spirituels, ils y parviennent par des ornements matériels. Mais nous qui sommes affranchis de la foule et qui
pour le Christ avons méprisé comme fumier les pompes et les
agréments du monde, tout ce qui brille aux regards, délecte l'odorat,
le goût ou le toucher, en un mot, les aises et commodités de notre
corps, de qui, je vous prie, entendons-nous exciter la ferveur ? Quel
avantage poursuivons-nous, l'admiration des sots ou le contente-
ment des gens naïfs ? Ou bien, mêlés aux divers peuples, avons-nous
peut-être appris à imiter leurs œuvres et à demeurer les esclaves
de leurs divinités de bois ? Et, pour parler clairement, sommes-nous
guidés par l'avarice, qui nous subjugue à des idoles, et recherchons-
nous moins l'utilité des fidèles que leurs dons ? Si vous demandez
par quels moyens, c'est, répondrai-je, par des moyens ingénieux.
On répand des sommes d'argent de telle manière qu'elles puissent
se multiplier. On les dépense pour les augmenter, et la prodiga-
lité engendre l'abondance. La vue même de vanités magnifiques
et étonnantes porte les hommes bien plutôt à faire des largesses
qu'à se prosterner dans l'adoration. Ainsi les richesses puisent les

richesses, ainsi l'argent attire l'argent : car, je ne sais pourquoi, plus on voit d'opulence, plus on est libéral. Devant des reliques renfermées dans l'or, les yeux se closent et les bourses s'ouvrent. Vous montrez une magnifique figure de saint ou de sainte, et plus le personnage est barbouillé, plus il est révéré. On court pour baiser des restes sacrés, et on est excité à laisser des dons; on admire plus que l'on ne vénère. Aux voûtes sont appendues, avec un grand luxe, non des couronnes, mais des pierres précieuses, des roues, entourées de flambeaux, et non moins brillantes par les matières qui y sont incrustées. Nous voyons aussi, au lieu de candélabres, des arbres gigantesques en bronze massif, travaillés avec une extrême patience, et aussi étincelants de pierres précieuses que de lumières. Quel est, à votre avis, le but de tout cela, est-ce la componction des pécheurs pénitents, ou l'admiration des spectateurs?

» O vanité des vanités, sottise autant que vanité! L'Église brille dans ses murailles, elle est nue dans ses pauvres! Elle couvre d'or ses pierres, et laisse ses fils sans vêtements! Les dépenses des indigents servent à égayer le regard des riches! Les curieux ont de quoi se distraire, et les malheureux ne trouvent pas de quoi vivre!

» Que ne révérons-nous du moins les saintes images dont est pavé le sol que l'on foule aux pieds? Souvent on crache sur la bouche d'un ange, souvent le talon des passants frappe le visage d'un saint. Et pourquoi, si l'on ne veut pas épargner ces figures sacrées, pourquoi du moins ne pas ménager les riches couleurs? Pourquoi décorer ce qui doit être aussitôt souillé? Pourquoi peindre ce qui doit inévitablement être foulé aux pieds? Que font ces belles formes quand elles sont criblées de poussière? Enfin à quoi bon tout cela chez des pauvres, des moines, des hommes spirituels?

» A moins que par hasard on ne veuille répondre au vers précité du poète par ce passage du prophète : *Seigneur, j'ai aimé la beauté de votre maison et le lieu où habite votre gloire.* Eh bien! soit : admettons un pareil luxe dans l'église, car s'il condamne les hommes vains et avares, il n'en est point de même des gens simples et pieux. Mais, dans les cloîtres, devant des confrères occupés à lire, que vient faire cette ridicule monstruosité, cette espèce de beauté curieusement difforme ou cette belle difformité? A quoi bon ces singes impurs, ces lions furieux, ces centaures monstrueux, ces sagittaires? Que signifient ces tigres tachetés, ces soldats en bataille, ces chasseurs donnant du cor? Ici est un quadrupède à queue de serpent, là un poisson à tête de quadrupède. Voici une bête, cheval par devant et chèvre par derrière; voilà un animal cornu terminé en cheval. On voit plusieurs corps pour une tête et plusieurs têtes pour un seul corps. Telle est pourtant l'étonnante variété de ces formes fantastiques, qu'on a plus de plaisir à lire sur le marbre que dans son livre, et qu'on aime mieux passer le temps à les admirer tour à tour qu'à méditer sur la loi de Dieu.

» De grâce, si l'on n'a pas honte de pareilles inepties, que ne regrette-t-on la dépense? »

Ce fut pour réagir contre ces abus de la richesse et des préoccupations mondaines que saint Robert et saint Bernard établirent l'ordre de Cîteaux. Les nouveaux monastères devaient dépendre des évêques diocésains et non directement de la cour pontificale, ce qui mettait fin aux prétentions d'indépendance et aux querelles de juridiction ecclésiastique. Ils devaient être bâtis dans les solitudes et nourrir leurs habitants par les travaux agricoles. On ne devait point chercher à les fonder sur de saints tombeaux, de peur d'y attirer la foule des pèlerins et avec eux la dissipation. Les constructions devaient être solides et autant que possible en bonne pierre de taille, mais sans aucune superfétation : pas même d'autre clocher qu'un petit campanile parfois en pierre, presque toujours en charpente.

Les monastères cisterciens se créaient par colonisation plutôt que par affiliation. Cîteaux, la maison-mère, donna naissance à quatre « filles », nommées Clairvaux (Côte-d'Or), dont fut abbé saint Bernard, Pontigny (Yonne), Morimond (Haute-Marne) et la Ferté (Saône-et-Loire); de celles-ci naquirent de nombreuses « petites-filles », qui avaient en 1150 atteint en France le chiffre de plusieurs centaines et s'étaient propagées dans toute l'Europe chrétienne, jusqu'en Scandinavie et en Pologne. En France, nous ne devons pas manquer de mentionner parmi les plus importantes ou les plus curieuses par leurs ruines actuelles : Ourscamp, Chaalis, Longpont, Vaux-de-Cernay, et au treizième siècle Royaumont, dans l'Ile-de-France; Vaucelles, dans le Cambrésis ; Preuilly, en Brie ; la Trappe, dans le Perche; Clermont, dans le Maine; Breuil-Benoît, Mortemer et Bonport, en Normandie; Boquen, en Bretagne; le Loroux ou l'Oratoire, en Anjou; la Tenaille, en Saintonge; Boschaud, en Périgord; Beaulieu ou Belloc et Bonneval, dans le diocèse (ancien) de Rodez; Sylvanès, dans le Rouergue; Candeil, en Albigeois; l'Escaledieu, en Bigorre; les Feuillants, Nizors et Bonnefont, en Comminges; Grandselve et Boulbonne, dans le diocèse de Toulouse; Flaran, près de Condom; Valmagne et Fontfroide, en Languedoc; Mazan, en Vivarais; Sénanque, Silvacane et le Thoronet, en Provence; Aiguebelle et Léoncel, en Dauphiné; Fontenay, en Bourgogne; Cherlieu, en Franche-Comté; Noirlac, en Berry; Septfonds, en Bourbonnais, etc.

Il s'était formé, sur la fin du onzième siècle et au commencement du douzième, d'autres congrégations animées du même esprit que Cîteaux. Nous devons placer au premier rang de ces dernières l'ordre des Prémontrés, ainsi nommés de l'abbaye mère, fondée par saint Norbert, en 1119, au lieu de Prémontré, non loin de Coucy. A eux appartenaient : Saint-Martin de Laon; Dilo, en Champagne; Dommartin, en Artois; Beauport, en Bretagne; Ardennes et Longues, en Normandie; etc. Différents des Cisterciens par leur but, **qui était de travailler au ministère paroissial plutôt que de cultiver la terre,** les Prémontrés s'en rapprochèrent beaucoup par la situation et les formes d'architecture qu'ils préférèrent pour leurs couvents.

L'ordre de Fontevrault, fondé par Robert d'Arbrissel vers l'an 1100, était trop bizarre pour acquérir jamais une sérieuse influence artistique. Il réunissait dans la même maison, ou plutôt dans des maisons doubles, des religieux et des religieuses reconnaissant les uns et les autres l'autorité d'une supérieure. Les prélats encouragèrent peu cette institution, qui eut beaucoup de peine à se faire accepter; l'abbaye mère, située dans l'Anjou, eut seule quelque importance, et ses constructions grandioses contribuèrent certainement aux progrès de l'architecture dans le bassin inférieur de la Loire. L'ordre de Saint-Victor fut un grand foyer de lumières, mais il ne rayonna pas bien loin autour de Paris, où était sa maison principale. Parmi les abbayes qui en dépendaient, celle de la Victoire, près de Senlis, est la plus connue, et ses ruines, bien qu'assez peu remarquables, sont demeurées célèbres.

L'ordre de Grandmont, fondé dans le diocèse de Limoges, vers 1076, par saint Étienne de Muret, eut beaucoup plus d'extension

que les deux derniers mentionnés; mais, en dehors du chef-lieu,
dont il n'y a plus aucun vestige, il fut très modeste, n'établissant
que des prieurés de dimensions exiguës bien qu'assez riches parfois
en détails d'architecture. Ainsi les églises avaient rarement un transsept, jamais de bas-côtés ou de déambulatoires.

L'ordre des Chartreux, qui dut son origine à saint Bruno, vers
1085, a été plus célèbre par l'austérité de sa règle que par ses con-

ABBAYE DE FONTGOMBAULT (INDRE)

structions, toujours fort simples jusqu'au quinzième siècle. Aucun
reste important ne vient d'ailleurs nous montrer ce que pouvait
être une chartreuse romane.

Enfin d'autres congrégations, telles que l'Artige et Obasine en
Limousin, Arrouaise dans le Nord, Fontgombault dans le Berry,
Val-des-Choux en Bourgogne, Savigny en Normandie, etc., ou bien
eurent peu de notoriété, ou bien se fondirent, à peine nées, dans
des institutions mieux assises.

Par tout ce que nous venons de dire, on peut voir ce qu'était, au onzième et surtout au douzième siècle, l'institut monastique : l'histoire présente rarement une pareille force sociale, force merveilleusement organisée pour être féconde. Ce que les moines ont fait pour l'adoucissement des mœurs, pour l'établissement de la justice, pour le défrichement du sol français, pour les lettres et les sciences, il n'est pas dans notre cadre de l'exposer : nous ne parlerons que de leur rôle dans l'architecture.

Les monastères furent à la fois des écoles et des modèles.

Les religieux étaient éminemment capables de pratiquer l'architecture. Les esprits d'élite, les grands artistes, les ouvriers habiles aussi bien que les savants, venaient souvent terminer leur carrière dans le cloître ; de plus, l'architecture faisait partie des études monastiques, et les cénobites, voués au travail des mains, construisaient presque toujours eux-mêmes leurs habitations et leurs églises. Aussi les voyons-nous bâties, surtout dans l'ordre cistercien, avec un soin incomparable.

C'est parmi les moines que se trouvent, au onzième siècle et pendant la première moitié du douzième, les artistes les plus experts en orfèvrerie, en peinture, en sculpture et en maçonnerie. Parmi les architectes, plusieurs sont demeurés célèbres, et les chroniques mentionnent avec les plus grands éloges : Raymond Gayrard, qui aurait bâti le chœur de Saint-Sernin de Toulouse ; Osbern, abbé d'Ouche, et Vulgrin, abbé de Saint-Serge d'Angers, puis évêque du Mans, morts tous deux en 1065 ; Guinamand, architecte et sculpteur, qui florissait à la Chaise-Dieu en 1077 ; Gauzon et Hézelon, qui fournirent à saint Hugues les plans de l'abbaye de Cluny ; Gondulphe, évêque de Rochester, l'auteur probable de l'église primitive du Bec et de Saint-Étienne de Caen, mort en 1106 ; Jean, moine de Vendôme, architecte de la nef de la cathédrale du Mans, qui encourut la colère de son abbé Geoffroi pour n'avoir pas voulu rentrer dans son couvent et avoir préféré à la vie claustrale la douce existence que lui faisait l'évêque Hildevert.

C'est auprès de tels maîtres que les ouvriers restés dans le monde allaient chercher une direction, et il est à peu près certain que les abbayes les plus considérables renfermaient de vraies écoles d'art où les laïques eux-mêmes venaient se former. L'architecture romane devint ainsi une sorte de domaine monacal, si bien que ce nom de monacale lui est souvent réservé par les archéologues.

Les religieux ne pouvaient donner à leur enseignement artistique une meilleure consécration, un meilleur appui que leurs propres constructions, dignes d'être proposées comme modèles, depuis les plus modestes jusqu'aux plus somptueuses. Les Augustins, les Bénédictins et en particulier la congrégation de Cluny poussèrent l'art au progrès par l'ampleur et le luxe de leurs constructions, luxe de bon aloi, parce qu'il n'avait rien d'affecté ni de trompeur. Les Cisterciens et les Prémontrés contribuèrent au même résultat par une simplicité exagérée dans le principe, mais toujours accompagnée d'une admirable pureté de goût. Et peut-être ces deux derniers ordres, en cherchant leurs effets dans l'heureuse distribution des membres d'architecture plutôt que dans la décoration sculpturale, firent-ils en réalité pour l'art plus que les trois premiers. Quoi qu'il en soit, les uns comme les autres apportèrent dans la pratique de l'architecture un esprit élevé, exempt de routine; l'art roman ne fut nullement par eux immobilisé, réduit à des règles ou à des procédés immuables, il se perfectionna sans cesse dans leurs mains et il put ainsi fournir les évolutions qui, un peu plus tard, devaient le transfigurer.

Les monastères, durant les onzième et douzième siècles, on pourrait même dire depuis le neuvième siècle, étaient des constructions éminemment capables d'attirer l'attention des artistes. Par la variété, la grandeur, souvent par le luxe et toujours par l'excellente exécution des bâtiments qui les composaient, les monastères réunissaient et résumaient toutes les ressources et toutes les difficultés de l'art monumental. Les églises abbatiales de l'époque romane étaient plus vastes et plus somptueuses que les cathédrales contemporaines, encore bien modestes pour la plupart. Il y eut sur les basiliques conventuelles jusqu'à deux transsepts et six clochers.

A côté de l'église, tantôt à droite, tantôt à gauche, s'étendaient en carré les galeries du cloître, ouvrant sur le préau central par des arcades élégantes et richement décorées. Le cloître était encadré, du côté opposé et parallèle à l'église, par une haute salle voûtée, souvent à deux nefs, qui renfermait une chaire pour la lecture et servait de réfectoire.

Perpendiculairement à l'église, deux autres corps de bâtiments fermaient le troisième et le quatrième côté du cloître. Le troisième côté, bâti en prolongement d'un croisillon de l'église, était divisé au rez-de-chaussée en plusieurs pièces, dont la plus importante et la plus belle était la salle capitulaire, destinée à certaines réunions des moines. Cette salle, de proportions harmonieuses et vraiment monumentales, était couverte d'une voûte à six compartiments reposant au centre sur deux colonnes isolées. Elle donnait sur le cloître par une porte percée entre deux larges fenêtres géminées. — On appelle fenêtres ou arcades *géminées* deux baies réunies sous un grand arc principal. — Au-dessus de la salle capitulaire et des pièces attenantes s'étendaient les dortoirs.

Le bâtiment qui fermait le quatrième côté du cloître partait de la façade de l'église, qu'il reliait au réfectoire. Il contenait au rez-de-chaussée les greniers et les celliers du monastère, soigneusement voûtés, et au premier étage les appartements réservés aux étrangers. Les moines, en effet, pratiquaient largement l'hospitalité, et souvent d'illustres maisons religieuses, en dehors même des grandes cérémonies qui attiraient de loin les visiteurs, furent le théâtre de rendez-vous où les princes et les prélats venaient traiter des affaires publiques. En 1245, saint Louis eut une entrevue à Cluny avec le pape Innocent IV. L'abbaye, bien qu'elle contînt 300 à 400 cénobites, put loger le roi de France, le pape, douze cardinaux, les patriarches d'Antioche et de Constantinople, dix-sept évêques ou archevêques, la reine mère, l'empereur de Constantinople, le prince de Castille, le duc de Bourgogne, le comte de Bourbon, et une foule d'ecclésiastiques et de seigneurs de tous rangs, sans que les moines dussent quitter leur dortoir, leur réfectoire, ni aucun des lieux réputés conventuels. Les hôtes n'étaient pas toujours admis aux offices des religieux, et c'est pour les étrangers qu'en avant des basiliques monastiques s'étendait le plus souvent un vestibule intérieur ou *narthex*, parfois divisé en trois nefs; ceux de Cluny et de Vézelay, aussi vastes que des églises de dimension moyenne, possédaient des tribunes. Dans les églises de Cîteaux, de Prémontré et de Grandmont, le narthex était fort petit, les solitudes où elles se trouvaient les exposant moins à recevoir des voyageurs ou des pèlerins.

Les cuisines, quelquefois destinées à fournir aux repas de plus
de mille personnes, étaient, dans les grandes abbayes, des édifices
bâtis avec une ampleur monumentale et avec des dispositions parfaitement étudiées. Elles s'élevaient à une extrémité du réfectoire.
Leur forme la plus ordinaire était celle d'une rotonde. La plus
remarquable qu'il nous reste est celle de Fontevrault, dite tour
d'Évrault, que sa disposition bizarre a fait prendre longtemps pour
une chapelle sépulcrale.

ANCIENNE ABBAYE DE CHELLES

Les dispositions de bâtiments ci-dessus énoncées, et dont l'abbaye
de Chelles fournira ici le type[1], furent invariables pendant la plus
grande partie du moyen âge; il n'y fut dérogé que lorsque la situation des monastères y obligeait : sur une colline escarpée,
comme au Mont-Saint-Michel, ou au pied d'une falaise, comme à

1. Chelles, près Paris, était une communauté de femmes; mais les plans de ces com-
munautés étaient à peu près les mêmes que ceux des abbayes d'hommes.

Brantôme, il était impossible d'obtenir des plans commodes et
réguliers.

Outre ces bâtiments claustraux proprement dits, il y avait dans
les monastères des chapelles votives et une foule d'autres constructions formant divers quartiers distincts : il y avait le quartier des
malades et des écrivains avec sa chapelle et son petit cloître; il y
avait les écoles; il y avait le quartier de l'exploitation agricole, fort

CUISINES DE FONTEVRAULT

considérable dans les abbayes rurales, comme l'étaient celles de
Cîteaux; il y avait la buanderie et tous les ateliers destinés à l'entretien des bâtiments, à l'habillement des religieux, à l'ameublement,
à la fabrication des objets d'art et à d'autres genres de travaux, car
tout monastère était organisé de façon à se suffire à lui-même.

Les chanoines des cathédrales menèrent la vie commune jusqu'au
quinzième siècle; aussi les églises épiscopales eurent-elles également leurs bâtiments claustraux, et quelques-unes conservent tout

ou partie de leurs cloîtres romans : ce sont les cathédrales ou anciennes cathédrales d'Aix, d'Arles, de Cavaillon, d'Elne, du Puy, de
Saint-Bertrand-de-Comminges, de Saint-Lizier et de Vaison.

Nous avons dit, au commencement de ce chapitre, que beaucoup
d'abbayes, particulièrement de l'ordre bénédictin, devaient leur origine et la plus grande partie de leur célébrité aux reliques vénérées
qui y attiraient les pèlerins. Quelques-unes jouissaient à cet égard

CLOITRE DE FONTFROIDE (AUDE)

d'une renommée nationale. De tous les points de la France, du Nord
et du Midi, les foules accouraient aux fêtes de Saint-Martin de Tours,
de Saint-Denis, de Fécamp, où se conservait une partie du Précieux
Sang, de Cadouin en Périgord, où l'on montrait un morceau du
Saint Suaire, de Charroux, où Charlemagne avait déposé une par-
celle considérable de la Vraie Croix, de Saint Sernin, où les comtes
de Toulouse avaient apporté de Palestine les ossements de six Apôtres
et d'autres insignes reliques, du Mont-Saint-Michel, fondé sur la foi
d'une apparition du grand archange.

Le culte de ce dernier saint fut un des plus populaires, indépendamment des diverses apparitions et des miracles qu'on lui attribue.

SAINT-MICHEL-D'AIGUILHE (Haute-Loire)

La raison principale de ce culte pourrait être dans l'analogie que
les premiers chrétiens gaulois crurent remarquer entre saint Michel,

MONT-SAINT-MICHEL

un des messagers de Dieu, le vainqueur de Satan, et Mercure, le meurtrier d'Argus, le messager de Jupiter et le patron national de la Gaule païenne. Les missionnaires venus de Rome acceptèrent cette analogie et en profitèrent pour dédier à l'Archange les lieux précédemment consacrés au dieu ailé de l'Olympe. C'était ainsi attaquer dans ses plus forts retranchements l'antique superstition. De même que Mercure était adoré spécialement sur les hauteurs, ce fut sur les hauteurs que fut honoré saint Michel. Il est dans la Vendée une colline qui dans son nom même accuse de la manière la plus frappante cette succession de cultes, car elle réunit le nom païen au nom chrétien : c'est le monticule appelé Saint-Michel-Mont-Mercure, d'où l'on découvre une immense étendue de pays plat. Il existe encore dans toutes les régions de la France un grand nombre d'élévations de tous degrés, buttes, mamelons, collines ou montagnes, que couronnent des oratoires portant le vocable de Saint-Michel. La plus célèbre, que nous avons déjà mentionnée, est le Mont-Saint-Michel, qui émerge du milieu d'un golfe, non loin d'Avranches, entre la côte de Bretagne et la côte normande du Cotentin. Depuis la nef de son église jusqu'à ses magnifiques fortifications qui le rendirent inviolable aux Anglais durant toute la guerre de Cent Ans, le Mont-Saint-Michel est le résumé le plus complet de ce que l'art religieux, l'art civil et l'art militaire ont produit de plus hardi et de plus grandiose entre le dixième et le seizième siècle. Il y a là un bâtiment qui porte et mérite le nom de la Merveille; l'une des salles qu'il renferme est dite des Chevaliers, pour rappeler que le plus ancien ordre royal de chevalerie fut créé, en 1469, par Louis XI, sous le titre de Saint-Michel, en l'honneur du fameux pèlerinage normand.

A d'autres égards, l'église Saint-Michel-d'Aiguilhe est digne aussi d'être citée parmi les sanctuaires dédiés au chef des combattants célestes. Elle s'élève, en face de la ville du Puy, sur la pointe d'un obélisque naturel de granit, haut de 85 mètres et accessible par un escalier de 270 marches taillé dans le roc. A part cette situation bizarre, l'édifice est remarquable en lui-même par sa forme elliptique et l'ancienneté de son architecture.

Un usage qui se maintint jusqu'au quatorzième siècle consacrait les clochers à saint Michel. Quand il y en avait plusieurs sur une même église, le second était consacré à l'archange Gabriel, le troi-

sième à l'archange Raphaël. Des autels étaient dressés en conséquence dans les étages placés immédiatement sous les cloches,
rarement au rez-de-chaussée des tours. De plus, saint Michel était
coulé en bronze ou battu en fer avec son dragon sur les sommités
des toitures et des flèches; une de ces statues, du treizième siècle,
existe encore sur la flèche du Dorat (Haute-Vienne).

Le culte de la Vierge était encore plus considérable chez nos ancêtres que celui de saint Michel. Il prit naissance en France dès la
prédication du christianisme, mais il s'y développa depuis Charlemagne et surtout au douzième siècle, sous l'impulsion dominante de saint Bernard, qui consacra tous ses monastères à la Mère
de Dieu. Il y avait alors trois pèlerinages à la Vierge dont le caractère était vraiment national, et qui, par exception, ne se rattachaient
pas à des abbayes. Celui auquel la tradition assignait la plus antique
origine était la madone de Chartres, qui aurait été sculptée avant
l'ère chrétienne par les Druides, avec cette inscription prophétique :
Virgini parituræ, « A la Vierge qui doit enfanter. » Grâce à la confiance que l'on avait en cette tradition, Notre-Dame de Chartres fut,
dès l'époque romane, la plus belle cathédrale française, rivalisant
seule avec les abbayes; et, reconstruite plus tard, elle demeure
une de nos plus admirables églises gothiques. Notre-Dame du Puy
et Notre-Dame de Boulogne furent à peine moins célèbres.

Après ces grands sanctuaires, deux autres étaient visités avec
prédilection par les pèlerins. L'un s'élevait dans la ville de Saint-
Omer et fut, comme celui de Boulogne, érigé en cathédrale au seizième siècle; l'autre, dans le centre de la France, à Rocamadour,
s'accrochait péniblement aux flancs d'une gorge d'une profondeur
effrayante, et ses édifices, quoique assez modestes, présentent dans
leur ensemble pittoresque des types intéressants du moyen âge.

Avec tant de pèlerinages, tant de monastères, sans compter tant
d'églises paroissiales et d'oratoires dépendant des châteaux, des
couvents ou des évêchés, il ne faut pas s'étonner de l'immense mouvement de construction qui signala en France les premiers règnes
Capétiens. Il nous reste à suivre à d'autres points de vue ce mouvement et à en signaler les principaux résultats artistiques.

CHAPITRE VII

L'ARCHITECTURE ROMANE SOUS LES PREMIERS CAPÉTIENS

Nous faisons concorder l'ère romane secondaire ou proprement dite avec les règnes des six premiers Capétiens; mais, nous en avons déjà averti le lecteur, il y a des églises qui, bâties avant la fin du dixième siècle et même dans les dernières années du neuvième, ont déjà le caractère roman que doivent conserver les écoles où elles sont situées et peuvent être réunies aux églises du onzième siècle, tandis que d'autres régions, particulièrement le bassin inférieur de la Loire et la plupart des provinces septentrionales n'eurent leurs types constitués qu'à la fin du règne de Robert, et même plus tard pour la Bretagne. Elle est donc incertaine la division des deux époque romanes, primordiale et secondaire, et il ne faudrait pas trop prendre à la lettre le titre de ce chapitre.

Jusqu'à ces derniers temps, l'an 1000 avait été considéré comme une ligne de démarcation très accusée entre l'époque artistique des Carlovingiens et celle des premiers Capétiens. Avant cette date, la crainte du jugement dernier aurait paralysé les bras et glacé les cœurs : plus d'églises solides à construire, puisque d'un seul coup la fin du monde allait tout anéantir. Mais bientôt, les populations, reconnaissant la vanité de leurs terreurs, auraient « à l'envi recouvert le sol d'un blanche parure d'églises neuves », d'où un puissant essor imprimé à l'art de construire.

Au grand regret de ceux qui aiment les coupures nettes et les antithèses, si peu conformes au mouvement ordinaire de l'histoire, à moins qu'elles ne se basent sur de très graves évènements sociaux ou politiques, il faut abandonner cette prétendue influence

décisive des terreurs de l'an 1000, qui ne furent ni aussi univer-
selles ni aussi constantes qu'on l'avait supposé d'après le chroni-
queur Raoul Glaber.

Les moines et les évêques combattirent eux-mêmes cette
croyance en la fin du monde, en expliquant aux peuples le vrai sens
du passage de l'Apocalypse qui l'avait provoquée. Abbon, le célèbre
abbé de Saint-Benoît-sur-Loire, parcourut la France pour réfuter
l'erreur et rendre la confiance aux fidèles. Et, joignant l'exemple
à la parole, le clergé continua de bâtir avec autant de grandeur et
de solidité que le permettaient les difficultés et la barbarie de cette
triste époque. Il suffit de citer quelques-uns des travaux entrepris ou continués dans les vingt dernières années du dixième
siècle, pour montrer que l'activité des constructeurs ne s'était pas
arrêtée. En 980, on fonde en Béarn l'église de Lucq, et la capitale
antique de ce pays, *Beneharnum* ou Lescar, est relevée de ses
ruines, avec sa cathédrale. La même année, Frotaire, évêque de
Périgueux, construit en pierre cinq châteaux pour défendre sa cité
contre les Normands. Le même Frotaire, quatre ans plus tard, entreprenait la construction de Saint-Front. En 982, la Gascogne
voyait se fonder l'importante église abbatiale de Saint-Sever, le
Velay s'achever l'église Saint-Michel-d'Aiguilhe, consacrée en 984,
et le Comtat Venaissin s'élever la cathédrale de Carpentras. La
ville et l'évêché de Lectoure furent à leur tour rétablis en 990. En
cette dernière année commençait l'abbaye de Maillezais, l'église
Saint-Mexme de Chinon était en voie d'agrandissement, les cathédrales de Senlis et de Béziers en pleine reconstruction. L'année
suivante, les ducs de Bourgogne jetaient les fondements de Saint-
Vorles, à Châtillon-sur-Seine. Les parties les plus anciennes de
l'église actuelle de la Couture au Mans remontent à 992 ou 993, et
à ce moment même Foulques Nerra, comte d'Anjou, un des princes
les plus superstitieux du moyen âge, construisait bien solidement
son donjon de Langeais. En 997, date de la fondation de l'abbaye
d'Ahun dans la Marche, Hervé construisait à Beauvais sa cathédrale
dite la Basse-Œuvre et les églises Saint-Étienne, Saint-Gilles, Saint-
Laurent et peut-être Saint-Nicolas ; la même année, l'église de Mouzon fut agrandie, pour être consacrée en 999. En 998, consécration de l'église de Montiérender. Enfin nous voyons en 999, qui

devait être l'année suprême, Sevin, archevêque de Sens, donner un autel d'or à sa cathédrale, et une dame de haut rang léguer une partie de sa fortune à l'église de Saint-Martin de Tours, en voie de reconstruction complète[1].

1. Parmi les personnages qui vécurent entre le dixième et le onzième siècle, nous ne devons pas oublier de mentionner avec quelques détails Foulques Nerra, que nous avons déjà nommé, et qui par les côtés les plus bizarres de son existence appartient à notre sujet. On trouvera à la fois dans cette figure historique, mais jusqu'à l'exagération, le caractère batailleur qui poussait à la construction des forteresses et l'esprit soumis qui portait à racheter les abus de la force brutale par la fondation d'églises et de monastères.

« Le comte d'Anjou, dit Glaber, après avoir, par la guerre, répandu des flots de sang humain, songea aux peines éternelles et partit pour la Terre-Sainte. Il en revint toujours satisfait de lui-même; cependant ses mœurs semblèrent quelque temps s'être adoucies. Il eut alors la pensée de construire, dans un des plus beaux sites qu'il pût trouver parmi ses domaines, une église que des moines seraient appelés à desservir, tout en priant nuit et jour pour l'âme du fondateur. D'un caractère méticuleux, il demandait à tous les hommes dévots qu'il rencontrait de lui indiquer un patron parmi les saints dont l'intercession était la plus efficace auprès de Dieu. Entre autres réponses, il reçut de sa propre épouse, femme d'un esprit fort judicieux, le conseil de consacrer son abbaye aux Vertus célestes, que les saintes Écritures placent au-dessus des Chérubins et des Séraphins. L'église fut somptueusement bâtie à Beaulieu, en Touraine, à un mille seulement du château de Loches. L'œuvre terminée, le comte prie le pape de lui envoyer un légat pour procéder solennellement à la dédicace. On fixe le jour (14 avril 1012). Une foule innombrable se réunit pour assister à la cérémonie annoncée. La plupart étaient amenés là par la terreur que leur inspirait l'orgueil bien connu du comte. Les évêques sur lesquels s'étendait sa tyrannie se virent également forcés d'accourir. Après la solennité, chacun revint chez soi. Mais, sur les neuf heures du soir, un ouragan épouvantable se déchaîne du midi, pénètre dans l'église, la remplit d'un vent poussiéreux, enlève les poutres, les plafonds, les toitures, les jette contre le pignon occidental et de là sur le sol. Aussitôt que la nouvelle en fut connue dans le pays, il fut évident aux yeux de tous que l'audace impie du fondateur était punie. »

Pour procurer des reliques à son abbaye, Foulques repart en Terre-Sainte. Arrivé à Jérusalem, il parvient à répandre sur le tombeau du Christ, sans provoquer les soupçons des musulmans qui le surveillaient, un liquide qui amollit la pierre; il cache ensuite sa tête dans ses mains en feignant de prier avec recueillement, et de ses dents enlève un morceau du Saint-Sépulcre.

Ayant pris Saumur, en 1025, Foulques le brûle, l'incendie gagne l'abbaye de Saint-Florent. Foulques alors de s'écrier : « Laisse-toi donc brûler, mon cher saint Florent, je te logerai mieux dans ma ville d'Angers ! » La châsse contenant les reliques est retirée des flammes, le comte la conduit lui-même dans un bateau et veut avec elle descendre la Loire. Mais si le saint consent à ce que son monastère soit réduit en cendres, il lui en coûte davantage de partir pour Angers : le bateau ne peut dépasser les terres de l'abbaye. Irrité, le comte reproche à son céleste protégé de ne vouloir pas des biens qui lui sont promis, le traite d'impie et de rustre, et rend la châsse aux religieux, qui la rapportent dans les ruines encore fumantes de son sanctuaire.

Le mouvement de construction et de reconstruction des églises eut des causes moins uniformes, sinon dans leur nature, du moins quant à leurs dates, que l'appréhension de l'universel jugement. La première fut le rétablissement de la tranquillité publique, si longuement troublée par les invasions normandes. Ces invasions ne cessèrent pas en même temps dans toutes les provinces. Terminées en 911 (traité de Saint-Clair-sur-Epte) pour le pays qui, cédé à Rollon, prit dès lors le nom de Normandie, elles se continuèrent pendant plus de cinquante ans encore, quoique moins désastreuses, pour les régions du Centre et de l'Ouest. La paix publique revenue, plusieurs abbayes furent fondées en actions de grâces, par exemple Beaulieu-sur-Dordogne et Saint-Sever. Il fallut relever les monastères incendiés, réorganiser les paroisses et en créer de nouvelles. Des reliques précieuses, qui avaient été cachées ou transférées par crainte des barbares, furent retrouvées ou rendues à leurs anciens sanctuaires : puissant motif de reconstruction et d'agrandissement des églises; sans parler de beaucoup d'autres reliques apportées de la Palestine par les pèlerins de Jérusalem, car les pieux voyages en Terre-Sainte devinrent fort à la mode à partir de l'an 990 ou de l'an 1000, et lorsque Foulques Nerra mourut à Metz, en 1040, il revenait de visiter pour la quatrième fois le Saint-Sépulcre.

Les calamités qui signalèrent le règne de Robert le Pieux et la première moitié de celui d'Henri Ier, guerres intestines et vexations des seigneurs féodaux, pestes, mal des Ardents et famines épouvantables, retardèrent par moments les progrès de la restauration politique et sociale que poursuivait l'Église et à laquelle, il faut le dire, nos rois de France prirent fort peu de part jusqu'à Louis le Gros. L'adoption générale de la Trêve de Dieu, en 1042 ou 1045, rendit plus tranquilles les dernières années d'Henri Ier. Son successeur Philippe, sans cesse occupé à batailler inutilement contre les petits roitelets des environs de Paris, demeura presque étranger à l'un des évènements les plus décisifs du moyen âge, la première croisade, qui donna un si grand essor à la civilisation.

Dès la première croisade, l'art roman est en pleine vigueur jusque dans les recoins les plus attardés de la France. En même temps que s'organisait et s'accomplissait cette grande expédition militaire et qu'on cherchait à en assurer les résultats, une immense impulsion était donnée à la fondation de nouvelles et importantes abbayes, et nous avons fait ressortir au chapitre précédent combien ce mouvement monastique était de nature à hâter les progrès de l'art monumental.

Lorsque Louis le Gros monta sur le trône, en 1108, la plupart des grandes églises romanes étaient achevées ou dans un état fort avancé de construction. Dans son voyage en France, où il venait prêcher la croisade, en 1095 et 1096, le pape Urbain II avait été invité à consacrer plusieurs basiliques importantes. De cette période date une des plus belles églises du monde, Saint-Pierre de Cluny, commencée en 1089 par l'abbé saint Hugues, terminée en 1131 par l'abbé Pierre de Montboissier, et complétée en 1220 par l'addition du narthex. Avec son avant-nef, l'église abbatiale de Cluny avait 171 mètres de longueur; la basilique proprement dite présentait cinq nefs, deux transsepts dont le principal avait des bas-côtés, et un rond-point avec chapelles. La maîtresse voûte, en berceau, portait sa clef à 33 mètres du pavé, dépassant de 8 mètres les plus hautes voûtes romanes. De ce monument, une de nos gloires nationales, il ne reste qu'un croisillon du grand transsept, avec la grosse tour centrale.

Les descriptions suivantes feront connaître ce qu'était devenue l'architecture aux deux règnes de Philippe Ier et de Louis VI, et ce qu'elle demeura jusqu'à la fin du douzième siècle, dans les provinces qui adoptèrent tardivement le style ogival.

Il y eut, à l'époque romane, des églises rondes ou polygonales, imitées du Saint-Sépulcre de Jérusalem, qui avait cette forme, et quelques-unes construites par les Templiers, qui n'ont guère laissé d'autres souvenirs artistiques de leur passage. Les sept suivantes sont entourées d'un bas-côté annulaire : l'église d'Ottmarsheim (Alsace), l'édifice ruiné dit « le Temple » à Lanleff (Côtes-du-Nord), Sainte-Croix de Quimperlé, Rieux-Minervois (Aude), Saint-Bonnet-la-Rivière (Corrèze), l'importante église de Neuvy-Saint-Sépulcre (Indre) et l'église Saint-Michel-d'Aiguilhe (voir p. 88), en forme d'ellipse irrégulière. Saint-Michel-d'Entraigues, près d'Angoulême, s'entoure de huit absides; neuf ou dix autres rotondes, moins remarquables, sont dépourvues de bas-côtés et d'absides pourtournantes.

Mais ce n'étaient là que des exceptions, si nombreuses qu'on les

suppose. Dans les conditions normales, une église romane se rattache au plan basilical amplifié et présente trois nefs, quelquefois
cinq (comme à Cluny, à la Charité-sur-Loire, à Souvigny et à Saint-
Sernin de Toulouse; par une exception unique, il y avait sept nefs à
Saint-Hilaire de Poitiers), un transsept assez développé, flanqué
parfois lui-même de bas-côtés, et presque toujours, vers l'orient,
d'une ou deux absidioles à chaque croisillon; quelques travées

PORTAIL DE L'ÉGLISE DE MOISSAC

continuent, au delà du transsept, l'ordonnance de la nef, et ont
pour suite, dans les grandes églises, le rond-point, avec ses trois
ou cinq absidioles.

N'oublions pas de noter, une fois pour toutes, que les églises du
moyen âge, en vertu d'une coutume liturgique, étaient tournées
de manière à présenter le chœur à l'orient, la façade principale à
l'occident, le flanc gauche au nord et le flanc droit au midi.

La façade occidentale s'ouvrait par trois portes; celle du centre,

la plus grande et la plus belle, était divisée en deux baies par
un pilier ou *trumeau*. Quand les portes latérales n'existaient pas,
elles étaient remplacées par des arcades aveugles, ou bien par des
fenêtres lorsqu'il y avait des tours. Au-dessus des portes, des dispositions variées d'arcades et de fenêtres remplissaient le reste de
la façade.

Les portes sont le vrai bijou des églises romanes. Dès que le

PORTES DE SAINT-LAZARE D'AVALLON (YONNE)

moyen âge eut réduit la colonne à n'être que le renfort d'un pilier
ou l'accompagnement direct, l'ornement d'une ouverture, la colonne, dans ce dernier cas, se restreignit à de faibles dimensions qui
permirent de la multiplier à volonté pour le plaisir des yeux, et
l'on ne s'en fit pas faute. Ce fut alors la grande époque des colonnettes, et pour les mieux laisser ressortir, on eut le soin de les
appliquer contre les faces ou contre les recoins des murs sans y en-
gager leurs fûts, sans les confondre dans la maçonnerie ; autant que

possible, ces fûts libres étaient d'une seule pièce, les bases et les
tailloirs les rattachaient au plein de la construction. Les portes des
églises consommèrent la plus grande quantité de ces colonnettes
romanes : il y eut jusqu'à dix et douze colonnettes sur les jambages
d'une seule porte, sans compter la colonne ou les colonnettes qui
formaient le trumeau. Des ornements fantastiques ou empruntés
au règne végétal couvraient tantôt les colonnettes, tantôt les espaces

SAINT-SERNIN AVANT 1850

qui les séparaient ; ce dernier système était de meilleur goût, parce
qu'il laissait aux colonnettes leur raideur et l'apparence de la force.
Les tailloirs étaient souvent ornés à leur tour, et les corbeilles des
chapiteaux étaient traitées avec un soin tout particulier.

Les embrasures des portes offraient une place bien naturelle pour
les chapiteaux à sujets historiques, allégoriques ou fantaisistes,
dits chapiteaux historiés. La porte, par situation et par destination,
est la partie des églises qui s'offre le mieux aux regards et à l'examen,

et où par conséquent devaient se grouper, au moyen âge, les images les plus capables de rappeler aux fidèles les mystères de la foi chrétienne ou la vie du patron de la localité. Cet enseignement se développait encore davantage dans les tympans et les archivoltes. On appelle *archivolte* l'ensemble des moulures et des sculptures qui forment un arc : quand un arc est tout à fait simple ou à une seule moulure, il ne peut guère porter ce nom ; quand l'arc est travaillé et très profond, l'archivolte peut également s'appeler *voussure*, terme employé ordinairement dans ce cas au pluriel.

Le *tympan*, qui, dans l'art classique, est l'espace compris entre la base et les deux versants d'un fronton, n'existait ainsi, au moyen âge, que dans de très rares exceptions, inutiles à noter ; aux époques romane et gothique, le tympan était une surface plate réservée entre les voussures d'une porte et la baie ou l'ouverture elle-même, qui le plus souvent demeurait rectangulaire.

Après les portails et les façades, l'abside était la partie des églises la plus élégamment décorée à l'extérieur. Les contreforts y étaient communément remplacés par des colonnes, les corniches richement ouvragées, et le mur tapissé d'un ou deux rangs d'arcades aveugles. Le plus bel ensemble d'absides que l'on connaisse dans notre pays se voit à Saint-Sernin de Toulouse. Nous donnons une vue du chœur et du transsept de cette église, dessinée avant les travaux de restauration qui ont fait disparaître le système de défense ajouté au seizième siècle au-dessus des corniches.

A part les façades des croisillons, quand ils en avaient, les flancs des églises romanes étaient relativement simples. Au lieu d'être remplacés par des colonnes ornées de beaux chapiteaux, les contreforts s'y accusaient nettement, les murs restaient nus, les fenêtres sobrement ornées. Il y avait pourtant des exceptions nombreuses : en Normandie, on tapissait d'*arcatures*, ou série de petits arcs aveugles, la partie inférieure des murs latéraux ; en Saintonge et en Poitou, c'étaient parfois des ornements répandus un peu partout sans aucune sobriété.

L'aspect extérieur d'une église romane se complétait majestueusement par les tours, qui étaient devenues des objets de luxe autant que de nécessité. Les églises les plus modestes se contentaient d'un seul clocher, dressé au centre de la croix, moins souvent à côté du

chœur, moins souvent encore au milieu de la façade occidentale,
sur le portail; dans ce dernier cas, la tour servait d'ouvrage de
défense, de donjon, elle était plus massive, et son étage le plus élevé
présentait seul des colonnes et de larges baies. Quand les ressources
le permettaient et qu'on voulait affirmer à tous les regards l'importance du monastère ou de la paroisse, une tour ne suffisait pas.
Les deux tours étaient ordinairement jumelles, c'est-à-dire à peu
près semblables et placées symétriquement en face l'une de l'autre
sur les côtés de la façade occi-
dentale ou quelquefois des deux
côtés du chœur. Quand il y avait
trois tours, deux encadraient
la façade, et la troisième, plus
grande, dite la tour centrale,
surmontait la croisée; ou bien,
mais plus rarement, deux tours
surmontaient les côtés du chœur
et la troisième couronnait la
façade. La Madeleine de Vézelay, Saint-Benoît-sur-Loire et
Saint-Martin de Tours avaient
quatre clochers; il y en avait
cinq à la cathédrale d'Angoulème et à l'église de Déols (Indre)
où il n'en reste plus qu'un,
et six à l'abbaye de Cluny.

Comme les portails, les tours
d'église sont la gloire des archi-

tectes romans. L'harmonie et la hardiesse de ces édifices ont été
rarement dépassées. Les tours romanes sont carrées ou octogonales, suivant les contrées et parfois suivant la place qu'elles occupent. Le plan octogonal, préféré pour les tours centrales, était
communément rejeté pour les tours flanquant le chœur ou les façades. Les arcatures, les colonnes d'ornement, les grandes arcades
aveugles, les fenêtres accouplées ou géminées occupaient les faces
des tours, et la richesse de la décoration augmentait généralement
dans les étages supérieurs. La tour de Saint-Porchaire à Poitiers

répond très bien à l'idée qu'on doit se faire d'un clocher roman. Le couronnement se composait, au commencement du onzième siècle, d'une toiture basse qu'on s'habitua à construire en pierre, et qui, dans ce dernier état, pour des raisons de sodilité et d'élégance, fut élevée graduellement jusqu'à devenir, vers le milieu du douzième siècle, cette admirable flèche qui semble le complément indispen-

sable de toute église catholique. Les deux vues ci-jointes du clocher de Déols et de celui de Saint-Germain d'Auxerre montrent comment les flèches à base octogonale s'adaptaient à des tours carrées.

Certains clochers romans sont d'une hauteur déjà considérable; celui de Vendôme, le plus beau et le plus imposant de tous, porte son coq terminal à 80 mètres au-dessus du sol.

L'intérieur des églises romanes était loin d'en valoir l'extérieur.

Les nefs étaient sombres à cause de l'étroitesse des fenêtres et surtout des fenêtres de la nef centrale, quand celle-ci en avait, ce qui

CLOCHER DE DÉOLS

était rare, parce qu'on n'avait pas trouvé encore le moyen de séparer
avec sécurité les voûtes hautes des voûtes basses (voy. le chap. 1er).
Les piliers, carrés, flanqués de colonnes, étaient lourds dans leur

ensemble, comme les voûtes qu'ils avaient à porter. Par exception, quand il y avait un déambulatoire, les piliers qui le séparaient de l'abside centrale étaient de simples mais robustes colonnes cylindriques. Au-dessus des bas-côtés régnaient souvent des tribunes, qui ouvraient sur la grande nef par des arcades à quatre, trois, deux ou rarement une seule baie; les arcades géminées étaient les plus communes. Quand il n'y avait pas de tribunes, elles étaient quelquefois rappelées, mais faiblement, dans les églises qui avaient un *clerestory*, — c'est-à-dire un étage supérieur de fenêtres, — par un étroit couloir pratiqué dans le mur entre les arcades des bas-côtés et les fenêtres de la grande nef. Ce couloir prenait jour de la grande nef par une série de petites arcades ou par des arcades géminées analogues à celles des tribunes, et cet ensemble a reçu des archéologues modernes, on ne sait pourquoi, le nom latin de *triforium*. Les voûtes étaient généralement à arêtes ou en berceau dans les bas-côtés ou dans les tribunes, presque toujours en berceau dans les parties hautes; ce berceau n'était pas toujours en demi-cylindre ou à plein cintre, mais parfois brisé ou en ogive. Sur la croisée s'arrondissait parfois une coupole, système de voûte qu'on retrouve encore sur d'autres parties de certaines églises romanes, et qui dénote, lorsqu'il est employé fréquemment, des influences byzantines.

Nous venons de mentionner des voûtes en arc brisé. C'est ici le lieu de parler de l'introduction en France de l'ogive, qui, avant de devenir un des caractères distinctifs de l'architecture gothique, figura comme une intruse et une étrangère dans l'art roman. Il ne faut pas l'oublier, dans l'art roman comme dans l'art romain, la forme normale de l'arc est le demi-cercle ou plein cintre. L'ogive, dont l'aspect sévère dut rebuter d'abord les constructeurs, ne fut adoptée insensiblement qu'à cause des services qu'elle rendit. Lorsque, dans la première partie du onzième siècle, s'éleva Saint-Front de Périgueux, avec ses cinq énormes coupoles, on n'osa pas se servir, pour porter une aussi pesante masse, du plein cintre légué par les Romains, et, abandonnant toute routine et tout respect humain, on employa l'ogive. L'église Saint-Front, par sa solidité et sa bizarrerie, fut beaucoup remarquée; elle devint le point de départ d'un système d'édifices qui fit de l'ogive un de ses caractères distinctifs, et, de proche en proche, cette nouveauté d'arc se répandit dans toutes les provinces, durant la première moitié du douzième siècle (voir, à la gravure de la page 19, un exemple de porte romane en ogive, tiré de l'église d'Évron, dans la Mayenne).

Rien de plus varié que l'ornementation romane.

Les chapiteaux exerçaient spécialement l'imagination pleine de verve des sculpteurs français. Les uns, par la forme et la disposition de leurs feuillages et de leurs volutes, se rapprochaient sensiblement de l'antique corinthien, et c'étaient presque toujours les plus élégants; les autres étaient décorés de feuillages ou d'enroulements fantastiques; ici dominaient les monstres, les personnages difformes, allégoriques ou non; là, dans les chapiteaux dits *historiés*, se déroulaient franchement des scènes empruntées à l'histoire sacrée, à l'histoire pro-
fane, aux mystères de la foi, aux vies
des saints, aux mœurs du temps ou aux
travaux de la campagne.

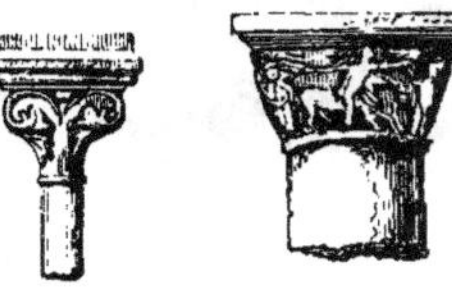

CHAPITEAUX ROMANS

C'est particulièrement aux chapiteaux
historiés que fait allusion saint Bernard dans le passage de sa lettre pré-
citée (voy. ci-dessus, chapitre VI) où
il se montre si plein d'amertume contre les sculptures grotesques.

Les représentations allégoriques ou fantastiques avaient aussi pour théâtre les corniches, surtout celles des absides et des façades. Pour donner à ces corniches, destinées à écarter des murs les eaux pluviales, une plus forte saillie, on les soutenait, comme dans l'antiquité, par des *modillons*, qui dans l'architecture romane prennent quelquefois le nom de *corbeaux*. Les sculpteurs avaient là carrière libre; quand ils étaient habiles, portés de bonne volonté et pourvus des ressources suffisantes, ils ne négligeaient rien pour diversifier leurs sujets. Monstres, animaux domestiques ou sauvages, têtes grimaçantes, végétaux, scènes de la vie quotidienne, objets usuels, signes du zodiaque, parfois même des scènes historiques, toute l'encyclopédie des connaissances et de l'imagination de nos ancêtres avait là rendez-vous. Les moulures de la corniche proprement dite étaient souvent chargées d'ornements, mais plus simples et presque toujours de pure convention.

Dans les corniches et ailleurs, à l'époque romane, l'ornementation végétale, loin d'être une copie de la nature, dépendait absolument du caprice des artistes, qui en trouvaient les motifs dans l'imagerie byzantine.

Il faudrait un véritable vocabulaire et de longues descriptions, que nous épargnerons à nos lecteurs, pour désigner et définir les genres de décoration qui couvraient les archivoltes. De ces décorations, les unes étaient géométriques, comme les *méandres*, les *frettes*, les *entrelacs*, les *grecques* ou *guillochis*, les *zigzags*, les *losanges*, les *dents de scie*, que conservent les premières fenêtres gothiques, les *damiers*, les *étoiles*, les *têtes de clous*, les *pointes de*

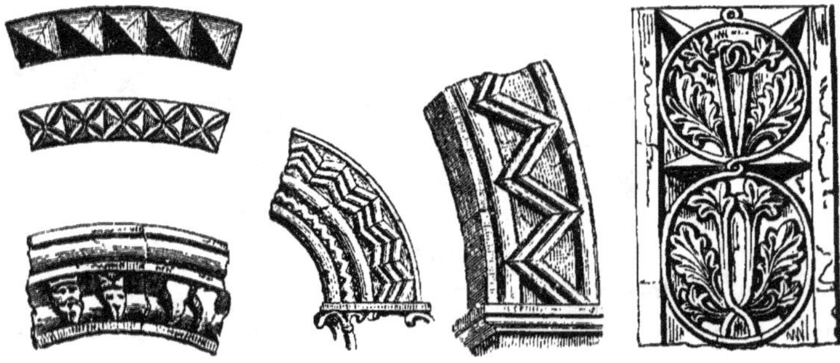

DÉCORATION ROMANE

diamant, etc.; les autres, végétales, mais presque toujours régulières et disposées géométriquement, comme les *fleurons*, les *rosettes*, les *rinceaux*, les *palmettes*, les *enroulements;* d'autres empruntées au règne animal, non tel qu'il se trouve dans la nature, mais transformé, de même que le règne végétal, par les conceptions les plus bizarres, et qui fournissait, entre autres motifs, les *têtes plates*, les *têtes saillantes*, les *griffons*, les *chimères*, les *centaures*, les *monstres affrontés;* il y avait enfin des ornements qu'il est assez difficile de rattacher à quelqu'une des trois précédentes catégories, par exemple les *torsades*, les *câbles*, les *besans*, les *boules*, les *billettes*, les *tores coupés*, les *tores zigzagués*, c'est-à-dire courant en zigzags et qui, se détachant vivement des autres moulures, produisent le plus bel effet.

Prise dans son ensemble, la décoration romane est extrêmement remarquable et provoque la plus vive attention. Elle est si éloignée de la sculpture romaine qu'on s'est évertué à lui chercher les origines les plus étranges : on a été jusqu'à parler de la Perse, de l'Hindoustan et de la Scandinavie. Ne vaut-il pas mieux reconnaître que l'esprit gaulois, étreint jusqu'alors par les traditions et les réminiscences de l'antiquité, commençait à affirmer son indépendance et sa fécondité? Il est possible pourtant que le prototype de quelques parties de cette décoration se retrouve dans la ciselure franque, telle qu'elle nous apparaît par les objets retirés des tombeaux mérovingiens ou carlovingiens; de plus, il est certain que les tissus et les manuscrits orientaux, apportés, non de la Perse ou de l'Inde, mais des diverses régions de l'empire arabe et de l'empire byzantin, ont souvent guidé nos premiers sculpteurs, obligés de reproduire en relief les figures simplement dessinées sur leurs modèles, ce qui déjà n'est pas un petit mérite.

C'est par ce dernier moyen que furent créées en France la sculpture en bas-relief, la sculpture en ronde-bosse et la statuaire. Faute d'habileté et peut-être aussi par suite de l'influence qu'avait laissée après elle dans l'Église grecque l'hérésie des iconoclastes ou briseurs d'images, par suite encore de l'horreur qu'avaient les musulmans pour la représentation de la figure humaine, l'Orient n'offrait que ses mosaïques, ses peintures et ses étoffes à nos artistes, portés à les accepter comme point de départ plutôt que les débris, rares et dédaignés, des monuments païens, si opposés d'ailleurs par leurs sujets et leurs formes aux allures que doivent manifester les conceptions chrétiennes. Nous le répétons, il n'est pas sans mérite d'avoir ainsi traduit et transporté sur la pierre vive ce que de simples lignes indiquaient dans les modèles. N'est-il pas permis d'appeler cela une création et de proclamer que nos sculpteurs du onzième siècle n'eurent pas de maîtres? Il ne faut donc pas être sévère pour leurs grossières ébauches; on doit en outre ne pas oublier qu'ils placèrent vite leur art dans sa véritable voie et que, si leurs œuvres accusent des mains inexpérimentées, et pèchent autant par la barbarie de leur exécution que par leurs proportions tantôt massives et trapues, tantôt sveltes jusqu'à la maigreur, si les têtes sont énormes comme celles des caricatures, les visages sans expression, les draperies collées sur le corps, plissées et tourmentées à l'excès, on sent dans ces productions la recherche incessante du mouvement, de la vie, et le désir de s'affranchir de modèles très imparfaits eux-mêmes pour s'attacher à l'étude directe et consciencieuse de la nature. Nulle tendance à la routine, grande habileté dans la distribution des scènes ou des différentes parties d'une même scène, entente des reliefs et des effets de lumière, voilà ce qui distingue nos premiers imagiers et présage déjà les rapides progrès que doivent réaliser leurs successeurs.

Cette rapidité dans la marche ascensionnelle de la sculpture paraîtra moins surprenante, si, d'après le proverbe latin aux trois F[1], on considère le labeur immense auquel durent se livrer les sculpteurs pour orner des milliers et des milliers d'églises surgissant à la fois du sol et que leurs constructeurs voulaient riches et somptueuses.

Les artistes n'étaient certes pas embarrassés pour le choix de leurs sujets : rien de plus vaste que leur imagination et que le système d'iconographie mis à leur service par le clergé. Nous n'avons pas à revenir sur les formes et les assemblages de figures fantastiques qu'ils surent inventer; les allégories qu'ils trouvèrent pour représenter les Vertus[2] et les Vices ne font pas moins d'honneur à leur verve, qui pourtant se laissa aller parfois à certains détails d'une énergie trop brutale et d'une convenance plus que douteuse. Ils ne négligèrent surtout rien pour donner à leurs gros diables les tournures les plus hideuses et les plus repoussantes. On voit là se faire jour le principal souci des imagiers de l'époque romane : vivant au milieu d'une société grossière et ignorante, ils éprouvaient le besoin de frapper vivement les foules et de les prendre par la crainte plutôt que par l'espérance. Aussi quelle scène vont-ils étaler dans la partie la plus visible des églises, à l'endroit que le

---

1. *Fit fabricando faber*, qu'on a traduit en français : « en forgeant on devient forgeron. »

2. La Charité, par exception, était souvent figurée par un trait historique fort populaire durant tout le moyen âge. Saint Martin, encore soldat, rentrant à cheval dans Amiens, un jour d'hiver, aperçut un pauvre souffrant du froid. De son épée, il fait deux parts de son manteau et donne l'une au mendiant. La nuit suivante, ajoute son biographe, il vit en songe le Christ drapé de cette moitié de manteau et disant à ceux qui l'entouraient : « Martin, qui n'est encore que catéchumène, m'a couvert de ce vêtement. »

regard peut le moins éviter, le tympan des grandes portes? Le
dogme le plus effrayant du christianisme, le Jugement dernier,
avec ses épisodes les plus terrifiants, avec l'enfer, ses démons et
ses supplices les plus raffinés. Souvent le cadre ne suffit pas au
tableau, qui déborde sur les archivoltes, les chapiteaux et les jambages, où, quand on sut faire des statues, on installa les Apôtres,
assesseurs du Juge suprême au dernier jour. Aux voussures, des
têtes indiquaient la présence des Anges et des Bienheureux.

Outre le Jugement dernier, le livre sacré de l'Apocalypse fournissait aux imagiers ses dramatiques visions, dont le sens allégorique
n'était pas incompris de la foule.

Les autres parties de la Bible n'étaient pas dédaignées et les trésors
en étaient libéralement ouverts aux fidèles. On faisait appel à leur
componction et à leur pitié en leur présentant les scènes de la
Passion divine, on les instruisait en leur rappelant les principaux
traits de la vie du Christ et en complétant cet enseignement par de
nombreux emprunts à l'Ancien Testament, dont on affectionnait
surtout les prophéties, celles d'Ézéchiel entre autres, et les évé-
nements regardés comme figuratifs du Messie. De pareils choix
procédaient souvent d'un mobile secret : l'esprit gaulois, livré à
lui-même, a une irrésistible tendance à la satire et à la caricature,
et les scènes que nous venons d'indiquer pouvaient donner à ce
penchant une certaine satisfaction.

On ajoutait aux représentations religieuses des représentations
d'un ordre moins élevé et plus usuel, dont faisaient les frais les
travaux des champs et du ménage, les principales occupations de
chaque mois et les signes du zodiaque. Les fables et les allégories
tirées des bestiaires avaient également leur place : encore là une
occasion de prodiguer les monstres et les difformités. On appelait
bestiaires des traités composés au moyen âge sur les animaux, réels
ou fabuleux, et sur les propriétés ou les significations que cette
époque leur attribuait : c'était l'enfance de l'histoire naturelle.

Dans les descriptions qui précèdent, nous avons eu particulièrement en vue les grands monuments, et encore ceux-ci n'étaient-ils
pas toujours complets, surtout au point de vue du plan. Le déambulatoire manquait fréquemment, remplacé qu'il était par des
absides, une pour le sanctuaire, les autres pour ses bas-côtés. Il y

avait de vastes églises sans bas-côtés, sans transsept et même sans absides. D'autres n'avaient ni triforium, ni tribunes, ni façade principale. A plus forte raison les petites et les moyennes églises étaient-elles souvent dépourvues de l'un ou de l'autre de ces éléments, dont l'absence donnait lieu à des combinaisons trop diverses pour être ici passées en revue.

Mais un caractère commun aux petites et aux grandes églises, c'était le soin remarquable apporté à leur construction. Plusieurs, nous l'avons dit au chapitre précédent, furent façonnées par les moines eux-mêmes, qui eussent cru manquer à leur conscience et perdre leur salaire immortel, s'ils avaient apporté dans leur travail la moindre parcimonie, la moindre négligence, la moindre précipitation. Et pour avoir à leur disposition de beaux et solides matériaux, ils ne regrettaient pas le labeur des carrières, et, quand celles-ci étaient éloignées, aucun effort corporel ou aucun sacrifice pécuniaire n'était épargné pour faire arriver dans les chantiers, par les chemins les plus ardus et les plus difficiles, de bonnes pierres de taille ou des moellons susceptibles d'être appareillés. Ce soin, du reste, se retrouve dans les monuments religieux bâtis par les mains des laïques et même dans la plupart des édifices civils et militaires; il fallait qu'on manquât absolument de ressources ou de bras, pour se résigner à élever des murs en pierraille ou en mauvaises briques. Sous le rapport de l'exécution matérielle, les édifices gothiques sont inférieurs aux constructions romanes.

On se servait parfois de l'appareil lui-même pour agrémenter la surface des murs, lorsqu'on ne pouvait se permettre la sculpture ou que celle-ci paraissait insuffisante. On y parvenait en taillant ou en disposant la pierre de manière à former divers dessins : losanges, écailles de poisson, arêtes de poisson, étoiles, zigzags, etc. ; ou bien en employant des pierres de diverses couleurs pour former des marqueteries, comme dans l'école auvergnate.

Nous venons de nous servir d'un mot qui tient une fort large place dans l'histoire de l'art roman : celui d'*école*. Ce serait en effet se créer une bien fausse idée de l'architecture des onzième et douzième siècles que de se figurer un type unique régnant par toute la France. Tout en conservant la physionomie générale que nous avons essayé de rendre, le style roman présentait au moins quinze variétés régionales auxquelles a été appliqué ce nom d'*école*, de même qu'on dit, pour la peinture moderne, l'*école française*, l'*école flamande* ou l'*école italienne*.

Nous ne saurions nous dispenser de mentionner ces écoles avec leurs caractères les plus particuliers; ces notions s'adressent plus spécialement aux hommes instruits ou aux élèves avancés dans leurs classes. Pour plus de clarté, nous distribuerons les quinze écoles romanes en six groupes principaux ou *régions*.

RÉGION GERMANO-ITALIENNE OU LOMBARDO-ALLEMANDE. — Ce titre réunit trois grandes écoles qui se rapportent à un type général commun. Ce type consiste, en plan, dans la rareté du rond-point; en élévation, dans la présence d'un triforium ou de tribunes, et d'un petit clerestory sous la voûte de la grande nef; quant aux détails, dans l'ampleur des portes, partagées par un trumeau, et dans la division des parois extérieures des murs par des plates-bandes verticales, appelées parfois *bandes lombardes*, qui vont joindre, sous les corniches, de petites arcatures en plein cintre servant de modillons.

Les trois grandes écoles lombardo-allemandes, sœurs et émanées d'une même influence, dont il faudrait chercher la source dans le Saint-Empire, sont l'école rhénane, l'école provençale et l'école bourguignonne.

L'*école rhénane* a pour foyers les villes du Rhin entre Spire et Cologne; mais, dans ses principaux éléments, elle est originaire de l'Italie septentrionale. Ses églises ont souvent deux chœurs et deux transsepts égaux formant deux croix soudées ensemble par le pied (ce qui différencie essentiellement ce plan de la *croix archiépiscopale*, usitée en France et en Angleterre, et dont les transsepts, portés tous les deux à l'orient, n'ont pas une même longueur); quand le transsept est unique, il est souvent terminé par des hémicycles; les voûtes sont à arêtes et bombées; les travées de la nef et celles des bas-côtés sont plantées sur le carré, ce qui donne deux voûtes collatérales pour un compartiment de la grande voûte; des tribunes règnent le long des nefs, des galeries circulent extérieurement sous les corniches des absides; les tours se couronnent de pignons dont les sommets et les points de rencontre servent d'appuis aux arêtes des flèches, parfois côtelées. Le chapiteau cubique des bords du Rhin est fort connu. Un des types les plus purs de l'école rhénane est l'église d'Andernach, près Coblentz; en Alsace, Sainte-Foi de Schlestadt, Saint-Georges de Haguenau (le chœur excepté), Saint-Pierre et Saint-Paul de Rosheim, le clocher de Gueberschwihr et l'église ronde d'Ottmarheim, imitée de celle d'Aix-la-Chapelle, appartiennent à la même école.

L'*école provençale*, qui doit aussi beaucoup à l'Italie, n'a pas de

ÉGLISE D'ANDERNACH

traditions aussi fermes que l'école rhénane; ce qui constitue l'originalité la plus saisissante de l'école provençale, c'est son attachement à l'art gallo-romain. L'entablement et le fronton antiques y règnent encore le plus souvent comme décoration. Le pilastre a sa place à côté de la colonne; l'un et l'autre reçoivent des cannelures. Les chapiteaux demeurent corinthiens ou composites; les moulures sont les mêmes que celles du siècle de Constantin et de Théodose; la sculpture d'ornement, fort belle presque toujours, est celle du temps des derniers Césars, avec un peu plus de variété et de grâce.

CLOITRE DE SAINT-TROPHIME A ARLES

Le portail de l'église de Saint-Gilles (Gard), le portail et le cloître
de la cathédrale d'Arles sont les plus belles créations réalisées par
l'art provençal.

L'*école bourguignonne* a pour foyer le monastère de Cluny. Située entre l'école rhénane et l'école provençale, elle participe des
deux, de la seconde surtout. A celle-ci, elle emprunte les berceaux
brisés ou en ogive, le triforium, les profils et les ornements antiques ; à celle-là, les arcatures sous les corniches absidales et les
bandes verticales dites lombardes. Ses tours octogonales se distinguent par le nombre de leurs étages, tous semblables de forme
et percés sur chaque face de deux ouvertures, rarement réunies
sous un arc unique. Le rond-point n'est pas trop rare dans les
grands édifices, grâce à l'influence de Cluny. Au type bourguignon
appartiennent Notre-Dame de Beaune et Saint-Andoche de Saulieu
dans le département de la Côte-d'Or, la cathédrale d'Autun, les
églises de Paray-le-Monial et de Semur en Saône-et-Loire, les ruines
de l'abbaye de Charlieu (Loire) et l'église lyonnaise d'Ainay. Ajoutons l'importante église de Vézelay, remarquable surtout en ce
qu'elle cherche à s'affranchir des traditions romanes.

A ces trois écoles sœurs on peut rattacher l'*école nivernaise*, fille
à la fois de l'école bourguignonne et de l'école auvergnate, mais
plus dépendante de la première, qui lui a transmis ses larges
portes à trumeau, son triforium et son clerestory, les bandes verticales et les modillons en arc. A l'école auvergnate, elle doit les
modillons à copeaux, les arcs polylobés, les contreforts cylindriques
en forme de colonnes, quelquefois des voûtes en quart de cercle.
Le clocher est bourguignon plutôt qu'auvergnat. La Charité-sur-
Loire paraît être le chef-lieu de l'école nivernaise, mais sa basilique
se rapproche plus sensiblement de la Bourgogne, tandis que Saint-
Étienne de Nevers est, à vrai dire, une église auvergnate.

Région arverno-toulousaine. — Quatre écoles : auvergnate, toulousaine, bourbonnaise et limousine. Les deux premières sont
sœurs entre elles et mères des deux autres.

L'*école auvergnate*, avec Clermont pour foyer, s'étend, à l'est,
jusqu'à l'école provençale ; au nord, jusqu'à Roanne, la Palisse,
Ébreuil et Menat ; à l'ouest, jusqu'à Chambon, Felletin, Ussel,
Mauriac et Figeac ; au sud, jusqu'à Conques, Espalion, Millau et le

Vigan. Mais elle ne remplit pas avec tous ses caractères cette vaste
étendue; elle n'est complète que dans le rayon où se trouvent com-
prises Notre-Dame du Port à Clermont, le type primordial, les
églises d'Issoire, de Saint-Nectaire, d'Orcival, de Saint-Saturnin, de

ÉGLISE D'ISSOIRE

Saint-Amable de Riom (la nef), d'Ébreuil (la nef et le porche), de
Mauriac, de Brioude, de Chamalières-sur-Loire et la cathédrale du
Puy, ce dernier édifice restant toutefois empreint d'une forte origi-
nalité. Les ronds-points, appliqués même aux églises de médiocre

étendue, les chapelles rayonnantes, souvent au nombre de quatre,
les voûtes latérales en demi-berceau, les tribunes basses, éclairées
parfois du côté de la grande nef par des arcs trilobés, les clochers
octogonaux, invariablement à deux étages, élevés au milieu de la
croisée sur un massif barlong, les marqueteries, employées surtout
pour les absides, les arcs triangulaires en forme de mitre, la rareté
de l'ogive, les colonnes engagées servant de contreforts, les

ÉGLISE DE CONQUES (AVEYRON), RESTAURÉE

grands modillons taillés de manière à rappeler des copeaux de
menuisier, etc., distinguent clairement l'école auvergnate de toutes
les autres, et l'ont signalée une des premières à l'attention des
archéologues.

L'*école toulousaine* s'affirme, dès l'abord, avec beaucoup moins
de netteté; mais, quand on en étudie la sculpture, on arrive à
s'apercevoir qu'elle a imprimé à une assez vaste contrée, par ses
chapiteaux à entrelacs et à enroulements, par ses statues et ses bas-

reliefs, ses archivoltes, etc., un caractère spécial d'une importance
suffisante, et qui n'est pas sans être fortifié par de nombreux petits

ÉGLISE DU DORAT

détails d'architecture. Une des causes toutefois qui donnent aux
édifices toulousains leur aspect particulier est la pauvreté des tours
(à part quelques tours centrales), simples bâtisses carrées, souvent

sans moulures, toujours sans flèches. L'église de Conques est, après Saint-Sernin, le type le plus important de l'école toulousaine.

L'*école limousine*, généralement effacée de la carte de France au profit de l'école auvergnate ou de celle du Poitou, doit assez à l'une et à l'autre, et plus encore à Toulouse; mais elle relève bien, en grande partie, d'elle-même. A l'Auvergne se rattachent les clochers octogonaux, quelques voûtes en quart de cercle, les arcs polylobés; au Poitou, les trois nefs couvertes d'un toit unique; à Toulouse, la sculpture. Au Limousin appartiennent la disposition des deux tours, placées, l'une carrée sur le portail, l'autre octogonale sur la croisée; les chevets souvent plats; les absides à pans coupés; la simplicité des moulures et la nudité assez fréquente des chapiteaux; les tores se profilant aux angles rentrants des archivoltes, dans les fenêtres et les portes, et reposant sur des colonnettes de même diamètre dont ils ne sont séparés que par de petits chapiteaux sans tailloirs; la rareté des tympans; l'importance et le rôle particulier donnés aux arcs polylobés, qui deviennent toriques et s'encadrent ordinairement dans les ogives des portails; la prédominance de l'arc aigu pour ces derniers, etc. Le clocher limousin pur est, à vrai dire, une fusion du clocher périgourdin carré, flanqué de pignons, et de la tour octogonale auvergnate. L'école limousine a Limoges pour centre, et pour types principaux les églises de Solignac (Haute-Vienne) et de Souillac (Lot), qui pourtant sont périgourdines par leurs coupoles, celles de Saint-Léonard, du Dorat, de Saint-Junien et des Salles-Lavauguyon, dans la Haute-Vienne; de Bénévent-l'Abbaye, de Chambon et de la Souterraine, dans la Creuse; de Beaulieu, de Brive, de Tulle, d'Uzerche et d'Obasine, dans la Corrèze. Les portails des églises de Beaulieu, de Cahors et de Moissac (voy. ci-dessus, p. 97) sont le magnifique fleuron de l'école limousine et suffiraient presque à lui constituer une existence à part [1].

L'*école bourbonnaise*, avec Souvigny pour foyer, et pour limites, à peu de chose près, celles du département de l'Allier, dérive, comme le Nivernais, de l'Auvergne et de la Bourgogne, mais avec une prédominance marquée de l'Auvergne. Elle a des voûtes en quart de cercle, des clochers octogonaux à deux étages, et des arcs

---

1. On remarque, dans les bas-reliefs des portails de Beaulieu et de Moissac, des représentations fort exactes de clochers limousins avec leurs *gables* ou pignons.

en mitre. L'église de Souvigny en est le plus bel ornement, avec ses doubles transsepts et sa quintuple nef; non loin d'elle est l'église de Saint-Menoux.

RÉGION PÉRIGOURDINE. — Célèbre pour ses nefs uniques couvertes de coupoles sur pendentifs sphériques, et qui suffiraient à la caractériser. Elle comprend : l'école périgourdine et l'école charentaise ou de l'Angoumois.

L'école périgourdine occupe à peu près l'étendue du département actuel de la Dordogne. Son prototype, Saint-Front de Périgueux, bâti de 984 à 1047, se compose de cinq énormes coupoles disposées en *croix grecque* (c'est-à-dire avec les quatre branches égales); il n'y a pas de bas-côtés et il n'y eut peut-être pas d'abside principale. Les églises dérivées de Saint-Front, et qui doivent beaucoup aux importations byzantines, sont pareillement dépourvues de bas-côtés, souvent d'absides, et couvertes par des séries de coupoles. Par imitation, les églises périgourdines voûtées en berceau n'ont pas non plus de bas-côtés, excepté deux ou trois, celles, par exemple, de Bussière-Badil et de Cadouin. L'école périgourdine, nous l'avons déjà dit, inaugura en Occident l'usage systématique de l'ogive[1].

L'architecture périgourdine est plusieurs fois sortie de ses limites pour inspirer, en dehors de sa région, de grands édifices, tels que les cathédrales de Cahors, de Saintes, et les églises de Solignac, de Souillac, de Fontevrault, etc.

L'école de l'Angoumois, correspondant à l'ancien diocèse d'Angoulême et à la presque totalité du département de la Charente, auquel vient s'ajouter le petit pays limité à l'ouest et au sud par Jonzac, Blaye, Bordeaux et Saint-Émilion, sert de trait d'union entre l'école périgourdine et celle du Poitou, retenant de la première ses

---

1. Nous avons adopté, sur l'école périgourdine, les opinions du célèbre archéologue Félix de Verneilh, émises dans un ouvrage qui fit grande sensation en 1852 : *l'Architecture byzantine en France*. Nous devons prévenir le lecteur que ces théories sont aujourd'hui battues en brèche par de récentes découvertes qui feraient de Saint-Front un édifice complètement reconstruit au douzième siècle, et par conséquent étranger à l'influence qu'on lui avait d'abord attribuée. Nous nous réservons d'examiner à notre tour, dans un travail ultérieur, jusqu'à quel point le système archéologique de F. de Verneilh est susceptible de modification, ne nous dissimulant pas néanmoins combien difficiles seront les recherches : en effet, la pièce capitale n'existe plus, et, depuis 1865, nous n'avons de la cathédrale périgourdine qu'une infidèle copie, inutile et même dangereuse à étudier.

nefs uniques, ses coupoles byzantines, réalisant un magnifique type
de clocher carré, terminé en pomme de pin comme à Saint-Front,
empruntant à la seconde ses riches façades, son luxe d'arcades et de
décorations sculpturales. Les constructions les plus remarquables
appartenant à l'école de l'Angoumois soit par leurs dispositions
générales, soit par leurs façades, sont : dans le département de la
Gironde, Sainte-Croix de Bordeaux et la collégiale de Saint-Émilion ;
dans la Charente-Inférieure, la façade de l'église de Jonzac ; dans la
Charente, les églises de Saint-Amant-de-Boixe, de Roullet, de Saint-
Estèphe, de Châteauneuf, de Bourg-Charente, de Châtres, de Puy-
péroux, de Fléac, etc., et surtout la cathédrale d'Angoulême, dont la
splendide façade est consacrée tout entière à la représentation du
Jugement dernier.

RÉGION POITEVINE. — Distincte de la précédente par ses trois nefs
légèrement différentes en hauteur, où domine le berceau brisé, et
par ses coupoles à pans coupés, elle s'en rapproche par ses luxu-
riantes sculptures, prodiguées surtout sur les frontispices, et par
les statues équestres de ses façades ; comme dans la région périgourdine, ses portes principales sont dépourvues de tympans : du
moins y sont-ils fort rares.

Bornée à l'est par l'école limousine, au sud par l'école charentaise, la région poitevine est séparée de la Loire, au nord, par une
zone dont la limite rencontre le Blanc, Preuilly, Loudun, Fontevrault, Chemillé, Clisson, et s'étend à l'ouest jusqu'à la mer. Ce
territoire pourrait être partagé par une ligne qui le traverserait
du nord au sud, partant de Loudun et allant tomber sur l'école
charentaise. De là l'*école poitevine proprement dite* à l'est, et
l'*école saintongeaise* à l'ouest. Cette dernière se caractérise par
une plus grande ampleur dans l'architecture et la sculpture : ainsi
les nefs sont plus vastes et les arcs plus ouverts ; les façades, au
lieu d'arcatures nombreuses, présentent seulement trois larges
arcades au rez-de-chaussée et autant au premier étage ; celles de ces
arcades qui sont latérales encadrent assez souvent de grands bas-
reliefs.

Les spécimens les plus intéressants de l'art poitevin sont : à Poitiers, Notre-Dame-la-Grande, dont la façade est sans rivale, Saint-
Hilaire et Montierneuf ; dans le reste du département de la Vienne,

Saint-Savin, dont les curieuses peintures sont à peu près les seules
qu'il nous reste du onzième siècle, Saint-Pierre de Chauvigny,

Saint-Jacques de Châtellerault, Saint-Nicolas de Civray et la charmante petite église de Villesalem; dans la Charente-Inférieure,
Saint-Eutrope et Sainte-Marie de Saintes, les églises de Surgères

et d'Aulnay; dans les Deux-Sèvres, Saint-Hilaire de Melle, le portail ruiné de Notre-Dame de la Coudre à Parthenay, les églises de Parthenay-le-Vieux, d'Airvault, de Saint-Jouin-lès-Marnes, d'Airvault, quelques parties remarquables des deux églises de Thouars; en Vendée, l'église de Nieul-sur-Autise, la nef ruinée de la cathédrale de Maillezais, les portails des églises de Benet,

FANAL DE GIRON (INDRE)

de Vouvent, de Foussais, et les ruines de l'abbaye de la Grenetière.

L'école poitevine osa, la première ou l'une des premières, dès le onzième siècle, sculpter de grandes statues en plein relief, complètement indépendantes des murs auxquels elles étaient adossées. De tels essais, naturellement, sont des plus barbares, mais ils ouvrirent la voie.

On trouve dans le Poitou, la Saintonge, l'Angoumois, le Limousin, l'Auvergne et le Bas-Berry une classe de monuments qui semblent avoir été particulièrement usités dans ces provinces : nous voulons parler des *fanaux de cimetières* ou *lanternes des morts*, colonnes creuses que terminait un étage circulaire à jour couronné d'une pyramide et dans lequel jour et nuit brûlait une lampe en l'honneur des trépassés.

RÉGION LIGÉRINE. — *L'école ligérine proprement dite* est assez diffi-

ÉGLISE DE RHUIS (OISE)

cile à caractériser, à moins de prendre le côté négatif. Il y a là une architecture puissante, dont l'originalité est presque de n'en point avoir, et qui répond à l'idée qu'on se fait du style roman dégagé de tout dialecte artistique. Nous croirions volontiers que ce style roman existait, avant la fin du onzième siècle, dans la plus grande partie de l'Ouest et qu'il fut considérablement affaibli comme étendue par la formation, à cette époque, des écoles poitevine, périgourdine et limousine. Contentons-nous de déterminer ainsi l'école ligérine, qui ne saurait sans injustice être rattachée à aucune des écoles voisines, et qui ne pourrait davantage se laisser oublier. Ses deux foyers seraient Saint-Martin de Tours et Saint-Benoît-sur-Loire, et ses types principaux, outre Saint-Benoît, les églises de Preuilly (Indre-et-Loire), de Cunault (Maine-et-Loire), de Saint-Genou et de Fontgombault (Indre). La basilique de Fontevrault n'appartient guère à cette école que par sa position géographique : par ses coupoles, elle relève directement du Périgord. Le clocher de Vendôme rentre un peu dans l'ère ogivale rudimentaire.

L'*école française* ressemble beaucoup à la précédente ; mais elle a moins de puissance et se rattache à la Normandie et au Rhin par ses tribunes, à la Normandie seule par sa timidité à construire des voûtes, qu'elle remplace le plus souvent par des charpentes. L'école

CINTRES ENTRECROISÉS

française n'existe bien clairement que comme école gothique ; une des plus faibles vers 1120 ou 1130, elle devient bientôt après la plus importante de toutes, étend ses limites, et les dépasse pour aller répandre sur le reste de la France le nouveau style qu'elle a inauguré. Reims par Saint-Remi, Paris par Saint-Germain-des-Prés, sont les principaux centres de cette école, qu'une influence spéciale de Saint-Benoît-sur-Loire relie peut-être plus intimement à l'école ligérine. On trouve dans les départements de l'Oise, de Seine-et-Oise et de l'Aisne une foule de petites églises dont les nefs et quelquefois les clochers remontent au onzième siècle. Celle de Rhuis, que nous donnons ici (p. 123), est tout entière de cette époque.

RÉGION NORMANDE. — Elle ne renferme que l'*école normande*, dont les limites sont à peu près les mêmes que celles de la Normandie. Son foyer paraît être Caen plutôt que Rouen. Elle se décida fort tard à élever des voûtes en pierre sur la grande nef et y parvint seulement après l'adoption de la voûte à nervures, qu'elle associa assez longtemps au plein cintre. Les travées des nefs sont disposées avec alternance de piliers de deux grosseurs différentes, comme dans l'école rhénane. A l'extérieur, grand luxe d'arcatures formées parfois de cintres entrecroisés où l'on a voulu voir l'origine de l'ogive.

La sculpture est pauvre et grossière, remplacée ordinairement par des ornements géométriques pour les archivoltes et par une simple ébauche pour les chapiteaux. Les tours sont d'une hauteur démesurée, fort belles d'ordonnance, et de bonne heure couronnées de ces toitures pyramidales qui, en Normandie plutôt qu'ailleurs, devinrent les admirables flèches de la fin de la période romane et de toute la période ogivale.

Il reste encore en Normandie beaucoup d'édifices romans remarquables par leurs belles dimensions ou leur style; par exemple :

dans le département du Calvados, Saint-Étienne, la Trinité et Saint-Nicolas de Caen, les tours et une partie de la nef de la cathédrale de Bayeux, les églises d'Ouistreham et de Creully; dans la Seine-Inférieure, les ruines de Jumièges, Saint-Georges-de-Boscherville, les églises d'Étretat et de Graville ; dans la Manche, les églises de Cérisy-la-Forêt, de Lessay et la nef du Mont-Saint-Michel; dans l'Orne, Notre-Dame de Domfront et l'église de Lonlai, etc.

Les deux Bretagnes (celle de France et l'Angleterre) reçurent de Normandie le style roman, qui ne prospéra jamais dans la presqu'île armoricaine.

CHAPITRE VIII

COMMENCEMENTS DU STYLE OGIVAL, SOUS LOUIS VII
ET PHILIPPE-AUGUSTE

Le style roman ne doit pas être considéré uniquement en lui-même. Il offre sans doute des formes harmonieuses, monumentales, revêtues d'une décoration charmante souvent bien distribuée, où l'agrément se joint à la logique et à la solidité; mais aux yeux des esprits délicats et difficiles qui voulaient agrandir les espaces, dégager et éclairer l'intérieur des églises sans renoncer ni à la voûte ni au plan basilical, il eut le défaut de rester au-dessous de ce programme sévère. Au plein cintre il paraissait utile de substituer l'ogive, arc plus aigu, plus rapproché de la verticale et par conséquent moins sujet aux poussées latérales; il fallait rendre indépendantes les arêtes des voûtes et faire de ces arêtes un principe générateur, afin de diriger où l'on voudrait ces arêtes devenues nervures et de couvrir des surfaces irrégulières. En outre, ces voûtes des maîtresses-nefs qu'on ne pouvait atteindre qu'en élevant les voûtes des bas-côtés et en supprimant tout ou majeure partie des fenêtres supérieures, on devait chercher à les soutenir par des arcs libres, ou demi-cintres, passant extérieurement au-dessus des bas-côtés et agissant sur les points où la nature même des voûtes d'arêtes permettait de centraliser les poussées.

Telle était la solution du problème dont nous avons parlé dans notre premier chapitre. Elle ne fut jamais si vivement poursuivie qu'en plein règne de l'architecture romane. Dès le neuvième ou le dixième siècle, on voit les traces du travail qui devait transformer ce style et en faire le style ogival. L'idée des arcs-boutants franchissant les bas-côtés peut bien provenir des voûtes en quart de cercle des églises auvergnates. Dès le règne du premier Capétien, l'ogive apparaît à Saint-Front de Périgueux et y rend, en soutenant de pesantes coupoles, un service qui la recommande aux constructeurs de l'Aquitaine (voy. la note, p. 119); à son tour, la nervure apparaît çà et là pendant le onzième siècle.

Mais, en se manifestant l'un loin de l'autre, ces éléments demeuraient à peu près sans résultat pour la solution définitive du grand problème. Après des tentatives persévérantes, les constructeurs de l'Ile-de-France eurent l'heureuse fortune de les réunir tous trois. Le règne de Louis le Gros assista à ces tentatives, celui de Louis le Jeune en vit le succès.

L'année même de la mort de Louis VI, en 1137, son ancien condisciple devenu abbé de Saint-Denis, l'illustre Suger, entreprenait de reconstruire la basilique fondée par Dagobert; en trois ans il en acheva le porche et la façade. C'étaient là des constructions d'apparence romane à l'extérieur, malgré quelques ogives; à l'intérieur, les voûtes sont déjà gothiques; mais ces voûtes n'ont pas une bien grande importance, ne répondant à aucune difficulté vaincue, et pouvant être remplacées par des voûtes romaines sans danger pour la solidité de l'édifice. Il est loin d'en être de même au rond-point, commencé en 1140, aussitôt après la bénédiction du porche. Ici ont été réunies toutes les difficultés procédant de ce que nous avons appelé le problème fondamental, et toutes ont été résolues. Il est donc impossible d'en douter : lorsque les plans de ce chœur furent fixés sur le parchemin et les fondements creusés dans le sol, le style ogival, comme principe de construction, était trouvé, et la date de 1140 doit être acceptée comme celle qui en marque le plus exactement l'origine. Quatre ans plus tard, le chœur bâti par Suger était consacré, et le succès de plusieurs siècles d'efforts manifesté aux yeux de tous.

Quels sont les édifices qui ont immédiatement et directement préparé un succès aussi éclatant? Il est difficile de les désigner aujourd'hui; il en est un néanmoins, non loin de Paris et de Saint-Denis, qui porte les traces évidentes d'un premier essai tendant à procurer le triomphe de la nervure : c'est l'église de Poissy, œuvre d'un architecte qui a tout fait pour rompre avec la voûte romane, pour lui substituer le système gothique, et qui, s'il a peu réussi, a probablement ouvert la voie et posé un important jalon. On pourrait considérer les ronds-points de Saint-Maclou de Pontoise, de Saint-Martin de Paris et la nef de Saint-Étienne de Beauvais comme des jalons intermédiaires, si l'on en connaissait les dates précises.

A Sens, le rond-point de la cathédrale, absolument contemporain

CATHÉDRALE DE NOYON

de Saint-Denis, dérive en droite ligne de l'église de Poissy et reste moins avancé comme style que la basilique de Suger, et c'est à celle-ci principalement que reste l'honneur d'avoir répandu le nouveau style après l'avoir inauguré.

Les cathédrales de Noyon et de Senlis, commencées l'une et l'autre vers 1155, le chœur de Saint-Germain-des-Prés, consacré en 1163, l'église abbatiale de Saint-Martin de Pontoise (détruite) et l'église prieurale de Saint-Leu-d'Esserent (Oise) furent, avec quelques variantes, des imitations directes de Saint-Denis. Pendant leur construction, le nouveau style avait fait assez de progrès pour que les

CATHÉDRALE DE SENLIS

architectes fussent capables de le pratiquer, de le modifier et de le perfectionner sans recourir désormais à ce prototype.

Quand l'art ogival eut été créé comme structure, il resta d'abord revêtu des formes romanes et ne s'en dégagea que peu à peu, conservant même assez longtemps le plein cintre là où l'ogive ne paraissait pas indispensable. La cathédrale de Noyon est célèbre à cet égard. On ne s'habituait pas facilement à l'ogive, et sa lutte contre le plein cintre est un des principaux caractères de ce style, que l'on a appelé *style de transition*, voulant signifier le passage du roman au gothique. Mais ce prétendu style de transition, nonobstant la lutte des deux arcs, est absolument gothique dans son essence, parce que l'ogive s'y trouve toujours dans les voûtes; l'ornementation et les éléments secondaires d'architecture sont seuls en retard; pour ce double motif, nous pensons qu'il vaudrait mieux appeler *ogivale rudimentaire* la période qui nous occupe en ce moment, réservant à celle des grandes cathédrales le nom de *période ogivale primitive*.

Malgré l'intérêt que ne manquerait pas d'offrir une revue des transformations de détail qui, en un demi-siècle ou à peine davantage, consommèrent la séparation du roman et de l'ogival, nous nous l'interdirons ici, pour ne pas fatiguer le lecteur d'explications techniques et lui permettre de réserver plus d'attention au chapitre suivant, qui lui montrera les résultats du travail opéré durant la période rudimentaire. Continuons simplement l'histoire succincte de cette période.

La cathédrale de Sens, à part quelques analogies de détail, est une des premières églises qui aient affecté vis-à-vis de Saint-Denis quelques allures indépendantes; elle donna même le signal d'une suppression destinée à devenir générale au treizième siècle, celle des tribunes, qui avaient le double inconvénient de trop prendre sur la hauteur des collatéraux et d'augmenter d'un étage de voûtes la charge des piliers.

L'église abbatiale de Pontigny (Yonne), Notre-Dame de Paris, la collégiale de Mantes (Seine-et-Oise), les chœurs de Notre-Dame de Châlons et de Saint-Remi de Reims, les cathédrales de Meaux, de Laon et de Lisieux, le charmant croisillon circulaire de la cathédrale de Soissons, l'église Saint-Laumer de Blois, diffèrent radicalement de Saint-Denis. Les quatre premiers de ces édifices se drapent encore du vieux manteau roman; mais, à l'intérieur, on

s'aperçoit, dans les bases, les chapiteaux et les arcs, qu'un trajet
considérable a été parcouru de 1140 ou 1144 à 1175, date moyenne

CATHÉDRALE DE CHARTRES

des dix monuments que nous venons de citer. Les chœurs de Notre-
Dame de Châlons et de Saint-Remi se ressemblent de la manière la

plus frappante; le même rapport existe entre les cathédrales de
Laon, de Lisieux et les parties de la cathédrale de Meaux qui remontent à la fin du règne de Louis le Jeune. Ces trois basiliques,
de même que le croisillon soissonnais et la nef de Notre-Dame de
Paris, accusent un style plus dégagé des anciens errements, aussi
bien à l'extérieur qu'à l'intérieur, mais c'est toujours l'art ogival
rudimentaire[1].

Avec les églises abbatiales de Longpont (Aisne) et de Mouzon
(Ardennes) et les cathédrales de Soissons, de Rouen et de Chartres,
nous sommes, qu'on nous passe l'expression, à cheval sur les deux
périodes; avec la façade de Notre-Dame de Paris et la cathédrale
de Bourges, nous posons décidément le pied au seuil de la période
ogivale dite primitive. Nous y pénétrons entièrement avec Notre-
Dame de Reims.

Aux exemples du style ogival rudimentaire que nous venons de
citer, nous ne saurions nous dispenser d'ajouter le Clocher-Vieux
de Chartres, très distinct de la cathédrale par l'époque de sa construction (1165 environ), et qui restera toujours un des chefs-
d'œuvre de l'art français. Sa flèche est la plus grande et la plus
imposante qui existe; dans son ensemble, la tour a 107 mètres de
hauteur (elle est située à droite de la façade). Une autre tour, romane par ses arcades, mais ogivale par sa date et ses dispositions
générales, celle de Notre-Dame d'Étampes, ne le cède au Clocher-
Vieux que par ses dimensions plus faibles (62 mètres); c'est encore
une merveille de grâce et de légèreté.

L'Ile-de-France, qui élabora le style ogival, fut suivie de tellement près par la Champagne et la Picardie, que celles-ci doivent
en être considérées comme les coopératrices, on l'a vu par quelques-uns des exemples précités. La Normandie, qui cherchait de
son côté la solution du grand problème des voûtes, se rallia avec le
même empressement à la solution trouvée par l'école parisienne,
sans toutefois beaucoup contribuer à en étendre les résultats.
L'Anjou cherchait également, mais dans une voie tout à fait différente : en transformant, par des métamorphoses ingénieuses, la

---

1. Le frontispice de ce volume représente la cathédrale de Laon telle qu'elle était
vers 1220, avant la construction de ses flèches.

coupole byzantine en voûte à nervures. Il fut surpris au milieu de ce travail par l'invasion de l'architecture parisienne, mais il n'accepta cette architecture, d'accord avec le Poitou, une partie du Maine et de la Touraine, qu'en la modifiant d'après les combinaisons qu'il avait déjà imaginées lui-même : la voûte angevine ou poitevine à nervures, pendant les douzième et treizième siècles, est d'une concavité exagérée qui fait réellement penser aux coupoles. Ces voûtes, appelées *domicales*, sont du reste fort gracieuses, soutenues qu'elles sont par des nervures qui, se ramifiant dans tous les sens pour la décoration et reposant sur des piliers hardis, produisent un ensemble d'un goût charmant.

Les autres provinces, bien qu'assez disposées à se contenter du roman, n'apprirent pas la création d'un nouveau système de voûtes sans éprouver un désir plus ou moins impatient de l'adopter. Dans quelques lieux il est importé par les Cisterciens; ailleurs on fait venir des architectes, et c'est ainsi qu'au centre de la France s'élèvent, à l'imitation de Saint-Denis, les chœurs des églises abbatiales d'Ébreuil et de Saint-Pourçain. C'est comme une première prise de possession, par le style ogival à peine formé, des pays où, un peu plus tard, devenu plus brillant et plus fort, il éteindra les traditions les plus solidement enracinées du style roman.

CHAPITRE IX

L'influence de l'épiscopat, longtemps éclipsée par celle des moines, redevenait, au milieu du douzième siècle, ce qu'elle avait été avant Charlemagne. Ce n'est pas que l'institut monastique eût encore décliné : ce furent justement les progrès mêmes des ordres religieux qui préparèrent à l'Église française des prélats vertueux, éclairés, instruits et opulents. Les chapitres canoniaux, en qui résidait le droit d'élection, étaient plus attentifs et plus consciencieux dans leurs choix, et, lorsqu'ils ne nommaient pas des moines, ils savaient distinguer parmi les prêtres séculiers ceux qui, par leurs talents et leur piété, leur paraissaient dignes d'être comparés à des cénobites. Ainsi la puissance des ordres religieux se trouvait avoir élevé le niveau moral du haut clergé. Elle en favorisa également la grandeur temporelle. Les abbayes fondées après le milieu du onzième siècle, au lieu de s'arroger une sorte d'indépendance en prétendant ne relever que de Rome, rentrèrent au contraire dans la juridiction diocésaine, lui consacrant, à titre de redevances, une partie de leurs revenus et lui donnant les paroisses, chapelles et oratoires créés en si grand nombre sous les premiers Capétiens.

En même temps prospéraient les villes du Nord, quelques-unes assez fortes pour conquérir leurs chartes communales, d'autres assez riches pour les acheter et toutes assez florissantes et assez pénétrées de l'esprit de foi pour s'associer largement, par des allocations, des taxes ou des offrandes volontaires, aux entreprises de leurs premiers pasteurs, quelle que fût d'ailleurs la situation politique de l'évêque vis-à-vis des bourgeois de la cité.

Et c'étaient là des sources réellement sérieuses d'autorité et de revenus pour les prélats. On en jugera par deux exemples, dont l'un est pris sur une ville du Midi, parvenue, au treizième siècle, à des conditions d'existence assez semblables à celles des villes septentrionales.

Maurice de Sully, qui, avant son élévation au siège de Paris, en 1160, avait vécu d'abord dans l'indigence, puis dans une condition des plus modestes, se vit en état, deux ou trois ans à peine après son élection, de bâtir le chœur de Notre-Dame, en majeure partie sur sa cassette particulière, et ensuite le palais épiscopal, d'acheter de nombreuses maisons pour percer une rue devant la future façade de la cathédrale, de fonder et de doter quatre abbayes, de bâtir deux ponts en pierre sur la Seine et la Marne ; il laissa par testament de quoi faire pour le chœur de Notre-Dame une couverture de plomb.

L'*Histoire du Languedoc* rapporte qu'un évêque de Toulouse, Bertrand de l'Isle-Jourdain, après avoir poussé avec la plus grande activité, pendant treize ans, les travaux de Saint-Étienne, et s'être construit une maison de campagne, trouva encore le moyen de « faire des legs considérables tant à sa cathédrale qu'à presque toutes les églises et à tous les monastères de la province : il leur légua entre autres mille calices de vermeil, du poids d'un marc chacun. Suivant son testament, sa maison était composée de douze clercs ou chapelains, quatre damoiseaux ou gentilshommes, douze écuyers, trois courriers ou messagers, divers fourriers ou cuisiniers, et d'un grand nombre de bas officiers ; il avait trois médecins et un professeur ès lois à ses gages, et trois bibliothèques : la première de droit civil, la seconde de droit canon, la troisième de théologie. Il légua de quoi habiller mille pauvres et marier plusieurs filles, et il fit des legs pour cent vingt mille livres tournois. Il institua enfin pour ses héritiers les églises, les monastères et les pauvres de son diocèse et de la province de Narbonne... Son argenterie, qui fut vendue après sa mort, monta à plus de mille marcs. »

Les évêques usèrent noblement, comme ceux que nous avons cités, de leur fortune personnelle et de leur ascendant sur les populations. De même que les moines avaient laissé leurs églises abbatiales comme des monuments impérissables de leur grandeur, à leur tour les évêques songèrent à affirmer leur puissance par la hardiesse de leurs créations artistiques ; et ce sentiment se trouvait d'accord avec les tendances de la piété, qui sentait alors le besoin de se manifester par la construction de belles églises, dédiées surtout à la Mère de Dieu.

Dans ces tendances de l'esprit public et dans leur propre zèle pour l'art religieux, les évêques puisèrent encore des ressources spéciales, qui finirent par rendre aisées des entreprises auxquelles le budget d'un État de premier ordre pourrait à peine subvenir aujourd'hui.

Depuis longtemps déjà s'était introduit dans l'Église catholique l'usage de racheter des pénitences canoniques ou des mortifications obligatoires, comme l'abstinence du beurre en carême, par des offrandes pécuniaires. Souvent les évêques multiplièrent ces dispenses et surtout ces indulgences en faveur de leurs cathédrales, auxquelles le produit en fut affecté. On sait quel abus fut fait plus tard, au seizième siècle, de ces rachats pécuniaires d'indulgences au profit de Saint-Pierre de Rome, abus qui décidèrent Luther à prêcher la Réforme : nos évêques du treizième siècle surent tirer un bon parti de ce système sans en exagérer les conséquences. Les cathédrales de Paris, d'Évreux, de Troyes et d'Amiens furent en partie construites au moyen de concessions d'indulgences.

La communauté des prières servit aussi à stimuler la générosité des fidèles. Un prédicateur de Notre-Dame d'Amiens, vers 1260, promet, à ceux de ses auditeurs qui délieront leur bourse, participation intime aux prières et à tous les mérites spirituels de tous les moines et des huit cents prêtres séculiers du diocèse, sans compter quantité de messes dites à l'intention formelle des bienfaiteurs.

Certains délits, dont connaissaient les officialités (tribunaux ecclésiastiques) diocésaines, furent punis d'amende au profit des cathédrales ; cela se fit notamment pour l'œuvre de Saint-Maurice de Tours, dans un concile provincial tenu en 1236.

Les quêtes étaient de la dernière importance. Lorsque la cathédrale possédait quelques reliques vénérées, elle les confiait à des clercs d'une piété éprouvée, et ceux-ci partaient à travers les villes et les campagnes. Lors de la restauration de la cathédrale de Laon, en 1114, avant la reconstruction de la fin du douzième siècle, les

quêteurs allèrent une première année dans tout le nord de la
France et la seconde jusqu'en Angleterre. Lorsqu'on voulut renouveler Notre-Dame de Senlis, en 1155, on comprit vite que l'exiguïté
du diocèse (c'était le plus petit de tout le Nord) ne laissait pas
espérer d'abondantes aumônes, et Louis VII fut prié de munir de
lettres de recommandation les clercs chargés de parcourir toutes
les provinces du domaine royal pour recueillir les offrandes. Les
quêtes pour les cathédrales furent l'occasion d'un conflit assez vif,
sous Philippe Auguste, entre les évêques de Laon et de Reims.
Celui-ci, non content d'envoyer ses quêteurs dans son diocèse,
leur ordonna de parcourir les diocèses de ses suffragants. Alors
sans doute la cathédrale de Laon n'était pas terminée (ce que con-
firme le style de la façade et des tours), et l'évêque de cette ville,
craignant que les offrandes de ses ouailles ne fussent détournées,
ne voulut pas accueillir les quêteurs dans son territoire. Le métro-
politain se crut le droit de l'y forcer; mais le pape termina le diffé-
rend à son préjudice, en 1222.

Il ne faut pas croire que les chapitres des cathédrales soient
restés les témoins désintéressés et tranquilles du mouvement artistique au sein duquel ils se trouvaient. Ils y furent au contraire les
dignes auxiliaires de leurs évêques, les secondant partout de leur
activité personnelle et de leurs propres biens. Le clergé et les fabriques des paroisses imitèrent ces exemples : une partie de leur
dîme et de leurs revenus, quelquefois déterminée par décret de
l'évêque, comme à Beauvais en 1225, entra dans les caisses destinées à payer les constructeurs des cathédrales.

Il y eut enfin de la part des laïques beaucoup de contributions
volontaires : en journées de travail et rarement en argent de la
part des habitants de la campagne, en offrandes pécuniaires de la
part des bourgeois des villes. Ceux-ci se montrèrent d'autant plus
généreux qu'ils étaient plus riches et plus directement intéressés
à la construction de l'édifice. Leur qualité de bourgeois, le désir de
voir leur cité s'embellir d'un monument qui ferait leur gloire, la
vanité de clocher, le goût des arts, l'essor donné à l'industrie et au
commerce par la présence d'un grand nombre d'ouvriers, tout cela
ne pouvait que les entraîner aux plus grandes largesses. A Reims,
la municipalité elle-même s'imposa pour une somme annuelle, qui

fut répartie entre la cathédrale et l'église Saint-Nicaise. Elle ne supprima ce secours qu'en 1295, vu l'état avancé des constructions des deux édifices.

De tout ce bon vouloir, de tant d'efforts combinés, voyons quel fut le résultat.

Jusqu'à la seconde moitié du douzième siècle, les cathédrales françaises ne dépassaient guère la médiocrité, à part celle de Chartres, qui était un lieu de pèlerinage, celle d'Angoulême, qui avait cinq clochers, de grandes coupoles et une splendide façade, et deux ou trois cathédrales normandes. Au temps de leur prépondérance sous les Romains et les Mérovingiens, et même plus tard, les évêques avaient été les premiers à négliger leurs propres églises pour consacrer le meilleur de leur sollicitude à des églises presque toujours monastiques, où se portait la foule pour vénérer les reliques de quelqu'un de leurs prédécesseurs. La dévotion à saint Martin entraîna l'évêque Perpet à laisser là sa cathédrale de Tours et à construire, au-dessus du tombeau du grand apôtre, la plus somptueuse basilique de tout l'Occident. Vers l'an 990, Frotaire rebâtit à la fois l'église abbatiale de Saint-Front et sa cathédrale Saint-Étienne, mais la seconde est deux ou trois fois plus petite que la première. Cent ans plus tard, à Toulouse, l'évêque Isarn se voue à la reconstruction de la basilique de Saint-Sernin, qu'il ne trouve pas assez grandiose, et se contente pour lui-même d'une cathédrale très modeste.

Ce fut bien différent à partir de 1150 ou 1160. Au lieu de rester, au point de vue artistique, les protecteurs et les auxiliaires des moines, les évêques devinrent leurs émules, surtout après avoir compris le parti que l'on pouvait tirer de la nouvelle architecture et de l'esprit entreprenant des maîtres maçons laïques. Ils renchérirent sur le luxe qui jusqu'alors semblait réservé aux églises abbatiales, et de leurs efforts et de leur succès naquit la cathédrale française, considérée comme manifestation religieuse et comme type monumental.

Lorsque sortirent de terre Saint-Étienne de Sens, en 1140, et, en 1141 ou 1142, Saint-Pierre de Lisieux, on pouvait déjà pressentir l'ère des grandes cathédrales. Ces deux églises furent commencées par des chœurs relativement modestes; mais, quand on en vint

aux nefs, les dimensions augmentèrent sensiblement, et, de 1150 à
1160, quatre nouvelles cathédrales furent entreprises à Noyon,
Laon, Senlis et Arras, avec de vastes absides qui commandaient
de spacieux vaisseaux. A ce moment, la cathédrale marche de pair
avec les plus belles abbayes, celle de Cluny exceptée. Sans les

CATHÉDRALE DE BOURGES

dépasser peut-être dans les dimensions du plan, elle est plus am-
bitieuse en élévation, portant ses voûtes à cent pieds (33 ou
34 mètres) du sol, ajoutant à la tribune le triforium, luxe à peu
près inusité dans les églises monastiques de l'époque romane. La
lutte victorieuse se poursuit dans les tours. La cathédrale de Noyon
en comportait quatre dans son plan et celle de Laon sept, avec des
flèches très élevées.

On ne s'arrêta pas en si beau chemin. Notre-Dame de Paris, commencée en 1163 et terminée, sauf les flèches, vers 1230, n'avait sans doute que deux tours, mais elles étaient énormes, complétaient une façade splendidement décorée et un immense vaisseau dont les doubles collatéraux pourtournaient l'édifice. Voici réellement une cathédrale de premier ordre. A Bourges, aussi des bas-côtés doubles et des dimensions plus grandes encore qu'à Paris, malgré l'absence du transsept. Saint-Étienne de Meaux et Saint-Maurice (aujourd'hui Saint-Gatien) de Tours ne dépassent guère les abbayes romanes et ne s'achèvent qu'avec beaucoup de peine, plus de trois siècles après leur fondation vers 1170.

On est plus heureux à Chartres, de 1195 à 1220. Là, une catastrophe est dignement réparée en un quart de siècle. Un incendie terrible avait détruit la cathédrale romane, que dominait, à peine achevée, la plus haute tour construite jusqu'alors. Le Monument-Perdu était déjà un des plus considérables du Nord; l'évêque Regnault de Mouçon et son chapitre voulurent profiter de l'accident pour dresser un colosse, que devaient couronner huit tours robustes. Les clochers restèrent incomplets, mais ils furent dignement remplacés par deux porches latéraux où s'épanouit la sculpture la plus savante et la plus somptueuse du treizième siècle. Il n'y a plus de tribunes, au profit des bas-côtés qui prennent plus d'élévation; la grande nef est d'une largeur presque démesurée : seize mètres d'axe en axe des piliers; le transsept, suffisamment développé, a ses collatéraux particuliers, et le déambulatoire est double. Le tout, bâti de forts matériaux et offrant un ensemble et des détails qui font de Notre-Dame de Chartres une des conceptions architectoniques les plus surprenantes du monde entier. La voûte est la première qui ait atteint la hauteur de 38 mètres.

Notre-Dame de Rouen est contemporaine de celle de Chartres et, comme elle, affecte un grand luxe de clochers : la métropole normande était destinée à en porter sept. A part ses tours, malgré ses bas-côtés pourtournant l'édifice et sa longueur de 135 mètres, la cathédrale de Rouen resterait à un rang secondaire, tout en y figurant avec honneur, sans les embellissements dont elle fut l'objet longtemps après son achèvement. Les autres cathédrales normandes rebâties au treizième siècle, Bayeux, Coutances et Sées, sont encore, par leurs dimensions, au-dessous de leur métropole, mais aucune cathédrale ne les dépasse pour la délicatesse de l'architecture et toutes les trois ont vu s'achever leurs flèches. Saint-Julien du Mans se rattache un peu au type normand, et ce serait une cathédrale de premier ordre si l'on ne s'était contenté d'en reconstruire le chœur, de 1217 à 1254.

Pour en finir avec les cathédrales de second ordre, passons rapi-

CATHÉDRALE DE SÉES

dement sur celle de Soissons, presque tout entière du temps de Philippe Auguste et qui fait belle figure au rang où nous l'avons placée; sur Notre-Dame d'Évreux, qui ne doit au treizième siècle que sa nef centrale et quelques chapelles, et qui resta en majeure partie romane jusqu'au quatorzième siècle; sur Saint-Étienne de Châlons, qui se contenta d'abord d'une abside sans chapelles, conserva ses tours romanes et resta avec sa nef tronquée jusqu'au temps de Louis XIV; sur la cathédrale de Nevers, qui fut privée de transsept, n'eut son chœur terminé qu'au quatorzième siècle, sa tour exécutée que sous Louis XII, et se trouverait bien petite si elle n'eût gardé à l'ouest une abside et un transsept du onzième siècle ; sur Saint-Pierre de Troyes et Saint-Étienne d'Auxerre, qui eurent le sort de Saint-Maurice de Tours, c'est-à-dire ne virent bâtir au treizième siècle que leurs chœurs, et se continuèrent lentement et tranquillement, par les transsepts, les nefs et les façades, jusqu'au milieu du seizième siècle.

En 1211, trois ans avant les premiers travaux de la cathédrale de Troyes et quatre ans avant que Guillaume de Seignelay n'entreprît celle d'Auxerre, la métropole de Reims subit le sort qu'avait eu peu de temps auparavant Notre-Dame de Chartres. Comme à Chartres, la ruine et le feu, après avoir engendré la tristesse, provoquèrent un enthousiasme indicible et le désir d'une sublime réparation. Dès l'année suivante, l'archevêque Albéric Humbert se trouvait en mesure de jeter dans la terre des fondations énormes, capables de porter un édifice plus colossal encore que Notre-Dame de Chartres. Si les projets furent dans la suite un peu réduits, Notre-Dame de Reims n'en est pas moins supérieure, par les proportions et la majesté de son ensemble, aux basiliques de Paris, de Bourges et de Chartres. Sa longueur totale, qu'a seule atteinte et dépassée en France l'église abbatiale de Cluny, est de 149 à 150 mètres, sa hauteur intérieure de 38 mètres, et elle avait sept tours, dont les flèches en plomb furent consumées par les flammes en 1481. Il semblait que la munificence des prélats et des peuples fût incapable d'aller plus loin, et cependant la cathédrale de Reims n'est pas à la tête des cathédrales de premier ordre : elle le cède à Nôtre-Dame d'Amiens, et celle-ci le céderait à Saint-Pierre de Beauvais si les architectes de Beauvais n'avaient pas gaspillé leurs ressources en véritables folies.

Ce furent encore deux incendies qui déterminèrent la reconstruction des cathédrales d'Amiens, à partir de 1220, et de Beauvais, à partir de 1225. Les architectes de ces deux églises, répondant à la pieuse ambition de leurs évêques et aspirant aussi pour eux-mêmes à immortaliser leurs noms, voulurent étonner le monde par la hardiesse de leurs conceptions, mais leur conduite différente produisit de part et d'autre les résultats que l'on devait prévoir.

L'évêque Évrard de Fouilloy, qui inaugura les travaux à Amiens,
n'y présida que pendant deux ans ; mais, habile et peut-être rusé,
il eut le temps de donner à Robert de Luzarches, le maître de

CATHÉDRALE DE BAYEUX

l'œuvre, un conseil qui plus tard rendit possible l'achèvement à peu
près complet de la basilique. Il la fit commencer par la nef, se disant
avec raison que les ressources disponibles suffiraient pour la ter-

miner, et que cette partie, la moins nécessaire, une fois livrée au culte, on ne négligerait rien ensuite pour édifier le chœur, la partie la plus indispensable. C'est ce qui arriva : en 1288, le chœur et le transsept possédaient leurs voûtes, leurs toitures et leurs vitraux. Malheureusement, les successeurs d'Évrard et de Robert n'avaient pas imité jusqu'au bout leur prévoyance : au lieu de mettre la dernière main à la façade occidentale et aux tours, ils laissèrent des pierres d'attente au-dessus de la première galerie ; on ne se pressa plus dès lors de poser les couronnements du frontispice et on ne le fit qu'aux quatorzième et quinzième siècles, d'une façon relativement mesquine. Les roses et les pignons du transsept ne furent également exécutés qu'au quinzième siècle.

Telle qu'elle est cependant, Notre-Dame d'Amiens marque la dernière limite des efforts opérés à l'apogée du style gothique, et elle personnifie en quelque sorte la belle époque de notre architecture nationale. C'est le triomphe de la persévérance, de la science, du goût, et la merveille du génie chrétien uni au génie gaulois. Moins longue que Notre-Dame de Reims, elle porte ses voûtes à la hauteur effrayante de 43 mètres au-dessus du pavé, et ses nefs sont les plus spacieuses que nous ayons en France, grâce à l'ingénieuse distribution, à l'espacement et au peu de diamètre des piliers. Il faudrait aujourd'hui plus de cent millions pour mener à bonne fin un édifice semblable à Notre-Dame d'Amiens.

Téméraire et malheureux, l'architecte que Milon de Nanteuil avait chargé de construire la cathédrale de Beauvais commença par le chœur, et par un chœur dont il aurait été plus tard impossible de continuer les dispositions dans la nef, à moins d'espérer que plusieurs générations viendraient successivement se rendre complices de la folie d'un seul homme. Sur des contreforts trop grêles, sur des piliers trop sveltes, trop espacés, le maître de l'œuvre jeta, sans sourciller, une voûte de 47 mètres de hauteur. Il comptait sur la coupe savante des pierres et sur les calculs subtils d'après lesquels il avait établi ses forces d'équilibre. On se demande comment les fidèles osèrent s'aventurer dans un immense édifice qui n'avait aucune des apparences de la solidité, qui pouvait d'un instant à l'autre se disloquer de toutes parts et les écraser sous ses ruines. Cet épouvantable dénouement finit par se produire : soit que les calculs du

CATHÉDRALE D'AMIENS

maître de l'œuvre aient été défectueux ou mal traduits par les ouvriers, soit que les matériaux employés aient manqué des qualités nécessaires, la voûte s'écroula, le 29 novembre 1284, sans que la chronique mentionne de victimes. Elle était restée fixée dans l'espace environ quinze ans, car elle avait été achevée avant 1270. Au lieu de poursuivre l'exécution du transsept et de commencer la nef, il fallut réparer à grand'peine le désastre, construire des piliers et des contreforts supplémentaires, remanier tout le système d'arcs-boutants, de pinacles, de balustrades et de fenêtres, et refaire les voûtes. Plus tard, sous les auspices de Louis XII et de François Ier, on exécuta le transsept; mais un autre fou, Jean Vast, au lieu d'employer convenablement les sommes placées entre ses mains et de s'occuper de la nef, ce qui déjà n'était pas une médiocre entreprise, se prit d'émulation et voulut dresser sur les quatre piliers de la croix une tour qui dépassât la coupole de Saint-Pierre de Rome et tous les clochers gothiques debout à cette époque : ceux de Chartres, de Strasbourg, de Vienne, d'Anvers. Il réussit, comme avait réussi son prédécesseur du treizième siècle, c'est-à-dire pour un temps : sa flèche, qui avait 153 mètres, tomba avec la tour et les quatre piliers en 1573, le jour de l'Ascension, au moment où les fidèles venaient de sortir pour défiler en procession dans les rues de la ville.

Les folies de Beauvais et les audaces mieux réussies d'Amiens terminent l'ère artistique des grandes cathédrales. Il n'en restait plus dans la France du Nord qu'une seule à rebâtir, Sainte-Croix d'Orléans; mais, après que l'évêque Gilles Pastay en eut tracé les nouveaux fondements, il s'aperçut vite qu'il s'était mis trop tard à la besogne : lorsque Jeanne d'Arc vint, le 8 mai 1429, remercier Dieu à Sainte-Croix de la levée du siège d'Orléans, elle n'y put voir d'achevé que le chœur.

Les mystiques abnégations qui avaient multiplié et peuplé les couvents, les enthousiasmes qui avaient armé les croisés, jeté les pèlerins sur toutes les routes du monde catholique et dressé des églises jusque dans les solitudes les plus écartées, faisaient place à une foi plus rassise et moins généreuse. Chacun ménageait ses forces et ses dons. Plus que jamais la cathédrale était le monument populaire, le palladium de la cité ; les cérémonies s'y déployaient

avec pompe et s'y accompagnaient de divertissements profanes pour
lesquels se passionnait la foule : danses liturgiques, fête de l'Âne,
fête des Fous, etc.; mais les fidèles finirent par trouver plus com-
mode de laisser le clergé assumer la dépense, et celui-ci, à son tour,
s'accoutuma à disposer autrement de ses revenus : il préféra se
construire des maisons somptueuses, y entretenir un faste prin-
cier, ou vivre, si c'était possible, dans les cours des hauts barons et
des rois. Si des cathédrales restèrent à moitié exécutées comme
celles d'Orléans et de Beauvais, si d'autres se terminèrent avec une
lenteur trois fois séculaire qu'on a injustement reprochée aux
architectes, comme celles de Tours, de Meaux, d'Arras, de Troyes
et d'Auxerre, les grands coupables, ce furent encore les évêques,
indignes successeurs des prélats qui avaient eu pour collègues
Maurice de Sully, Guillaume de Seignelay, Évrard de Fouilloy et
Milon de Nanteuil.

Dans les provinces éloignées ou distinctes du domaine royal,
quelques échos répondirent, mais assez tard, aux architectes qui
bâtissaient les cathédrales de Reims, de Beauvais et d'Amiens, car
ces trois monuments surtout produisirent une impression très vive
sur la génération qui les vit élever. En 1233 fut commencée la
cathédrale de Bazas, dont le gros œuvre, par exception, fut terminé
en peu de temps. La cathédrale de Bayonne, en construction à la
même époque, eut le sort des cathédrales de Meaux, de Troyes, et
d'Auxerre, c'est-à-dire ne fut terminée qu'au seizième siècle, avec
une seule tour. En 1248, sont jetés les fondements de la cathédrale
de Clermont, qui devait avoir six ou sept tours, mais dont le chœur
fut seul achevé au treizième siècle; le transsept et quatre tours,
avec une partie de la nef, furent exécutés au siècle suivant, et les
travaux furent abandonnés jusqu'au règne de Napoléon III, qui les
fit reprendre. La cathédrale de Limoges, commencée en 1273 sous
l'inspiration directe de Notre-Dame d'Amiens, a dû se contenter également, jusqu'à nos jours, d'un chœur, d'un transsept et des amorces
d'une nef qu'on s'occupe d'achever. A Rodez, on fut plus persévé-
rant, et les travaux se poursuivirent avec calme de 1277 à la Renaissance, qui toutefois laissa inachevées les deux tours occidentales
après les avoir comparées, dans une inscription par trop gasconne,
aux pyramides d'Égypte et aux plus célèbres merveilles de l'univers.

Toulouse et Narbonne engagèrent simultanément, dès 1272, la lutte avec la cathédrale d'Amiens, se proposant de l'égaler au moins dans ses dimensions comme elles l'imitaient dans son plan. Ces deux entreprises ne furent pas heureuses. L'archevêque Maurin de Narbonne mourut l'année même où il avait fait commencer les travaux; ses successeurs agirent assez mollement; en 1320, la mer se retira, laissant à sec le port qui faisait la principale richesse des habitants; heureusement le chœur était alors terminé, avec sa voûte haute de 40 mètres, mais on fut obligé de laisser tomber en ruine les murs du transsept. A Toulouse, Bertrand de l'Isle-Jourdain, l'opulent évêque dont nous avons déjà parlé (p. 135), vécut juste assez pour conduire son entreprise à la hauteur du triforium du chœur, et les choses en restèrent là jusqu'au quinzième siècle. Ses successeurs gaspillèrent pour leur plaisir et leur ostentation les revenus de leur immense diocèse, à tel point que les papes Boniface VIII et Jean XXII, scandalisés, démembrèrent ce territoire en y plaçant quatre autres évêques et en donnant à celui de Toulouse, par une sorte de compensation, le titre d'archevêque. Mais cette compensation ne rendit pas aux prélats bien intentionnés les ressources qu'avait eues Bertrand, et le chœur de Toulouse n'est qu'à moitié exécuté : au lieu de 40 mètres qu'il devait atteindre, il en mesure à peine 28, et le transsept n'a pas même été commencé.

En Bretagne, la cathédrale de Dol peut être rattachée indirectement au mouvement des grandes cathédrales, comme celle de Lyon, comme en Dauphiné Saint-Maurice de Vienne et en Lorraine Saint-Étienne de Toul. A Bordeaux, on voulut aussi construire une grande cathédrale, au temps de la domination anglaise; mais le chœur n'en aurait jamais été achevé sans les libéralités du roi Édouard Ier et celles du pape Clément V, qui avait été archevêque de cette ville.

Il est assez d'usage de caractériser artistiquement le treizième siècle, comme nous l'avons fait, par ses grandes cathédrales; toutefois les cathédrales ne furent pas les seules constructions importantes entreprises durant cette période, et, tout en restant, à une exception près, au-dessous de ces dernières, beaucoup d'églises monastiques furent réédifiées alors, presque toujours sans aucune nécessité matérielle, mais pour faire meilleure figure à côté de leurs nouvelles rivales.

L'exception que nous venons de mentionner est la basilique de
Saint-Quentin. Longue de 133 mètres, haute sous voûte de 36, avec
ses deux transsepts, cette église dépasse les cathédrales de Noyon,
de Soissons et de Laon, ses voisines. Après elle doivent être citées :

TOMBEAU DE DAGOBERT

la basilique de Saint-Denis, que saint Louis fit reconstruire à ses
frais ainsi que la plupart des tombes royales, et où par ses ordres fut
exécuté un chef-d'œuvre, le mausolée de Dagobert ; l'église et toute
l'abbaye de Royaumont, due également à saint Louis ; les églises
d'Ourscamp, d'Eu, du Bec, de Fécamp, de Saint-Wandrille, de Bonneval, de Vendôme, de Marmoutier, d'Orbais, de Mouzon, Saint-

Laumer de Blois, Saint-Jean-des-Vignes de Soissons, Saint-Nicaise
de Reims ; nomenclature à laquelle il faut ajouter les chœurs de
Saint-Germain-des-Prés, de Jumièges, de Saint-Étienne de Caen, de
Montiérender, de Saint-Remi de Reims, de Vézelay, etc. Saint-
Nicaise de Reims dépassait toutes les cathédrales de son temps par
la science et la subtilité déployées dans sa construction. A Saint-

SAINT-URBAIN DE TROYES

Bertin, l'abbé Gilbert avait entrepris un chœur aussi vaste que ceux
de Beauvais et d'Amiens ; plus tard il fallut l'abattre, afin de pouvoir continuer la basilique sur des proportions raisonnables.

Parmi les églises paroissiales construites avec le plus d'ampleur
ou le plus de soin, nous devons mentionner Saint-Jacques de Dieppe
et Saint-Urbain de Troyes, à laquelle s'applique aussi l'observation
que nous venons de faire à propos de Saint-Nicaise ; parmi les cha-

pelles de châteaux ou de palais, la Sainte-Chapelle des ducs de
Bourgogne à Dijon, aujourd'hui détruite, et surtout la Sainte-

LA SAINTE-CHAPELLE A PARIS

Chapelle du palais de saint Louis à Paris, construite pour renfermer la Couronne d'épines, et considérée comme l'un des chefs-
d'œuvre du treizième siècle. Elle est aujourd'hui enclavée dans les

constructions du Palais de Justice et comprend deux églises super-
posées : celle du rez-de-chaussée, un peu basse, destinée aux servi-
teurs, et celle du premier étage, beau vaisseau éclairé par de larges
et hautes fenêtres sous l'appui desquelles règnent des arcatures
peintes. Ce premier étage était réservé au roi, aux grands officiers
de sa cour et aux pèlerins. Au milieu de la toiture s'élevait un
élégant clocher de plomb, plusieurs fois renouvelé.

Nous devons dire en peu de mots ce qu'était l'architecture dont
les plus belles inspirations ont été consacrées aux grandes cathédrales et aux édifices qui ont été de plus ou moins loin imités d'elles.
Nous comptons sur les gravures jointes à notre texte pour corriger
la brièveté à laquelle nous sommes obligé de nous astreindre.

Tout est nouveau dans l'architecture du treizième siècle, et l'on
ne se douterait guère que soixante ans à peine la séparent de l'architecture romane.

Le plan des églises, bien que répondant aux tendances manifes-
tées dès les premiers temps du moyen âge, a subi de notables
changements ; il a encore gagné en ampleur et atteint la forme
qu'il doit conserver jusqu'après la Renaissance.

Le chœur a fini par égaler la superficie de la nef ; un peu moins
long, il devient plus large dans certaines églises qui, n'ayant que
deux collatéraux dans la nef, en prennent quatre dans la partie rectangulaire du chœur, entre le transsept et l'abside. Il y a beaucoup de
petites églises qui, dépourvues de bas-côtés dans la nef, en ont dans
le chœur, par exemple celles de Norrey (Calvados) et d'Essonnes
(Seine-et-Oise) ; un grand édifice, la cathédrale de Bordeaux, se
trouve dans le même cas. C'était l'inverse dans les églises romanes.
Les chapelles des ronds-points, au lieu d'être isolées les unes des
autres et de n'être qu'au nombre de trois ou de cinq, comme à
l'époque romane, se groupent, forment une série continue, et l'on
en trouve sept, neuf et jusqu'à onze (cathédrale d'Orléans) autour
d'une même abside. Ces chapelles deviennent de plus en plus profondes, et l'une d'elles, celle de l'axe, ordinairement consacrée à la
Vierge, dépasse en longueur toutes les autres. La partie rectangulaire du chœur s'accompagne à son tour de chapelles, mais celles-
ci demeurent carrées, et on en établit de semblables le long des nefs.

L'usage de ces dernières, assez rare encore sous saint Louis, ne devint général que sur la fin du treizième siècle, et pour en établir alors on défonça les murs latéraux des églises déjà terminées; presque toutes les cathédrales subirent cette addition, le plus souvent fâcheuse au point de vue de l'effet.

Cette multiplicité des chapelles tenait beaucoup à la suppression des cryptes, dont il avait fallu reporter les autels dans l'église supérieure; l'acquisition de nombreuses reliques apportées de la Terre-Sainte, la dévotion des princes, des riches bourgeois, des évêques et des chanoines, les développements pris par les confréries religieuses et les corporations de métiers, dont chacune voulut avoir sa chapelle et son saint, contribuèrent puissamment au même résultat.

Une modification importante s'introduisit dans le plan des absides et des absidioles : au lieu d'être circulaires, elles décrivirent le contour d'un demi-polygone, les pans rectilignes étant plus favorables au percement de larges fenêtres.

Cette tendance à réduire les pleins et à augmenter et multiplier les vides, qui est le caractère principal des architectes gothiques, les amena à supprimer en quelque sorte les murs et à n'en conserver que les cloisons d'appui, les murs des façades, les bases des clochers, et les portions de maçonnerie indispensables pour relier les arcs des fenêtres aux corniches et cacher le dos des voûtes; tout le reste n'était que piliers et claires-voies. Nos constructions modernes en fer peuvent seules donner l'idée d'une pareille légèreté. Nous avons dit comment on y était parvenu : en trouvant un système de voûtes moins lourdes que les voûtes romaines, se pliant à toutes les combinaisons et reportant leur poids sur des points faciles à déterminer, c'est-à-dire sur les piliers et les arcs-boutants. Dès lors, les pleins des murs cessaient d'être utiles comme supports et n'étaient bons à conserver que comme clôtures. En gens de goût, les maîtres maçons du treizième siècle ne poussèrent pas ce principe jusqu'à ses dernières applications : avec leur seule ossature, les édifices eussent été de vrais cadavres de pierre; on sut couvrir de chair ce squelette et lui conserver un certain agrément sans lui rien enlever de son aspect de force et de sévérité.

Les façades témoignent de cette préoccupation. Les mille détails qui les couvrent, les arcatures dont elles sont percées ne leur font rien perdre d'une raisonnable ampleur. La disposition de ces façades est un immense progrès sur les siècles antérieurs.

Les deux figures que nous avons données des cathédrales de Laon (en tête du volume) et d'Amiens (voy. ci-dessus, p. 145) montrent ce qu'était au treizième siècle un frontispice de grande basilique, avec ses immenses portes savamment ordonnées, ses galeries abritant des statues de rois, et deux éléments nouveaux que n'avait point connus l'époque romane : les balustrades ajourées et ces immenses fenêtres en roue que le moyen âge appelait des O et auxquelles nous donnons de nos jours le nom de *roses*. Il faut ajouter à cela un autre élément de richesse, les statues, dont nous signalions déjà la présence dans les galeries, et dont nous aurons à reparler. La façade si populaire de Notre-Dame de Paris, plus avancée dans son style que celle de Laon et plus complète que celle d'Amiens, est connue de tous nos lecteurs, au moins par de bonnes gravures, et nous avons jugé inutile de la reproduire.

Nous rappellerons seulement les dispositions principales de cet admirable morceau d'architecture. Le frontispice de Notre-Dame comprend, en allant de bas en haut : trois larges portes à trumeaux; une magnifique galerie ornée des statues de vingt-huit rois Juifs, ancêtres de la Vierge, et surmontée d'une balustrade; trois immenses arcades, dont celle du centre, en plein cintre, encadre la rose; une galerie à jour très élancée, et deux tours percées sur chaque face de deux longues baies. La porte centrale présente : au soubassement, dans des médaillons, des allégories des Vices et des Vertus; dans la partie moyenne, les statues des Apôtres et au trumeau celle du Christ, les cinq Vierges sages et les cinq Vierges folles; dans la partie supérieure, la scène du Jugement dernier, à laquelle assistent des anges et des saints rangés dans les voussures. La porte de droite ou de Saint-Marcel, composée en partie de fragments plus anciens que la façade, est ornée de statues représentant : au trumeau saint Marcel, évêque de Paris, sur les côtés la reine de Saba, deux rois de l'Ancien Testament, saint Pierre, saint Paul, David, Bethsabée et Salomon; au tympan sont des scènes diverses empruntées soit à la vie de sainte Anne ou de la Vierge, soit à l'histoire du roi Louis VII. Le portail de gauche, consacré à la Vierge, est un des principaux chefs-d'œuvre de l'art français. Les arcatures

qui en supportent les statues (au trumeau la Vierge, aux piédroits
Constantin, saint Denis entre deux anges, saint Jean-Baptiste, saint
Étienne, sainte Geneviève et le pape saint Sylvestre) renferment
des sculptures d'ornement et des bas-reliefs; aux piédroits intérieurs sont les signes du Zodiaque; au tympan, des Prophètes et les
trois scènes de la Mort de la Vierge, de ses Funérailles et de son
Couronnement. Cette description nous dispensera de revenir sur

CATHÉDRALE DE POITIERS

les dispositions des grandes portes durant toute la période ogivale.
La cathédrale de Poitiers, bien qu'appartenant au style angevin, a
une façade assez analogue à celle des basiliques septentrionales.

Certaines cathédrales, comme celles de Laon, de Reims, de
Chartres et de Rouen, eurent des façades latérales flanquées de
tours et à peine moins riches que les façades occidentales, dont
elles simplifiaient un peu les dispositions, supprimant par exemple
les portes des bas-côtés. Cette suppression de portes n'a pas lieu à

Chartres : rien au contraire de plus merveilleux que le luxe de bas-
reliefs, de colonnettes, de moulures et de statues déployé à chacun
des triples porches qui servent d'entrée aux croisillons de cette
cathédrale.

Lorsque le transsept n'est pas flanqué de tours ou de bas-côtés,
les façades n'en sont pas moins riches : des gables d'ornement sont
appliqués au-dessus des portes, des arcatures et des galeries ; des
balustrades règnent à différents niveaux ; une immense rose est
percée au centre, une autre plus petite s'inscrit dans le pignon terminal, dont les rampants viennent reposer sur deux tourelles à
jour qui couronnent les contreforts
d'angle, eux-mêmes ornés sur toute
leur hauteur de pinacles et de statues.
Les rares portions de mur restant
libres sont décorées de moulures
formant lobes et rosaces ; souvent les
rosaces sont percées à jour et servent
d'accessoires aux grandes roses et
aux fenêtres.

CONTREFORT ET PINACLE

Les absides, les murs latéraux des
nefs et des chœurs présentent aussi
les surfaces les plus mouvementées,
avec leurs arcs-boutants souvent à
double étage, avec leurs contreforts
portant pinacles, clochetons et statues, avec leurs gables au-dessus des
fenêtres, leurs balustrades et leurs gargouilles sculptées ; les parties
tranquilles, c'est-à-dire les portions de mur sans décoration, y sont
également rares. Toutes ces complications ne sont pas cependant
le jeu d'une imagination malade : rien n'est là sans motif. Par sa
légèreté, par la délicatesse du principe d'équilibre sur lequel elle
est établie, la basilique ogivale est en quelque sorte un corps organisé dont l'existence deviendrait rapidement fragile si ce corps
n'était soigneusement entretenu et s'il n'avait quelques moyens
de pourvoir lui-même à sa propre conservation. Les balustrades
garnissent les passages ménagés à la base des combles et parfois le
long des murs pour faciliter la surveillance et l'entretien de l'édi-

fice ; elles jouent aussi un rôle, conjointement avec les gables des
fenêtres, les crêtes des arcs-boutants et les gargouilles, dans l'important système d'écoulement des eaux pluviales, car le plus grand
soin a été apporté pour écarter des murs gothiques l'eau, qui, en
y séjournant, surtout pendant l'hiver, ne manquerait pas de s'in-
filtrer dans l'intérieur par les larges claires-voies, d'oxyder les ar-
matures des fenêtres et de disjoindre ou de fendre les pierres sous
l'influence de la gelée. Les statues et les pinacles des contreforts
ont pour but primordial d'alléger pour l'œil ces mêmes contreforts
et de les mettre en harmonie avec ce qui les entoure. De la satisfaction de ces besoins matériels, de ces exigences du goût, les architectes surent tirer de nouveaux éléments d'un luxe
réel et d'une décoration ingénieuse ; qui oserait les
en blâmer ?

L'élancement des constructions se communique aux
toitures, qui, depuis le commencement de la période
romane, avaient manifesté une tendance à s'accuser
de plus en plus. Presque plates sous l'influence des
traditions antiques, elles se relevèrent progressive-
ment et atteignent à Notre-Dame de Paris une incli-
naison de 45°, que dépasse la cathédrale d'Amiens,
en attendant que l'on arrive insensiblement aux
énormes toitures de la Renaissance.

Les tours, quadrangulaires plutôt qu'octogonales,
ont l'ampleur nécessaire à leur solidité ; mais dès
qu'elles se séparent de la masse et montent seules

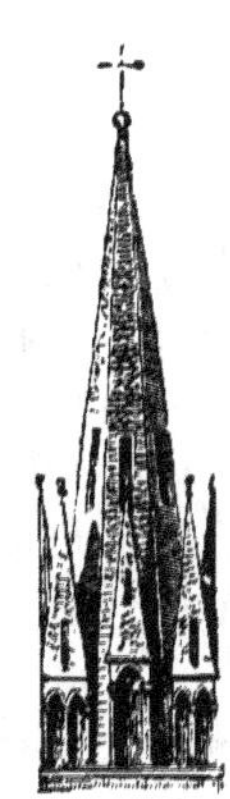

dans les airs, rien ne manque à leur légèreté. Au lieu d'offrir,
comme les tours romanes, plusieurs étages, elles n'en ont généralement qu'un seul au-dessus des combles, deux si elles sont très
élevées ; la disposition des étages est à son tour simplifiée au profit de l'élégance : ce sont, sur chaque face, de longues baies accouplées, qui, à Notre-Dame de Paris par exemple, ont jusqu'à
25 mètres de hauteur. Sur la dernière corniche, munie ou plus
souvent privée d'une balustrade, prennent pied quatre clochetons
d'angle et quatre lucarnes au milieu des côtés ; ces petits membres
d'architecture, parfois traités avec un goût exquis, servent à ménager la transition entre le corps carré de la tour et la base octogo-

nale de la flèche ; cette disposition, déjà usitée à la fin de l'époque romane et à la période ogivale rudimentaire, caractérise plus spécialement le treizième siècle et disparaît avec lui de l'école française, se conservant en Normandie jusqu'au quinzième siècle et en Bretagne presque jusqu'à nos jours ; il y fut même dérogé quelquefois dans l'Ile-de-France, et non sans succès, comme dans le magnifique clocher de Senlis, haut de 78 mètres, la merveille du treizième siècle en ce genre. La flèche de Senlis, au lieu d'avoir ses arêtes lisses et ses surfaces aveugles, comme étaient les flèches du douzième siècle, est dentelée à ses angles et percée de jours en forme de meurtrières ou de petites rosaces. En cela elle est tout à fait de son temps.

Tout en portant le plus haut possible les sommets des clochers, le style ogival se fit modéré quant à leur nombre : à part la basilique de Saint-Denis, les cathédrales de Laon, de Noyon, de Chartres, de Rouen, de Reims, de Lyon et de Clermont, il se contenta de trois tours, et plus souvent encore des deux tours de façade, préférant remplacer la tour du centre par une élégante flèche en charpente revêtue de plomberie.

L'intérieur d'une importante église gothique n'a rien à envier à l'extérieur. S'il est d'une plus grande simplicité, la beauté des lignes et des proportions y ressort davantage. Les trois divisions, arcades des bas-côtés, triforium et clerestory, ou claire-voie, y sont nettement accusées et harmonieusement réparties. Les gros piliers, qui ont atteint la dernière limite de la légèreté, sont formés d'une grosse colonne, qui, après être restée seule pendant la période rudimentaire, devient plus tard le noyau contre lequel s'appliquent quatre colonnes plus petites ou autour duquel se groupent des colonnettes effilées. Les piliers à noyau rectangulaire sont rares. La galerie du triforium s'ouvre du côté de la nef par des arcades qui peu à peu finissent par prendre en petit le dessin des fenêtres.

Les fenêtres, dans les bas-côtés ou dans les chapelles et dans le clerestory, occupent toute la largeur des travées, qui elles-mêmes ont plus de portée qu'à l'époque romane, parfois jusqu'à 7 et 8 mètres ; la hauteur des fenêtres est assez souvent le double de leur largeur. On conçoit que de pareilles dimensions ne pouvaient convenir à de simples baies, qui eussent formé des ouvertures disgracieuses et difficiles à clore solidement de verre. Il fallut les diviser par des trumeaux qui, s'amincissant de plus en plus, et désignés pour l'époque ogivale sous le nom spécial de *meneaux*, se terminaient, sous la grande ogive, par des ramifications dessinant des ogives secondaires, de petites rosaces et des ornements à lobes : *trèfles*, *quatre-feuilles*, *quinte-feuilles*, suivant le nombre des lobes, qui allait souvent jusqu'à huit et parfois jusqu'à douze.

Les fenêtres ont eu la plus grande part dans la formation et plus tard dans la décadence du style ogival. Elles ont fourni l'idée des ornements à lobes, qui sont un des principaux caractères de l'architecture gothique arrivée à son apogée et que l'on prodigua dans les balustrades, les pinacles, les gables, et tous les espaces restant libres. Mainte arcade et mainte baie de petite ou de moyenne ouverture, au lieu de s'amortir en ogive, se terminèrent en cintre trilobé; on s'habitua aussi à inscrire les lobes dans les ogives elles-mêmes pour les baies et arcades, ou, pour les rosaces, dans des cercles, des triangles et des carrés curvilignes, indépendamment de plusieurs autres combinaisons que nous ne pouvons mentionner, car, dans cette voie, on abusa bientôt des figures géométriques.

Plus qu'aucun autre membre d'architecture, les fenêtres transformèrent la colonnette jusqu'à la tuer, et par elle la colonne. Les grêles meneaux qui partageaient ces fenêtres devenaient trop fluets et sans rapport avec leurs chapiteaux. Pour accuser moins le chapiteau, on en écorna le tailloir, qui devint hexagonal ou octogonal et quelquefois circulaire; on tendit d'abord à adoucir le chapiteau et puis à l'effacer, tandis que de son côté la colonnette, au lieu de garder son individualité, forma une partie intégrante du mur, du jambage ou du meneau contre lequel elle s'appliquait, se confondant avec eux par son appareil, se reliant à d'autres moulures, en attendant qu'à son tour elle se vit réduite à n'être elle-même qu'un tore. Les colonnettes qui remplaçaient les statues dans les portes d'importance moyenne se maintinrent plus longtemps que celles des fenêtres, et les colonnes ou les colonnettes des piliers plus encore, mais leur sort était irrévocablement fixé dès la fin du treizième siècle.

La force de l'habitude conserva le chapiteau jusqu'en plein quinzième siècle, et il disparut dans des conditions où il n'était plus à regretter. Au treizième siècle, il est en tout digne de cette époque. Ce n'est plus le chapiteau roman plus ou moins dérivé du corinthien, encore moins le chapiteau historié. Sa décoration et sa force consistent d'abord uniquement dans les volutes terminées en gros bourgeons qui soutiennent les angles des tailloirs ou qui couvrent à mi-hauteur sur chaque face la nudité de la corbeille. Ces grosses volutes ou *crochets* forment aussi le principal motif de décoration des corniches et servent à agrémenter les lignes droites quand elles sont trop longues : c'est ainsi qu'on en voit s'appliquer aux jambages de quelques portes, de quelques fenètres, et aux arêtes des flèches. Un peu plus tard, les crochets se multiplient avec les angles des tailloirs devenus polygonaux, et perdent en même temps de leur force ; les bourgeons s'ouvrent, adoucissent leurs reliefs, s'aplatissent en simples feuillages tapissant la corbeille, avec laquelle le tailloir a fini par se confondre, à force de s'amincir. Ainsi transformé, le chapiteau ne donne plus de mouvement à l'ensemble de l'arcade ; il peut être supprimé sans laisser aucun vide, et il le fut, après avoir survécu près de deux siècles à la colonne.

L'usage des statues fut également fatal aux colonnettes et aux chapiteaux, dont elles habituèrent à se passer dans les portes principales. La sculpture avait fait tant et de si rapides progrès pendant la période rudimentaire, que, passés maîtres dans cet art, les imagiers en prodiguèrent sans aucune retenue les manifestations. La statuaire est alors à son apogée, et rien de plus surprenant que l'activité et la fécondité des sculpteurs du treizième siècle qui peuplèrent de personnages hauts de deux à trois mètres les embrasures des portes et les façades, sans compter les statuettes qui animaient les tympans. La façade de Notre-Dame de Paris, qui est loin d'être la plus riche, a 68 statues beaucoup plus grandes que nature et la plupart exécutées avec une rare perfection ; il y en a plus de cent à chacun des porches de Notre-Dame de Chartres. A Amiens, la statue du Christ est un chef-d'œuvre d'une valeur exceptionnelle. Les bas-reliefs complètent les sujets qu'indiquent les statues et ajoutent une foule de scènes traitées avec la verve la plus heureuse et la plus féconde.

Les sujets préférés par l'imagerie du treizième siècle étaient un peu ceux de l'époque romane, mais avec une sensible différence et un progrès considérable dans la composition, qui présente plus de science, de goût, et moins d'excentricité. Il fallait cependant un exutoire à la verve satirique de nos ancêtres et à leur penchant vers la caricature : ils trouvèrent satisfaction dans les allusions mordantes qu'ils se permirent quelquefois à l'adresse du clergé, des princes, des riches bourgeois, et dans les formes fantastiques de leurs gargouilles.

Une plantureuse ornementation empruntée au règne végétal accompagnait les sujets, les encadrant, leur servant de fond ou s'ajoutant à eux pour compléter l'effet décoratif. Ce système de sculpture était aussi employé seul et parfois répandu avec profusion, surtout en Normandie et en Bourgogne, où il se développait aux dépens de la statuaire, fort en retard dans ces provinces. Il n'a plus le caractère byzantin des enroulements, des rinceaux et des feuillages fantastiques de l'époque romane, dont le style ogival rudimentaire n'avait fait que perfectionner l'exécution; il se rend indépendant et va prendre directement ses types dans la flore indigène. Les plantes de notre pays se pétrifient en quelque sorte pour s'appliquer aux éléments d'architecture de nos églises, mais en se prêtant d'abord, par d'ingénieuses modifications, à l'ampleur que doit conserver la sculpture. C'est au quatorzième et au quinzième siècle seulement que la reproduction devient servile, minutieuse, banale, et sacrifie les ensembles à l'exactitude exagérée des détails.

La peinture murale, faute de surfaces plates à remplir, perd en importance tout ce qu'ont gagné la sculpture et un autre élément de décoration, la peinture sur verre, qui, inventée, dit-on, vers 980 dans le monastère allemand de Tegernsee[1], avait fait de grands progrès en France pendant le douzième siècle. Il existe des verrières de cette époque à l'abside de Saint-Denis, au chœur de Saint-Remi de Reims et à la façade occidentale de Notre-Dame de Chartres. Au treizième siècle, les vitraux peints conservent une grande harmonie de coloris, mais laissent encore à désirer sous le rapport de l'exécution des figures, qui sont de plus trop petites pour la hauteur où elles sont placées. Les roses de Notre-Dame de Paris ont con-

---

1. Voir notre *Année archéologique* pour 1880, p. 180-181.

servé leurs verrières du treizième siècle; on en voit en outre de splendides collections dans les cathédrales de Bourges, de Chartres, du Mans, de Reims et de Tours.

On se demande aujourd'hui comment il a pu se former, pendant le douzième et le treizième siècle, assez d'artistes pour édifier et orner avec un goût exquis et une abondance merveilleuse tant de monuments à la fois, dans le hameau le plus reculé aussi bien qu'au milieu de Paris : et nous ne comptons ici que les églises. C'est que l'art n'était pas au moyen âge un privilège de l'aristocratie, et qu'au contraire, destiné à s'offrir aux regards jusque dans les monuments les plus humbles et les objets les plus usuels, il devait par là même trouver partout des hommes capables de le comprendre et de l'exprimer. Sous quelque régime qu'il ait vécu, régime monarchique ou républicain, libéral ou oppressif, l'art, aux grands siècles, a toujours été démocratique dans son origine et dans ses allures. Il y eut donc partout des artistes depuis le règne de Philippe Ier jusqu'à la fin de celui de Louis IX; ils ne firent pas défaut à l'activité qu'ils avaient eux-mêmes en partie provoquée par leurs inventions.

Si long que puisse paraître ce chapitre, nous ne saurions le terminer sans avoir payé le juste tribut de nos hommages à nos architectes laïques de la fin du douzième siècle et de tout le treizième. Sortis, comme les moines artistes, des rangs du peuple, ils ne furent pas méconnus de leurs contemporains : princes, moines, évêques tinrent à honneur et profit de se les attacher et ne furent pas ingrats. Des tombeaux, des inscriptions devaient transmettre leur mémoire à la postérité la plus reculée. Dans les cathédrales, au centre de la croix, des pierres de différentes couleurs, ordinairement blanches et bleues, formaient un *labyrinthe* que parcouraient les fidèles en souvenir du chemin suivi par le Christ lorsqu'il montait au Calvaire. Au centre de cette sorte de chemin de croix se trouvaient les effigies de l'évêque à qui était due la cathédrale et des architectes qui l'avaient aidé à réaliser ses projets. Que si de tels artistes restent la plupart dans l'oubli, il faut l'imputer au vandalisme des deux ou trois derniers siècles, qui effaça de la pierre leurs noms vénérables, ans doute parce que les hommes qui avaient porté ces noms, au lieu de copier plus ou moins servilement Ictinus et Vitruve[1], s'étaient permis de nous donner un art national! Le labyrinthe de la cathédrale d'Amiens subsista jusqu'à la Restauration; on l'appelait au moyen âge le « Moellon de Dédale » (on sait que Dédale avait construit le fameux labyrinthe de Crète).

Voici, emprunté à l'un de nos plus récents ouvrages, le relevé aussi complet que possible des noms de maîtres maçons qui ont survécu ou qui ont été retrouvés :

ROSE SEPTENTRIONALE DE NOTRE-DAME DE PARIS

Pour la seconde moitié du douzième siècle : Guillaume de Sens, qui, après avoir travaillé à la cathédrale de Sens, fut élu, à la suite d'un concours, architecte de la cathédrale de Cantorbéry; pour le treizième siècle : Ingelram ou Enguerrand, constructeur de la nouvelle église du Bec (de 1215 à 1220) et de la cathédrale de Rouen; Gautier de Meulan, qui remplaça Ingelram au Bec, vers 1220; Guil-

1. Ictinus, architecte du Parthénon, à Athènes; Vitruve, architecte romain qui a écrit un traité sur l'art de bâtir.

laume, qui fit le chœur de Saint-Étienne de Caen; Robert de Luzarches, auteur des plans de la cathédrale de Reims, et ses successeurs, Thomas et Renaud de Cormont; Bernard de Soissons, Gautier
de Reims, Jean d'Orbais et Jean Loups, auteurs de la cathédrale de
Reims, et après eux Robert de Coucy, qui fournit peut-être les plans
de la façade et mourut en 1311; Hugues Libergier, qui travailla à
Saint-Nicaise et mourut en 1273; Vilard de Honnecourt, célèbre par
ses voyages en France, où il prit des notes qu'il nous a laissées, et
en Hongrie, où il fut appelé; Pierre de Corbie, mentionné par Vilard;
Pierre de Montereau ou de Montreuil, auteur de la Sainte-Chapelle,
mort en 1266; Jean Deschamps, qui commença la cathédrale de Clermont en 1248; Enguerrand, à Beauvais; Gautier de Varinfroy, qui
travaillait à la cathédrale de Meaux en 1253; Eudes de Montreuil,
qu'on dit architecte de saint Louis, qui aurait accompagné ce prince
à la croisade et serait mort en 1289; Jean de Chelles, qui signait,
en 1257, le portail méridional de Notre-Dame de Paris; Étienne de
Mortagne, architecte de la cathédrale de Tours et de l'église de Marmoutier, mort en 1293; Gautier, qui construisit, en Espagne, dans
les premières années du treizième siècle, l'église cistercienne de Val
de Dios; Martin Ravège, qui porta le style ogival en Hongrie; Pierre
Bonneuil ou de Bonneuil, qui partit de Paris en 1287 pour construire
la cathédrale d'Upsal, en Suède, et qui évidemment avait déjà fait
ses preuves en France.

CHAPITRE X

Nous voici arrivé à la fin du treizième siècle sans avoir décrit l'architecture du moyen âge autrement que dans les édifices religieux. Cette manière de procéder n'est pas le fait d'une prédilection injuste : elle est seule conforme à la réalité des choses. Durant la période à laquelle nous nous reportons, l'art religieux est à la tête de toutes les évolutions monumentales : c'est lui qui les provoque, les poursuit, les réalise et en transmet les résultats; c'est par lui et de lui que se nourrissent l'art civil et l'art militaire; bien plus, il n'y a pas, à proprement parler, d'art civil avant le quinzième siècle, à peine quelques édifices civils de médiocre importance, et l'architecture militaire n'existe que comme amas de murailles sans autre décoration que des motifs directement empruntés aux églises.

Il ne faut pas cependant parler avec dédain ou indifférence de nos monuments féodaux : s'ils offrent peu de détails, et dans ces détails peu d'originalité, leurs masses ne sont pas un ensemble informe sans langage, sans intérêt et sans beauté; pour être équitable, nous devons reconnaître que les ingénieurs, en les construisant, n'ont pas déployé moins d'habileté, de goût et de science qu'en ont manifesté les architectes des monuments religieux.

Nous nous servons à dessein de ces expressions, *architecture féodale, monuments féodaux*, pour désigner l'art militaire du moyen âge. Avant la féodalité, en effet, il ne se construisit guère en France d'autres ouvrages de fortification que des retranchements en terre et des palissades en bois; le plus souvent on se trouva heureux d'utiliser, pour les villes, les remparts romains, demeurés à peu près intacts; on construisit peu de forteresses isolées, et si l'on éleva des murs en pierre autour de certaines villes ou de quelques abbayes, ils ne firent entrevoir aucun nouveau système de défense.

Nous n'avons pas à rappeler les causes qui rendirent en quelque sorte nécessaire et inévitable le régime féodal. Nous voulons seulement, afin de bien préciser notre point de départ, rappeler les deux évènements qui, le premier dans les faits, le second dans le droit, achevèrent de constituer ce régime.

Pour contenir le plus possible les invasions normandes, l'empereur Charles le Chauve, après avoir réuni ses leudes et ses bénéficiaires dans sa villa de Pistes (aujourd'hui Pîtres, dans le département de l'Eure), leur permit et même leur ordonna, en 863, de bâtir sur les hauteurs ou dans les autres lieux favorables des châteaux forts, destinés uniquement à la sécurité du pays. Les seigneurs l'entendirent autrement, et tout en repoussant de leur mieux, à l'occasion, les pirates scandinaves, ils s'occupèrent surtout de se bien cantonner dans leurs repaires et de s'y rendre à peu près indépendants du souverain. Aussi, quand le faible empereur proclama à Quiersy-sur-Oise, en 877, l'hérédité des fiefs, principale garantie de l'indépendance seigneuriale, il ne fit que sanctionner le fait accompli.

Les châteaux bâtis en vertu de l'édit de Pistes ne furent guère redoutables. Construits à la hâte, ils se composaient d'une ou de deux enceintes de palissades défendues par des escarpements naturels ou par des fossés creusés de main d'homme. Au centre, un fossé circulaire entourait une motte sur laquelle était dressée une bâtisse en charpente qui, en se transformant un peu plus tard en tour de pierre, devint le donjon.

Lorsque la féodalité se fut bien assise et que les seigneurs songèrent à maintenir leurs usurpations à la fois contre les rois de France, contre l'étranger et contre leurs propres voisins, ils choisirent à loisir les meilleures positions stratégiques de leurs domaines et s'appliquèrent à les fortifier d'une manière durable. Ils avaient de bonnes redevances et leurs serfs étaient corvéables à merci. Alors s'élevèrent des châteaux de pierre, conformes dans leur plan général aux dispositions précédentes; ce fut surtout à la fin du dixième siècle. En 980, l'évêque Frotaire en établit cinq autour de sa ville de Périgueux : Agonac, Auberoche (commune du Change),

Bassillac (commune de Saint-Pierre-de-Chignac), Crognac et la
Roche-Saint-Christophe. Onze ans plus tard, Thibault File-Étoupe

DONJON DE FALAISE

bâtit sur la colline de Montlhéry, entre les résidences royales de
Paris et d'Étampes, une forteresse qui fut redoutable aux cinq premiers Capétiens et qui plus tard, entre les mains de la royauté, fut

un des boulevards de la banlieue parisienne. Une foule de seigneurs de l'Ile-de-France, ceux du Puiset, de Chevreuse, de Montfort-l'Amaury, etc., suivent bientôt l'exemple de Thibault et préparent pour l'avenir, au brave Louis VI, de rudes expéditions. De 987 à l'an 1015 environ, Foulques Nerra couvre de châteaux ses terres d'Anjou et toutes les bonnes positions dont il peut s'emparer sur son voisin le comte de Blois et de Tours; celui-ci construit également des forteresses pour résister à l'agresseur et complète le réseau de places fortes qu'avait commencé son père Thibault le Tricheur, un des seigneurs les plus turbulents de son époque. On attribue avec raison à Foulques d'Anjou et avec moins de certitude à l'an 993 le donjon de Langeais (Indre-et-Loire), le doyen d'âge des donjons français encore debout; il en reste trois pans de mur d'une médiocre élévation. Le donjon de Loches, fondé par le même Foulques, paraît avoir été refait au douzième siècle.

Au onzième siècle se constitue le formidable réseau des forteresses normandes, et l'on voit s'y fixer le type de donjons qui doit dominer dans le Nord de la France, l'école française exceptée, jusqu'au treizième siècle, et dans l'Ouest jusqu'au quinzième. C'est le large donjon carré ou rectangulaire flanqué de contreforts, dont il subsiste de remarquables types à Beaugency (Loiret), à Montrichard et à Lavardin (Loir-et-Cher), à Montbazon, au Grand-Pressigny et à Loches (Indre-et-Loire), à Loudun, à Chauvigny et à la Roche-Posay (Vienne), à Pons, à Broue et à l'Islot (Charente-Inférieure), à Saint-Émilion (Gironde), à Sainte-Suzanne et à Ambrières (Mayenne), à Domfront et à Chambois (Orne), à Vire et à Falaise [1] (Calvados), à Nogent-le-Rotrou (Eure-et-Loir); dans le centre de la France, à Huriel (Allier), et, par exception, dans deux localités de l'Ile-de-France : Chevreuse (Seine-et-Oise) et Moret (Seine-et-Marne).

Dans l'Ile-de-France, c'est la tour cylindrique de dimension moyenne qui est le plus employée comme donjon; Philippe-Auguste contribua beaucoup à faire prévaloir ce type dans la plus grande partie du royaume jusqu'à la fin du moyen âge. On en voit déjà un des plus anciens exemples hors de l'Ile-de-France, à Fréteval (Loir-

---

1. La tour cylindrique accolée à ce donjon a été ajoutée par les Anglais au quinzième siècle.

et-Cher); le donjon de Laval, célèbre par l'admirable conservation de sa charpente, est une tour cylindrique du douzième siècle.

Au reste, rien de plus capricieux, à partir du douzième siècle, que la forme des donjons. La tour Guinette à Étampes, attribuée à Robert le Pieux, mais qu'il est plus prudent de ne faire remonter qu'à Louis VI ou à Louis VII, semble composée de quatre demi-donjons rassemblés par leurs diamètres, de manière à donner en plan la figure d'un quatre-feuilles. A Houdan (Seine-et-Oise), le donjon est une tour cylindrique flanquée de quatre tourelles disposées en croix. A Provins, le noyau est une tour octogonale à laquelle se relient, par des sortes d'arcs-boutants, des tourelles entées sur le rez-de-chaussée du donjon, qui est carré. Le donjon de Gisors (Eure) est octogonal; celui de Niort est formé de deux tours carrées reliées par un corps de logis [1].

Le donjon simplement quadrangulaire, sans être absolument inconnu dans l'Ouest et le Nord, se réfugie vers les plateaux du Centre, les montagnes de l'Est et du Midi. Les accidents du sol suppléent autant que possible à ce qui lui manque comme ouvrages de défense, et son unique entrée, pour être moins accessible, est percée au premier, quelquefois au second étage, de façon qu'il soit nécessaire pour atteindre le seuil, d'avoir, tendus à soi, une échelle mobile ou un pont volant. Le donjon de Crest (Drôme) est en ce genre le plus gros qui existe, car il a au moins 30 mètres de longueur; au contraire, dans la région pyrénéenne, les Cévennes, le Jura, les Vosges et les bords du Rhin, les donjons sont tellement étroits, qu'ils n'ont pu être utilisés comme habitations, même en temps de guerre : le véritable rôle de ces tours était de servir d'observatoires. Lorsque les donjons étaient assez vastes, ils servaient, pendant les sièges, de résidence au commandant de la place et de suprême asile aux défenseurs : aussi, par leur situation dans l'enceinte, par leurs communications avec les remparts et par leurs distributions intérieures, étaient-ils établis de manière à

1. Il était fort utile que les donjons et les châteaux n'eussent pas entre eux, au moins dans le même pays, trop de ressemblance, car les dispositions d'une forteresse eussent pu servir à deviner les dispositions des autres et en rendre ainsi l'attaque plus facile. A la fin du dixième siècle, Albérade, comtesse de Bayeux, après l'achèvement de son donjon d'Ivry, fit mettre à mort Lanfroi, l'architecte, uniquement pour l'empêcher de bâtir ailleurs une tour sur le même plan: à quoi bon se gêner avec les vilains?

offrir aux assaillants le plus d'obstacles possible et à rendre les trahisons difficiles.

Le donjon était soit au centre, soit au bord de l'enceinte intérieure du château, qui renfermait aussi la chapelle et les autres principaux bâtiments. Cette enceinte était la mieux bâtie et la plus forte ; des tours en flanquaient les remparts, soit rondes, soit carrées, soit rondes sur le dehors et carrées sur le dedans ; ces trois formes procédaient de l'art militaire antique. La première enceinte ou enceinte extérieure présentait les mêmes caractères ; souvent elle était moins

PORTE GUILLAUME A CHARTRES

forte et moins bien soignée. Elle contenait les logements ou les campements de la garnison. Les *créneaux* ou dentelures, formant les parapets, avaient pour les desservir un chemin de ronde intérieur ; en temps de guerre, le tout était recouvert de galeries en bois appelées *hourds* ou *bretèches* et qui, s'avançant en encorbellement, du côté extérieur, avaient leurs planchers percés de trous par lesquels les soldats lançaient des flèches au pied des remparts ou y jetaient de l'huile bouillante, de la poix liquide, des pierres et autres projectiles pour empêcher les assaillants de venir saper les murs. Dans le corps des donjons, des tours et des courtines, —

on appelle *courtine* la portion de mur comprise entre deux tours,
— étaient percées des *meurtrières*, longues et très étroites fenêtres
ou plutôt véritables fentes qui permettaient aux archers de tirer
sans être un seul instant à découvert, tandis que, pour viser par les
intervalles des créneaux, il fallait se démasquer. Les larges ouvertures étaient soigneusement évitées sur le dehors, à moins que,
par de hauts escarpements, on ne fût à l'abri des tentatives d'esca-

PORTE DU CROUX A NEVERS

lade. Les grandes portes s'ouvraient, soit simplement dans les courtines, soit entre deux tours rapprochées à dessein, soit au-dessus
d'une tour carrée. Elles étaient fermées par d'épais vantaux, par
des ponts-levis qui les masquaient en se relevant, et par des herses,
machines en forme de grillages en bois ou en fer, suspendues à la
voûte, et qu'on faisait retomber violemment jusqu'à terre lorsque
entraient les assaillants.

Pour attaquer les places, avant l'invention de la poudre, on se servait des mêmes procédés que les Romains : les tours mobiles, en bois, qu'on poussait contre les remparts et d'où l'on jetait un pont volant sur les parapets, la sape, les pierriers ou engins lançant de grosses pierres pour démolir les créneaux, les toitures et atteindre au besoin les assiégés [1] ; on usait des expédients les plus divers pour approcher des murs en restant à couvert : on allait jusqu'à creuser des galeries souterraines. Encore au quatorzième siècle, Duguesclin prenait les châteaux par la sape.

L'ingénieur Robert de Bellême, qu'employèrent pour leurs forteresses normandes les rois d'Angleterre Guillaume le Roux et Henri Ier , et qui notamment construisit le château de Gisors, un siècle plus tard Richard Cœur-de-Lion et Philippe-Auguste, hâtèrent les progrès de la défense des places. Pour garantir ses frontières de Normandie laissées à découvert par le traité de Louviers qui livrait Gisors au roi de France, Richard fit construire, sur des plans nouveaux, au sommet d'une colline dominant un méandre de la Seine, en face des Andelys, un château que, de sa force et de sa belle encolure, il nomma le Château-Gaillard. Il le termina en 1198. Son donjon est cylindrique. De son côté, devenu maître de Gisors, Philippe-Auguste en remania les défenses, y ajouta un second donjon et en fit l'émule du Château-Gaillard, dont au reste il s'empara, y pénétrant par la brèche après quelques semaines d'investissement.

Philippe-Auguste fit aussi bâtir le château de Dourdan, et, pour sa résidence ordinaire, le célèbre palais du Louvre, palais fortifié comme le comportait l'époque. Mais toutes ces œuvres royales, le Louvre lui-même, allaient passer au second rang par la construction du château que construisit un simple seigneur des environs de Laon.

Il faut le dire pourtant, les sires de Coucy étaient des personnages qui savaient mettre au service de leur immense ambition une audace à toute épreuve. Déjà l'un d'eux, Héribert, comte de Vermandois, avait enfermé le roi Charles III dans sa tour de Coucy, avant de le laisser mourir dans celle de Péronne. Deux cents

---

1. Ce fut ainsi que périt Simon de Montfort devant Toulouse, en 1218 : une femme, pour se distraire, avait mis en mouvement la machine pendant que la garnison prenait son repas.

ans plus tard, Thomas de Marle soutenait la rébellion des bourgeois de Laon contre Louis VI; mais il vit prendre et démanteler sa forteresse, vrai repaire de bandits, comme le furent, durant la plus grande partie du moyen âge, tant de châteaux féodaux.

Pour éviter une pareille mésaventure, et peut-être pour soutenir les prétentions à la couronne qu'il manifesta pendant la minorité

CHATEAU-GAILLARD

de saint Louis, Enguerrand III édifia la plus grandiose forteresse qu'on eût osé rêver, et il l'acheva en moins de dix ans. Ce château, comme tous ceux de l'époque, consiste en deux enceintes, qui se suivent ici, au lieu d'être concentriques. La seconde enceinte, où l'on arrivait par un pont et cinq portes successives, avait à chacun de ses quatre angles une très forte tour cylindrique dont les dimensions égalaient au moins celles d'un donjon ordinaire. Dans l'enceinte se dressait le plus bel ouvrage militaire du moyen âge, le donjon de Coucy[1]. Haut de 55 mètres sur 30 de diamètre, il était séparé par un fossé d'un mur circulaire qui l'entourait à sa base. On pénétrait dans le donjon par un pont à bascule qui, roulant sur un axe, fermait la porte en se relevant. Le tympan de la porte est rempli par un bas-relief qui représente un sire de Coucy luttant corps à corps avec un lion. Le mur du donjon a plus de 7 mètres d'épaisseur. Les trois étages étaient couverts de belles voûtes à

CHATEAU DE COUCY

douze nervures, qui ont été détruites. Un chemin de ronde, pris dans l'épaisseur des murs, permettait de faire le tour des salles sans y entrer. Au centre de chaque voûte était percé un large orifice circulaire par lequel on pouvait monter ou descendre rapide-

1. D'après les calculs de comparaison auxquels nous nous sommes livré, le donjon de Coucy pourrait embrasser dans sa circonférence quarante petits donjons pyrénéens, et en superposant l'un à l'autre ces petits donjons, on arriverait à en faire tenir plus de cent dans l'énorme cylindre élevé par Enguerrand III.

CITÉ DE CARCASSONNE

ment d'une salle à l'autre, au moyen d'un ascenseur, des hommes
et des munitions. Un parapet fort élevé, percé de vingt-quatre créneaux en ogive et d'autant de meurtrières, est encore couronné, à
l'intérieur et à l'extérieur, d'une épaisse corniche à deux rangs de
crochets. Jadis un double glacis, surmonté de quatre clochetons
pyramidaux formant le couronnement du parapet, servait d'appui
à la toiture qui recouvrait les hourds.

Lorsque Enguerrand eut achevé son œuvre, il put se dire que,
s'il n'avait pas vaincu la royauté par la diplomatie ou par la guerre,

CHATEAU DE BOURBON-L'ARCHAMBAULT

il obtenait sur elle un grand triomphe artistique, et ce fut alors sans
doute que, pour consoler son ambition déçue, il se composa cette
orgueilleuse devise :

Rois ne suis,
Ne duc, ne comte aussi ;
Je suis le sire de Couci.

Du reste, ce fut longtemps un beau titre que celui de seigneur
de Coucy, et le duc Louis d'Orléans, frère de Charles VI, tint à
honneur de le porter, à la mort du dernier des Enguerrand, en

1397. Avec le titre, il acheta le château, qu'il fit réparer et dont il renouvela les bâtiments d'habitation.

La royauté ne daigna pas relever le gant, et les édifices construits ou refaits par saint Louis n'ont rien de colossal, pas même la fameuse tour de Montlhéry, qui n'a jamais été une forteresse de premier ordre que par sa situation. Il faut excepter pourtant les noires tours en ardoise du château d'Angers, et surtout la Cité de Carcassonne, que saint Louis et Philippe le Hardi voulurent à tout prix empêcher de redevenir ce qu'elle avait été sous Philippe-Auguste

CHATEAU DE COUDRAY-SALBART

et Louis VIII, le boulevard de l'hérésie albigeoise. Pour la rendre imprenable, ils ajoutèrent de formidables ouvrages, tours, *lices* (étroite enceinte extérieure), *barbacane* (ouvrage avancé précédant et couvrant une porte fortifiée) et l'énorme porte Narbonnaise, aux remparts construits sous les Romains, au château élevé par les vicomtes; et pour prévenir les trahisons des habitants, ils les envoyèrent bâtir dans la vallée une nouvelle ville de Carcassonne. Restaurée de nos jours par Viollet-le-Duc, la Cité de Carcassonne reste le spécimen le plus varié et le plus complet de l'art militaire en France avant le quatorzième siècle.

Nous ne ferons que nommer, après Coucy, Montlhéry, Angers et Carcassonne, quelques autres châteaux du treizième siècle dignes au moins de cet honneur. Ce sont la Tour-Blanche à Issoudun, attribuée à Philippe-Auguste : la tour de Blandy (Seine-et-Marne) ; celle de Châtillon-sur-Loing (Loiret), donjon octogonal ; le château d'Yèvres-le-Châtel (Loiret), premier type des châteaux sans donjon comme il y en eut parfois depuis Philippe-Auguste ; Semur (Côte-d'Or) ; les châteaux de Montargis, de Boulogne, de Chinon et de Saumur, forteresses royales ; Najac (Aveyron), dû au frère de saint Louis, Alphonse de Poitiers ; Bourbon-l'Archambault (Allier) ; Chalusset (Haute-Vienne) ; le Coudray-Salbart (Deux-Sèvres) ; Villandraut (Gironde) ; la tour de Moncade, à Orthez, bâtie par les comtes de Béarn, etc.

Les villes suivaient les systèmes de défense usités dans les châteaux, comme on le voit dans les beaux restes de remparts encore subsistants à Provins, à Laon, à Coucy, à Villeneuve-sur-Yonne, à Chartres, à Nevers, etc., et dans l'enceinte encore complète d'Aigues-Mortes (Gard), due à Philippe le Hardi.

Plusieurs églises furent fortifiées, durant tout le moyen âge, malgré les défenses des conciles, ainsi que tous les monastères. Les richesses renfermées dans les édifices religieux les exposaient incessamment aux entreprises d'aventuriers pillards ; il fallut bien se résoudre à les protéger. La Picardie, la Saintonge, la Gascogne et toute la région pyrénéenne conservent encore un grand nombre de ces églises fortifiées.

CHAPITRE XI

A la fin du long règne de saint Louis et pendant le règne beaucoup plus court de Philippe le Hardi, c'est-à-dire de 1226 à 1285, l'art national avait triomphé complètement de tous les obstacles accumulés sous ses pas et terminé sa phase militante. Mais l'esprit français, fils de l'esprit gaulois, est incapable de repos; le but atteint, il faut qu'il le dépasse et continue de se mouvoir : il aime mieux pencher vers la décadence que de rester stationnaire.

A l'apogée même de l'architecture gothique, on voit poindre les germes du mal qui doit la ronger, sans pourtant la tuer, bien que ce mal tende à lui donner toutes les apparences d'un cadavre. On n'était pas arrivé impunément au dernier degré de la science, les maîtres maçons ne pouvaient de là que tomber dans la subtilité et le raffinement; les édifices n'avaient pas atteint impunément cette légèreté obtenue par les efforts et le génie de plusieurs générations, ils étaient trop près de la maigreur pour y échapper. Désormais, à la place de la sagesse et du bon goût, régneront les froids calculs, et tout cédera aux combinaisons qu'auront imposées de savantes ouvertures de compas.

Nous venons de le dire, les germes de la décadence étaient déjà sensibles à l'époque des grandes cathédrales. Le chœur de Saint-Pierre de Beauvais, la façade de Saint-Nicaise de Reims et toute l'église Saint-Urbain de Troyes, en ajoutant à celle-ci quelques autres productions champenoises, ne sont plus des œuvres de goût, mais des tours de force : c'est le pédantisme appliqué à l'art.

La longue période que nous abordons offre peu d'unité, sans que ses divisions soient assez importantes ou assez tranchées pour nécessiter autant de chapitres spéciaux. Ce défaut d'unité réside surtout dans le plus ou moins d'activité imprimée aux travaux de construction, par suite des évènements politiques et des tendances diverses des idées.

Quand Philippe le Bel monta sur le trône, en 1285, l'ère des grandes cathédrales était close, nous avons dit pourquoi, et ce prince, avec son avarice et ses luttes contre le clergé, n'était pas homme à la rouvrir, à supposer qu'il en eût le pouvoir. Ses trois fils ne firent que passer et eurent peu d'action sur leur époque; sous Philippe de Valois, arriva la terrible guerre de Cent Ans, qui arrêta pour un siècle l'essor de la civilisation.

On est convenu de répartir entre deux styles cette époque de décadence. Le plus ancien des deux, auquel on assigne la fin du treizième siècle et tout le quatorzième, est appelé *ogival secondaire* ou *rayonnant*, lequel terme de rayonnant est assez difficile à justifier, le rayonnement des meneaux dans les fenêtres et les roses étant bien plus accusé au treizième siècle qu'au quatorzième. Ce style secondaire n'a d'autre originalité, d'autre caractère distinctif que les formes et la sculpture du style ogival primitif ramenées à ce degré de légèreté et de ténuité qui cesse d'être l'élégance pour devenir la maigreur; c'en est assez pour le faire reconnaître.

Le moins ancien des deux styles aurait pour domaine le quinzième siècle; il serait peut-être plus équitable de laisser au style dit rayonnant tout le règne de Charles VI et une partie de celui de Charles VII, au moins jusqu'à l'an 1440 environ. C'est sous le règne de Louis XI que le style appelé à juste titre *flamboyant* arrive à son apogée, et s'il perd une bonne partie du quinzième siècle, il se rattrape sur le seizième, en régnant, concurremment avec la Renaissance, jusqu'aux guerres de religion, soit jusqu'en 1560 ou 1565.

Le nom de flamboyant nous dispense de longues descriptions. Les contours en flamme des meneaux des fenêtres et des roses, les courbures tourmentées des cintres extérieurs des portes et des

autres grandes ouvertures, la forme lancéolée des lobes, l'émiet-
tement des archivoltes et des piliers en moulures anguleuses, l'effa-
cement et le plus souvent la suppression franche des chapiteaux,
la transformation de la sculpture qui tombe dans le maniéré, abuse
de la caricature, des jovialités et va chercher la décoration végétale dans les plantes les plus déchiquetées, comme le chardon, en
voilà autant qu'il en faut pour assurer à ce style une individualité puissante.

La peinture un peu sombre que nous venons de faire des quatorzième et quinzième siècles ne doit pourtant pas rester sans quelques
teintes gaies et même brillantes. Malgré les abus de la logique, les

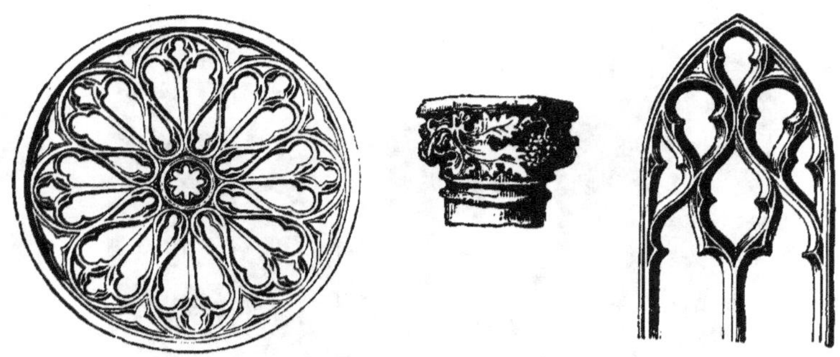

déviations du goût et les calamités publiques, l'art en France ne
s'est jamais laissé mourir, et des éclairs éblouissants ont toujours,
pendant qu'il semblait s'éteindre, affirmé sa vitalité. On continua
donc de construire, et il y eut de courtes périodes où l'on construisit fort bien, aux yeux de ceux qui parviendraient à oublier un
instant les douzième et treizième siècles.

La cathédrale d'Albi, commencée en 1282, est un édifice de premier ordre, et si elle reste étrangère au concert des grandes cathédrales, elle le doit à sa date et à sa forme plutôt qu'à ses dimensions.
Il est dans le monde peu de masses de briques aussi considérables.
Sainte-Cécile d'Albi a fixé le type des églises ogivales du Midi, qui
n'ont, d'après elle, qu'une seule nef large et hardie, entourée, ainsi
que le chœur, de chapelles peu profondes. En général, ces églises

sont massives à l'extérieur, n'ont qu'une pauvre façade et se prêtent
aux travaux de fortification ; les fenêtres, fort longues, y sont loin

SAINT-PIERRE DE CAEN

d'occuper la largeur des travées ; ces tendances à l'ampleur des
masses ne sauvent pas, dans les détails, l'architecture méridionale
de la maigreur et de la sécheresse que contracte celle du Nord. La

CATHÉDRALE DE REIMS

cathédrale de Saint-Bertrand-de-Comminges, bâtie en pierre, de 1304 à 1320 environ, est le plus bel édifice inspiré de Sainte-Cécile. Nous ne rattachons pas à ce type les Jacobins de Toulouse, malgré l'apparence extérieure. A l'intérieur, cette imposante église a deux nefs égales, suivant la disposition adoptée par l'ordre (les Dominicains) auquel elle appartenait. Les basiliques ogivales à trois nefs qu'on trouve dans le Midi sont une importation directe du Nord; ainsi, en Languedoc, l'église de Valmagne (Hérault), qui appartient à la période précédente; en Provence, l'église de Saint-Maximin (Var), commencée en 1295 sur les plans de Jean Baudici, et, en Dauphiné, l'église de Saint-Antoine (Isère). A l'influence du Nord se rattachent également l'abside et le transsept de Saint-Nazaire de Carcassonne, œuvre charmante exécutée vers 1320.

Nous ne parlons que pour mémoire des grandes cathédrales continuées avec peine pendant les quatorzième et quinzième siècles, soit dans le Midi, soit dans le Nord : celles de Bayonne, de Rodez, de Clermont, de Vienne, d'Auxerre, de Troyes, de Toul, de Meaux, d'Arras, d'Évreux, d'Orléans et de Tours. Plusieurs églises abbatiales furent dans le même cas : Vendôme, Saint-Wandrille, Saint-Jean-d'Angély et Saint-Quentin, par exemple, ainsi que la collégiale Notre-Dame de Saint-Omer, érigée en cathédrale au seizième siècle. On osa même à Saint-Omer (1326) jeter les fondements d'une nouvelle église Saint-Bertin, qui, terminée seulement en 1520, serait aujourd'hui, si elle était restée debout (on n'en voit plus que la tour et les ruines de la nef), la digne rivale de Saint-Ouen de Rouen, la merveille du quatorzième siècle. Celle-ci fut entreprise en 1318 et resta inachevée; sa façade et ses tours de l'ouest sont modernes. Plus belle dans ses proportions que la cathédrale voisine, elle a 137 mètres de longueur et 33 mètres de hauteur sous voûte; malgré sa régularité et son unité apparente, elle porte dans sa nef les traces évidentes du style flamboyant. La cathédrale de Rouen, par émulation peut-être, s'embellit de portails latéraux richement découpés; la cathédrale de Sées reçut une façade avec de jolies flèches. La cathédrale de Maillezais eut un vaste chœur et celle de Tulle un élégant clocher.

Mais le trait d'audace le plus frappant qui ait signalé le quatorzième siècle, c'est la lutte qu'entreprirent les Messins, en 1332, avec Amiens et Beauvais. Il est vrai que Metz relevait alors de l'empire germanique et restait étranger aux calamités qu'éprouvait le reste de la France, et cependant l'évêque qui donna le signal de la lutte, Adhémar de Monteil, était un Français. Le succès ne fut pas loin d'être complet, et Saint-Étienne de Metz voyait, en 1519, toute sa maîtresse-voûte dépasser d'un ou de deux pieds celle de la cathédrale d'Amiens ; il ne lui a plus manqué qu'une ou deux travées de nef et une façade occidentale.

Parmi les églises paroissiales, nous devons mentionner Saint-Pierre de Caen, pour son clocher, type et merveille de l'art normand du quatorzième siècle.

Le règne de Charles V et la première partie de celui de Charles VI voient s'opérer une renaissance passagère dont nous reparlerons à propos de l'architecture civile. Dans l'art religieux, cette renaissance est marquée par un chef-d'œuvre digne en tout du treizième siècle : la façade de la cathédrale de Reims, qui avait dû être refaite, à la suite d'un agrandissement de la nef. A la gravure ci-jointe (p. 183), préférable à la plus longue description, nous ajouterons seulement le chiffre de 83, qui donne en mètres la hauteur totale de ce morceau sans prix [1]. La Sainte-Chapelle du château de Vincennes n'a pas, à beaucoup près, la même valeur, bien qu'imitée dans son ensemble de la Sainte-Chapelle de Paris.

Une renaissance bien plus durable a signalé la fin du règne de Charles VII et celui de Louis XI, moins au point de vue du style, parvenu alors au dernier degré de maigreur, qu'au point de vue de l'activité dans les travaux de construction ; elle se continue avec le même caractère jusqu'au milieu du seizième siècle et se confond longtemps avec le mouvement d'art qui a gardé précisément le nom de Renaissance. Les ruines amoncelées par les Anglais et les Grandes Compagnies sont relevées, on répare les monuments mutilés, on en agrandit une foule, surtout des églises romanes, on bâtit de nouvelles églises et avec luxe, non toujours avec beaucoup de

---

1. On connaît le dicton populaire d'après lequel, pour une église parfaite, il faudrait

Clocher de Chartres, nef d'Amiens,
Chœur de Beauvais, portail de Reims.

soin. Malgré le discrédit où étaient tombés les ordres religieux et la situation gênée où se trouvaient la plupart des monastères, il y eut des abbayes qui tentèrent de renouveler leurs églises. On peut constater encore aujourd'hui que l'abbaye de Saint-Riquier réussit pleinement et que celle de Corbie n'acheva son entreprise qu'au moment où elle disparut elle-même, à la Révolution. Grâce aux libéralités royales, l'église Saint-Aignan d'Orléans fut aussi

CATHÉDRALE DE TOUL

complètement renouvelée, de 1439 à 1509. Celle de Saint-Jean-des-Vignes à Soissons se couronna de deux admirables clochers.

Il nous reste quelques beaux cloîtres monastiques du style flamboyant, entre autres celui de Cadouin (Dordogne) et celui de la chartreuse de Villefranche-de-Rouergue, monastère qui date en entier du quinzième siècle.

Une cathédrale importante, celle d'Auch, fut commencée au

quinzième siècle (1489), sur le plan des cathédrales du Nord. On
remania la cathédrale de Saintes avec des dispositions grandioses;
celle d'Évreux, en partie par ordre du célèbre cardinal Balue, fut

ÉGLISE DE SAINT-RIQUIER (SOMME)

revêtue d'une riche enveloppe, dotée d'une façade latérale et d'un
clocher pyramidal ; la cathédrale d'Autun fut l'objet de travaux
analogues. On dressa sur la cathédrale de Rouen le clocher central,

terminé après la Renaissance, et la tour de Beurre à côté de la façade occidentale splendidement renouvelée. A Beauvais et à Sens, on fit les transsepts avec leurs portails ; on termina le transsept de Senlis. A Meaux, à Auxerre, à Troyes, à Bayonne, on entreprit les

CATHÉDRALE DE TOURS

grandes façades, qu'on ne termina pas ; on fut plus heureux à Toul, à Vienne et à Tours, dont les façades occidentales sont, comme le transsept de Beauvais, des œuvres de premier ordre. La façade de la cathédrale de Lyon est du même temps. La façade occidentale de Notre-Dame d'Amiens fut mesquinement achevée, un peu plus tard on refit la flèche centrale, chef-d'œuvre de plomberie.

A Chartres, on fit le Clocher-Neuf, avec sa merveilleuse flèche en pierre (c'est le clocher de gauche, dans la gravure de la page 131).

CATHÉDRALE DE RODEZ

Sainte-Cécile d'Albi, en s'achevant, fut flanquée d'un porche latéral ciselé avec la dernière délicatesse. A Bordeaux, outre les flèches de la cathédrale, on dressa une tour isolée que ne réclamait aucun

plan; la magnifique tour de la cathédrale de Rodez est aussi un
hors-d'œuvre, sans que sa présence gâte rien; de même à Nevers.

CATHÉDRALE DE MENDE

La cathédrale de Saint-Malo eut sa tour et sa flèche, la cathédrale
de Mende en eut deux, les merveilles du Gévaudan.

Le mouvement de construction du quinzième au seizième siècle,

dirigé par les laïques, princes, bourgeois, populations rurales,
plutôt que par le clergé, eut lieu surtout au profit des lieux de pèle-

SAINT-GERMAIN D'ARGENTAN

rinage visités par nos rois et par les grands seigneurs, et des paroisses, dont les municipalités décidaient ou favorisaient généreu-
sement la construction, par une vanité de clocher semblable à celle

qui animait au moyen âge les républiques italiennes et que nous nous garderons bien de condamner.

La Normandie se signala, entre toutes les provinces, par le luxe de ses églises paroissiales. Celles de Rouen sont célèbres, et l'église de Caudebec, avec son clocher de 101 mètres, ne leur cède en rien. A Argentan, Saint-Germain est un excellent type du style flamboyant. En Picardie, Saint-Wulfran d'Abbeville serait une église de premier ordre si elle eût été achevée : elle n'a que sa splendide façade et deux travées de nef. C'est surtout pour les clochers que les municipalités se montrèrent généreuses, parce qu'ils étaient le signe le plus frappant de la richesse ou de l'importance d'une ville. Il en reste de très élégants avec leurs flèches à Saint-Michel de Bordeaux, refait de nos jours avec sa hauteur primitive de 107 mètres, à Saint-Maclou de Rouen, refait aussi (88^m), à Harfleur (83^m), à Hazebrouck (80^m), à Fontenay-le-Comte, à Niort, à Marennes, à Marciac (Gers), etc.

La collégiale Notre-Dame, à Saint-Lô, reçut également, au quinzième siècle, deux tours jumelles qui rappellent assez bien celles de la cathédrale de Coutances; on en dressa une autre sur l'abbaye de Saint-Savin, aussi remarquable par sa hauteur (95^m) que par son état parfait de conservation.

Parmi les bienfaiteurs qui ornèrent les lieux de dévotion, qu'il nous suffise de nommer Louis XI, un des plus fervents pèlerins du moyen âge. Il est peu de sanctuaires célèbres qui ne portent les traces de sa munificence. Il donna pour la façade de Notre-Dame-de-l'Épine (Marne), fit reconstruire le chœur de l'église du Mont-Saint-Michel et Notre-Dame de Cléry (Loiret), où il voulut avoir son tombeau. Son fils Charles VIII rebâtit, en Touraine, l'église de Sainte-Catherine-de-Fierbois. En Lorraine, sous Louis XII, avec l'aide des princes et des pèlerins, un simple curé, Simon Moyset, osa entreprendre et eut le bonheur d'achever une des plus belles églises de la dernière période ogivale, celle de Saint-Nicolas-du-Port.

Le meilleur côté de l'art ogival en décadence n'est pas la construction des églises, c'est plutôt leur décoration et leur ameublement : là brillent l'habileté dans le détail et la patience dans l'exécution qui distinguent les tailleurs de pierre et les imagiers des deux derniers siècles du moyen âge.

Déjà au treizième siècle, grâce au progrès de la sculpture, on
avait poussé loin le luxe dans les autels, les tabernacles, les re-

SAINT-MICHEL DE BORDEAUX

tables, les jubés, les stalles, les clôtures des chœurs et les tombeaux. L'époque suivante renchérit encore sur cette profusion, et
si les seigneurs ou les fidèles regrettèrent leur argent, ce ne fut

jamais pour les objets d'art qui flattaient la vanité des villes ou des donateurs. Une liste même sommaire de ceux qui, malgré trois ou

NOTRE-DAME DE SAINT-LO

quatre siècles de vandalisme, ont encore survécu, dépasserait le cadre de ce livre ; nous nous contenterons de mentionner une église qui fut construite à grands frais par une princesse de Savoie, de

1506 à 1536, uniquement pour servir d'écrin à trois magnifiques
tombeaux et à un jubé : nous voulons parler de Saint-Nicolas de

ÉGLISE DE BROU, PRÈS DE BOURG

Brou, près de Bourg, la production la plus remarquable du style
ogival dans les pays du Jura. Les tombeaux qui existent encore sont
dus à des sculpteurs venus de Flandre.

Le quatorzième siècle fut pour l'architecture féodale une époque non moins importante que les siècles précédents. Beaucoup de forteresses furent rebâties ou remaniées, soit à cause des progrès faits dans l'attaque des places, soit que des sièges eussent indiqué des points faibles à couvrir ou des dispositions vicieuses à modifier. Les couronnements furent l'objet de plusieurs innovations dont

PORTE DU CHATEAU DE VINCENNES

la principale consistait à remplacer par des encorbellements en pierre, appelés *mâchicoulis*, les hourds de bois, qu'il était si facile aux assiégeants de consumer par le feu ou de briser par les gros projectiles. L'usage des canons nécessita d'abord un accroissement d'épaisseur dans les murailles. Ce fut seulement au quinzième siècle qu'on rechercha les moyens d'opposer une résistance active aux pièces d'artillerie à feu, et le château de Bonaguil, près Fumel (Lot-et-

Garonne), est le plus curieux exemple des efforts tentés dans ce but.

Les principales forteresses du quatorzième siècle sont des œuvres de souverains. Il y avait alors deux souverains en France : le roi à Paris, le pape à Avignon. Près de Paris, à Vincennes, Philippe de Valois entreprit et Charles V termina une immense construction militaire, à la fois palais, forteresse et place d'armes. Longue de

PALAIS ARCHIÉPISCOPAL DE NARBONNE

382 mètres, large de 224, elle était flanquée de neuf hautes tours carrées, rasées aujourd'hui, sauf le riche pavillon de la porte d'entrée. Au milieu d'un des longs côtés du rectangle, dans une enceinte particulière, se dresse encore le donjon, carré aussi, et flanqué à chaque angle d'une grosse tourelle; sa hauteur dépasse 50 mètres; ce type de donjon fut quelquefois suivi au quatorzième et au quinzième siècle. Avant les mutilations successives qu'il a subies, le château de Charles V valait bien celui d'Enguerrand III.

A Avignon, les architectes Pierre Poisson et Pierre Obreri ou Obrier construisirent pour les papes Benoît XII, Clément VI, Innocent VI et Urbain V de gigantesques bâtiments qui, avec leurs sept grosses tours carrées, leurs mâchicoulis et leurs meurtrières, n'ont d'un palais que le nom. Tout cet appareil de défense n'était pas inutile : à cette époque troublée, de fortes murailles inspiraient plus de respect que le caractère le plus auguste; et, peu tranquilles

CHATEAU DE LAVARDIN (LOIR-ET-CHER)

dans Rome, les souverains pontifes ne l'eussent pas été davantage à Avignon s'ils n'avaient eu la prévoyance de se ménager un asile impénétrable. L'antipape Benoît XIII subit dans ce palais un siège de douze ans (1399-1411).

Plusieurs prélats eurent, comme les papes, des palais fortifiés; il en reste à Narbonne un fort important, dont on a fait de nos jours un hôtel de ville, en y ajoutant un corps de logis central.

Parmi les seigneurs français, Gaston Phœbus, comte de Foix et

CHÂTEAU DE SAINT-ULRICH A RIBEAUVILLÉ (ALSACE)

de Béarn, se signala par la construction de donjons carrés dont le type semble lui appartenir. Il en existe encore à Pau, avec trois autres tours de son temps, à Labastide-de-Béarn, à Montaner, à Mauvezin et à Lourdes. A Foix, il préféra le donjon cylindrique. Nous devons signaler comme appartenant encore au quatorzième siècle, en tout ou en majeure partie, les châteaux de Roquetaillade (Gironde), de Bourdeilles (Dordogne), de Puivert (Aude), de Polignac (Haute-Loire), de Briquebec (Manche), d'Hardelot, près Boulogne-sur-Mer, de Rambures (Somme), de Lavardin (Loir-et-Cher), de Montrond (Loire), de Turenne (Corrèze), de Billy, Murat et Hérisson, tous trois en Bourbonnais, le curieux et élégant donjon de Montbard (Côte-d'Or), les donjons de Romefort (Indre), de Pouzauges (Vendée), de Noirmoutier, et une foule de châteaux des Pyrénées, des Cévennes, du Jura et des Vosges, que rien de saillant ne distingue des forteresses élevées antérieurement dans les mêmes pays. Ces châteaux, dont nous avons déjà fait remarquer les petits donjons carrés, ont rarement des tours d'enceinte ; leur principale force réside en leur situation. Un fait curieux est résulté pour nous de la comparaison des châteaux des bords du Rhin avec ceux des Pyrénées : ils offrent la plus grande ressemblance, et la vue d'une forteresse d'Alsace que nous donnons ici (p. 199) peut servir à déterminer le caractère de la plupart des châteaux pyrénéens.

Au seuil du quinzième siècle, nous trouvons un fils de Charles V, Louis d'Orléans, prince intrigant qui voulut profiter de la démence de son frère Charles VI et des troubles qu'elle occasionna pour ajouter à son apanage de nouvelles seigneuries et se créer des forteresses sur lesquelles il pût appuyer ses menées ambitieuses. En 1393 et les années suivantes, il acquit plusieurs domaines dans le Valois, tous positions stratégiques de premier ordre : Montépilloy, entre Senlis et Crépy (Oise), dont il remania totalement les défenses, Pierrefonds (Oise) et la Ferté-Milon (Aisne), qu'il rebâtit de fond en comble et qui furent chacun le Coucy de leur époque. Il acheta la seigneurie même de Coucy en 1400, après la mort du dernier descendant mâle d'Enguerrand III ; il n'eut dans le château qu'à transformer les bâtiments d'habitation. Il ne reste à la Ferté-Milon que deux énormes tours et une immense courtine avec la grande entrée ; mais Pierrefonds s'est assez bien conservé pour que l'empereur Napoléon III ait pu en confier à Viollet-le-Duc la restauration complète, poursuivie et terminée par le gouvernement de la République.

La mort de Louis d'Orléans, assassiné par Jean Sans-Peur en 1407, termine les grands jours de l'architecture militaire féodale. Il se construisit ou il se remania encore quelques forteresses, comme

PIERREFONDS, PENDANT SA RESTAURATION

celle de Penne, en Albigeois; les châteaux d'Usson, de Carlat, de Murat (disparus tous trois), de Murols et de Tournoël, en Auvergne; Merle, en Limousin; Castelnau-de-Bretenoux, près de la limite du Limousin et du Querey; Bonaguil, en Guyenne; Tiffauges, en Vendée; Bressuire, Vendôme, Tarascon; les beaux donjons de Sancerre, de Bridiers (Creuse), tous deux cylindriques, de Trèves (Maine-et-Loire), carré d'un côté, cylindrique de l'autre, de Bassoues (Gers), de Masse, près d'Espalion, d'Anjony, près Tournemire (Cantal), tous

trois rectangulaires, et le dernier aussi remarquable par son
élégance que par la certitude de sa date : 1440. Le connétable de
Saint-Pol alla même, en 1470, jusqu'à ajouter à son château de
Ham en Picardie, un donjon cylindrique aussi gros que celui de
Coucy, avec un mur de onze mètres d'épaisseur et une porte surmontée de cette inscription : MON MYEULX (ce que j'ai fait de mieux) ;
peut-être ourdissait-il alors avec l'Angleterre les intrigues qui le
conduisirent à l'échafaud cinq ans plus tard. Mais plus générale-

CHATEAU D'ANJONY (CANTAL)

ment les seigneurs, qui se voyaient désormais contenus par la
royauté, qui reculaient devant les remaniements coûteux nécessités
par l'emploi de l'artillerie et la transformation de leurs demeures
en véritables cachots, alors qu'ils aspiraient à se rapprocher des
commodités de l'art civil, renoncèrent à pousser aussi loin les
travaux de défense, se bornant à établir quelques ouvrages avancés
pour parer à une surprise ou aux attaques d'une poignée d'aventuriers. Pendant que Louis d'Orléans élevait de sombres forteresses
où d'ailleurs il évitait de résider, son oncle, Jean de Berry, faisait

rebâtir son château de Poitiers avec toutes les élégances d'un palais aussi largement ouvert sur le dehors que sur les cours. Le donjon lui-même, avec ses niches, ses statues et ses riches fenêtres, n'était plus qu'un « donjon honoraire », un symbole obligé de juridiction féodale, et c'est à ce seul titre que beaucoup de donjons furent construits au quinzième siècle ou conservés, même à l'état de ruine, après la Renaissance. Les châteaux de Gien (Loiret), de Langeais (Indre-et-Loire), de Chaumont et de Fougères (Loir-et-Cher), de Châteaudun et de Maintenon (Eure-et-Loir), du Plessis-

Bourré (Maine-et-Loire), tous du quinzième siècle, sont plutôt des habitations agréables que des forteresses.

Pour les villes qu'il fallait protéger à tout prix, les seigneurs, les municipalités, nos souverains s'occupèrent de les mettre en état de résister à l'artillerie. On ne s'aperçoit pas encore de ces efforts dans les remparts d'Avignon, construit dans le milieu ou la seconde moitié du quatorzième siècle par les papes Clément VI, Innocent VI, Urbain V, et remarquables par leur belle conservation ; on ne s'en aperçoit guère davantage à Saint-Macaire (Gironde), à Parthenay et à Thouars (Deux-Sèvres), qui ont conservé en majeure partie leurs

enceintes urbaines. La fameuse Bastille elle-même, bâtie par
Charles V pour défendre la porte Saint-Antoine, principale entrée
de Paris, n'était pas faite pour porter des batteries, quoique ses
murs eussent assez d'épaisseur pour résister au canon. Si nous
n'avons plus la Bastille, il nous reste en France beaucoup de portes
de villes du quatorzième et du quinzième siècle, telles que la porte
Guillaume à Chartres, la porte du Croux à Nevers, dont les couronnements sont du quatorzième siècle (voy. les gravures, pages 170

CHATEAU DE MAINTENON (EURE-ET-LOIR)

et 171), les portes de Vendôme et de la Ferté-Bernard, converties
en hôtels de ville, etc.

Ce fut seulement lorsque, après Charles VII, il fallut sérieusement
compter avec l'artillerie de siège, que l'architecture militaire,
abandonnant les traditions féodales, tomba dans le domaine exclusif
des ingénieurs, que les tours s'abaissèrent au niveau des courtines
et les courtines presque au niveau du sol, et qu'au lieu d'œuvres
d'art ou de masses imposantes, on n'eut plus que des travaux de
terrassement revêtus de pierre.

Nous ne suivrons plus l'art de la fortification dans la voie où il
devient une science exacte.

Systématiquement, et afin de leur réserver une page spéciale, nous n'avons rien dit jusqu'ici de deux provinces qui furent, au quatorzième et au quinzième siècle, d'éclatants foyers d'art, l'une, la Bourgogne, sous l'influence de ses souverains, l'autre, la Bretagne, grâce à sa situation politique.

Les quatre ducs de Bourgogne (1363-1477) issus du roi Jean, Philippe le Hardi, Jean Sans-Peur, Philippe le Bon et Charles le

CHATEAU DE CHATEAUDUN

Téméraire, qui furent en même temps comtes de Flandre à partir de 1384, sont demeurés justement célèbres par la splendeur de leur cour, qu'ils tenaient plus volontiers à Dijon. Pour l'embellissement de la ville et de leurs palais, tant à Dijon que dans le reste de la Bourgogne, pour la construction de la chartreuse qui devait leur servir de sépulture et pour l'exécution de leurs tombeaux, ils s'entourèrent d'artistes de premier ordre, flamands, bourguignons et français, parmi lesquels ont survécu les noms des architectes

Jacques de Nuilley, Drouhet de Dammartin, Jean Bourgeois, Philippe
Mideau, Guillaume de Saint-Marc, Perrenot de Chassigney, Jean de
Monsteret, des charpentiers et menuisiers Belin d'Achenoncourt,
Jean Duliège, Gauthier Menestrier, Pierre Arondel, et des sculpteurs
Claux Sluter, Jean de Marville, Jacques de Baerze et Jean de la
Huerta.

Le traité de Guérande, qui mit fin, en 1365, aux compétitions des

TOURS D'ELVEN (MORBIHAN)

dynasties de Montfort et de Penthièvre, en Bretagne, ouvrit pour
ce pays une ère artistique importante. Jusqu'alors cette province
avait peu ou mal construit. Sous la dynastie de Montfort, elle
entreprit les belles cathédrales de Tréguier et de Quimper qu'elle
fut près de terminer, et la cathédrale de Nantes, dont la nef seule,
avec sa façade, fut exécutée de 1434 à 1491; elle jeta sur quatre
piliers le clocher du Kreizker (église du Christ) à Saint-Pol-de-Léon,
merveille d'audace et d'élégance, qui fixa le type des clochers

bretons pour deux ou trois siècles ; car, à travers la Renaissance et
le règne de Louis XIV, la presqu'île armoricaine conserva les tradi-

tions inaugurées au quatorzième et au quinzième siècle. Elle
rebâtit avec luxe ses sanctuaires de pèlerinages : le Folgoët, Guin-
gamp, Locrenan, Notre-Dame de la Cour, Saint-Herbot, Saint-

Jean-du-Doigt, et de délicieuses églises ou chapelles où elle se créa une école particulière d'architecture. Enfin, elle se couvrit de forteresses importantes que nous voyons encore plus ou moins conservées à Combourg, Fougères, Montauban, Saint-Malo et Vitré, dans Ille-et-Vilaine ; à Clisson, Nantes et Oudon, dans la Loire-Inférieure ; à Elven et Sucinio, dans le Morbihan ; à Dinan et Tonquédec, dans les Côtes-du-Nord, sans parler des curieux remparts de Concarneau, de Guérande et de Vannes, et du château de Josselin, dont les splendeurs architectoniques relèvent plus spécialement de l'art civil.

Il existe encore, dans la plupart de nos provinces, un vieux préjugé d'après lequel de belles constructions, datant des quatorzième et quinzième siècles, seraient l'œuvre des Anglais. Beaucoup d'écrivains modernes ont adopté cette erreur. Pour leur répondre, il suffira de leur mettre sous les yeux ces paroles de la population parisienne, le jour où le connétable de Richemont reprit possession de la capitale, en 1436. « On voyait bien, disait-elle, que les Anglais n'étaient pas en France pour y rester ; on n'en a pas vu un semer un champ de blé ou bâtir une maison : ils détruisaient les logis sans jamais songer à les réparer ; ils n'ont peut-être pas relevé une cheminée. » Là aussi il y a de l'exagération. La vérité, c'est que, à part la Guyenne, où les Anglais furent chez eux pendant trois siècles (1154-1453), nos voisins ont laissé en France peu de traces monumentales de leur passage. L'historien Sauval parle d'une belle galerie construite par le duc de Bedford dans le palais des Tournelles, à Paris, en 1432. L'église Saint-Séverin, dans la même ville, appartient en partie au style ogival anglais. Une tour fut ajoutée au donjon de Falaise par le général Talbot. C'est à peu près tout ce qu'on peut attribuer aux Anglais dans le nord de la France.

CHAPITRE XII

« Comment, monsieur le savant, nous voilà arrivés à la fin du
quinzième siècle, vous nous avez beaucoup parlé des moines, des
évêques, de Charlemagne, d'Enguerrand III et de Charles V, et à
peine un traître mot sur Louis le Gros, les bourgeois, l'affranchis-
sement des communes ! »

Tel est le reproche que sans doute plus d'un jeune lecteur nous
a adressé en parcourant les derniers chapitres.

Si le reproche était mérité, nous aurions dû nous occuper des
communes dès la fin du dixième siècle, puisque celle de Saint-
Quentin remonte à l'an 980 ; mais que dire de ce mouvement communal, sinon que, considérable et salutaire dans ses conséquences
politiques, sociales, économiques, et favorable de sa nature au développement des études et de l'art, il n'eut d'abord, en architecture, d'autre résultat bien constaté que de fournir de plus abondantes ressources au clergé des villes pour la construction de ses
églises ? C'est à ce titre que nous avons eu l'occasion de le mentionner en nous occupant des cathédrales. Jusqu'au milieu du
quatorzième siècle, il n'y eut pas en France d'architecture civile :
à peine quelques monuments purement civils ou des constructions
d'utilité publique. Les maisons de pierre sont ou bien romanes,
comme les neuf ou dix précieuses maisons du onzième et du
douzième siècle conservées à Cluny, ou bien ogivales, comme celles
de Figeac et de plusieurs autres villes du Midi ; et elles sont romanes ou ogivales au même degré que les édifices religieux, auxquels elles empruntent tous leurs éléments. Les hôpitaux, comme

celui de Saint-Jean à Angers, sont bâtis sur le plan des monastères. De monuments municipaux antérieurs au quatorzième siècle, nous n'en connaissons qu'un seul, l'hôtel de ville de Saint-Antonin (Tarn-et-Garonne) : malgré ses apparences romanes, il ne date que du treizième siècle et offre quelques dispositions particulières ; mais les sujets de ses sculptures sont des sujets religieux, et, dans son genre, il est resté une exception.

HOTEL DE JACQUES CŒUR A BOURGES

Les villes furent assez négligées au moyen âge. Paris n'eut ses rues pavées que sous Philippe-Auguste et tint ses assemblées municipales dans le *parloir aux bourgeois* du quartier Saint-Jacques, et ensuite dans la *maison aux piliers*, jusqu'en 1532, date où fut commencé un hôtel de ville assez modeste. Les villes du Nord qui eurent de grands hôtels de ville et des beffrois au treizième siècle n'appartenaient pas encore à la France.

Ce fut lorsque l'art religieux se fut affaibli, le zèle pour le temple catholique refroidi, ce fut alors seulement que l'art civil secoua le joug. Les constructeurs de châteaux, d'hôtels de ville et de mai-

BEFFROI DE BÉTHUNE

sons s'accoutumèrent à puiser directement leurs inspirations dans les programmes qu'ils étaient chargés de remplir, au lieu de recourir sans cesse aux motifs d'architecture usités dans les églises.

Déjà saint Louis avait construit dans son palais de la Cité, aujourd'hui le Palais de Justice, à Paris, de belles salles où l'architecture tend à se dégager de l'art religieux; un grand pas se fit dans cette voie sous Charles V. Ce prince, ami de l'art, reconstruisit les bâtiments d'habitation du Louvre, des châteaux de Saint-Germain, de Montargis, de Loches, fonda les châteaux de Compiègne, de Creil, de Beauté non loin de Vincennes, et, à Paris

BEFFROI D'ÉVREUX

même, l'hôtel Saint-Paul; au lieu de sacrifier l'élégance et la commodité aux besoins de la défense, il tint une conduite opposée; en quoi il eut pour premier imitateur son frère Jean de Berri, déjà mentionné sur la fin du chapitre précédent, et un certain nombre de seigneurs français. Dans ces constructions, on voit le système des voûtes à nervures et des fenêtres à ogives réservé pour les grandes salles, et encore celles-ci ont-elles souvent des lambris peints au lieu de voûtes. Les fenêtres abandonnent l'arc brisé pour adopter l'arc bombé, l'anse de panier, quelquefois le plein cintre et plus souvent le simple linteau carré. Les murs se flanquent de tourelles, les baies se subdivisent au moyen de meneaux verticaux et transversaux formant des croix. Les sujets des sculptures, au lieu d'être exclusivement religieux, sont pris aussi dans les romans

de chevalerie, dans les scènes de la vie publique ou dans les mœurs de l'époque.

L'hôtel bâti à Bourges par Jacques Cœur, sous Charles VII, n'a plus rien qui puisse le faire confondre avec une église, à part sa grande fenêtre centrale, qui est précisément la fenêtre de la chapelle.

La bourgeoisie, à laquelle appartenait Jacques Cœur, suivit le mouvement et y contribua pour une large part. Elle se construisit de vrais palais municipaux, qu’elle n’oublia pas d’accompagner de hauts beffrois, moitié clochers, moitié donjons, signes de juridiction et de puissance. Nous possédons en France, du quatorzième siècle, un hôtel de ville tout entier, celui de Martel (Lot), et un beffroi complet, celui de Béthune, construit en 1388 et justement célèbre par l’élégance de sa couverture en bois. Du quinzième siècle, nous avons les beffrois d’Évreux, d’Auxerre, de Château-Thierry, de Beaune, d’Avignon, les hôtels de ville de Saumur, de Compiègne, de Noyon, de Saint-Quentin, sans compter Douai, ville qui, ainsi que Béthune, appartenait aux ducs de Bourgogne. Le magnifique hôtel de ville d’Arras ne fut achevé qu’à la Renaissance, bien que son beffroi, haut de 75 mètres, garde encore le style ogival.

Il y eut aussi dans les villes du Nord, au quinzième siècle, une grande activité dans la reconstruction des maisons en bois[1], et il en restait beaucoup avant que les exigences de la civilisation et du confort actuels eussent amené le bouleversement de la plupart de nos cités. On en voit cependant encore de fort intéressantes à Bourges, à Troyes, à Joigny, à Rouen, à Caen, à Angers, à Saint-Malo, à Vitré et à Morlaix. Elles sont bâties parfois au-dessus d’un porche, ou bien offrent une large boutique à côté de laquelle est la porte, suivie d’un couloir. Des fenêtres carrées, à meneaux, éclairent les étages, et particulièrement le premier, toujours le mieux soigné. La façade se terminait en pignon, soutenu assez souvent par un cintre en bois. Lorsque les étages avançaient en encorbellement l’un sur l’autre, le rez-de-chaussée était quelque-

---

1. Charles, duc d’Orléans, voyant sa ville de Blois mal bâtie, engagea les habitants à rendre leurs maisons plus commodes et plus agréables à la vue, leur accordant pour cela pleine permission de couper dans ses forêts tout le bois nécessaire. « J’aime mieux loger des hommes que des bêtes, » avait dit ce bon prince, digne fils du duc Louis de France par son amour des arts, digne père de Louis XII par sa sollicitude à l’égard de ses sujets.

Le bon roi René de Sicile, qui résidait dans son duché de Provence et plus souvent dans celui d’Anjou, aimait à aider de ses conseils et, quand il le pouvait, de sa bourse, ceux de ses sujets qui voulaient se loger artistiquement.

Souvent, au moyen âge, les princes donnaient des maisons en récompense. Au treizième siècle, un habitant des environs de Compiègne reçut de Blanche de Castille une belle maison à Verberie, pour avoir accompli le pèlerinage de Jérusalem à pied, en reculant de deux pas toutes les fois qu’il avançait de trois. Deux siècles plus tard, un bourgeois d’Orléans, nommé Compaing, reçut de Charles VII le petit hôtel qui, reconstruit à la Renaissance, porte aujourd’hui à tort le nom d’Agnès Sorel (voy. la gravure plus loin, page 240). On pourrait citer beaucoup d’autres exemples de cette nature.

fois en pierre. La date, le nom du propriétaire et une devise étaient ordinairement gravés au-dessus de la porte; les pans de bois étaient

MAISON ADAM A ANGERS

ornés de moulures, de sculptures, de statuettes, où, parmi des sujets sacrés et des invocations pieuses, on distinguait de joviales caricatures. Plusieurs de ces représentations satiriques montrent que le clergé, séculier ou régulier, avait perdu son prestige au quinzième siècle et ne jouissait plus de l'estime générale.

Il y eut des édifices publics où le bois fut la matière dominante : à cet égard, l'hôpital de Beaune est une célébrité.

Les grandes maisons de pierre dans les villes du Nord étaient le plus souvent des hôtels appartenant à de riches bourgeois ou

HOPITAL DE BEAUNE

bâtis par des seigneurs pour des séjours passagers : tels sont, à Paris, l'hôtel de Sens, propriété des archevêques de cette ville, et l'hôtel de Cluny, où descendaient les abbés de cet important monastère quand ils venaient dans la capitale.

Les maisons de pierre ou de briques furent, au contraire, assez communes dans le Midi, où l'on en voit un nombre considérable du quatorzième siècle, notamment à Figeac, à Cordes (Tarn) et à Montpazier (Dordogne). Ces villes du Midi, bien que dépourvues de mo-

numents aussi somptueux que ceux du Nord, sont plus intéressantes
à étudier au point de vue de la construction, et il est étrange de
voir passer sous silence, dans les traités classiques d'histoire, la
fondation des communes méridionales, dont beaucoup reçurent en
même temps l'existence et leurs franchises, et peuplèrent une partie
notable du territoire français de localités nouvelles élevées sur des

HOTEL DE SENS

emplacements choisis avec soin et tirées au cordeau comme nos
villes modernes.

Il se créa dans le Nord quelques *bastides* ou villes neuves, telles
que Villeneuve-le-Comte (Seine-et-Marne), Villeneuve-le-Roi et Ville-
neuve-l'Archevêque, dans le département actuel de l'Yonne. Mais
ce fut dans le Midi que la création des villes neuves prit l'importance d'un événement politique; on ne s'y contenta pas d'octroyer
des chartes à des localités déjà existantes, on voulut remplir les

vides faits par les calamités publiques et surtout par la guerre des
Albigeois, qui avait dépeuplé ou anéanti plusieurs vieilles cités.
Les seigneurs, laïques ou ecclésiastiques, concédaient eux-mêmes
le terrain où devait se construire la nouvelle ville; l'appât d'une
liberté relative attirait bientôt les habitants d'alentour, et les
maisons s'élevaient rapidement.

Les bastides sont reconnaissables soit à leurs noms, soit à la
régularité de leurs plans, soit à ces deux caractères réunis.

Quelques noms marquaient soit une dépendance ou une origine

HOTEL DE CLUNY

royale plus particulière, comme *Réalville, Montréal;* soit les pri-
vilèges octroyés à la ville, comme *Bonneville, la Sauvetat, Sauve-
terre, Villefranche;* beaucoup d'autres s'appelaient simplement *la
Bastide* ou *Villeneuve;* enfin un certain nombre, par une singularité
qui n'a pas assez frappé jusqu'ici les historiens, portent les noms,
soit d'une ville ou d'une contrée française, soit d'une ville étrangère; nous en avons compté jusqu'à cinquante, dont on trouvera le
tableau dans notre *Annuaire de l'archéologue français,* année 1879[1].

1. Exemples : *Barcelonne* (Gers) et *Barcelonnette* (Basses-Alpes); — *Beauvais*
(Tarn); — *Boulogne* (Haute-Garonne); — *Bretagne* (Gers); — *Bruges* (Gironde et Basses-
Pyrénées); — *Cadix* (Tarn); — *Cologne* (Gers); — *Cordes* (Tarn), pour Cordoue; —

Pour décrire une bastide régulière, nous prendrons pour type Sauveterre-d'Aveyron, fondée, en 1281, sur « la forme d'un carré long, dont les deux côtés, le levant et le couchant, mesurent chacun 225 mètres, et ceux du nord et du midi 175 mètres chacun. Au milieu de cette petite ville se trouve une place rectangulaire ayant 60 mètres sur 40 de côté et présentant, par conséquent, une superficie de 2400 mètres carrés. Quatre rues parallèles viennent y aboutir, après avoir partagé la ville en quatre parties parfaitement symétriques. Autour de cette place règnent des galeries qui ont 5 mètres de large et autant de haut ; les piliers sont en belle pierre de taille, ainsi que les arceaux, dont les uns sont à plein cintre et les autres à ogive, selon l'époque à laquelle se rattache leur construction. La charpente qui fait voûte sur ces couverts est encore d'une conservation parfaite. » La place centrale entourée d'arcades porte encore aujourd'hui dans les villes du Midi le nom de « place des Couverts ». Au centre s'élevait la halle, et sur les piliers de la halle, la mairie ; la bastide de Montréjeau (Haute-Garonne) conserve encore cette disposition. Nous devons citer aussi pour leur régularité : Montpazier, Eymet, Domme et Beaumont (Dordogne), Libourne, Sainte-Foy et Sauveterre-de-Guyenne (Gironde), Dama-

ARC EN ACCOLADE

zan et Montflanquin (Lot-et-Garonne), Fleurance, Mirande, Marciac et Plaisance (Gers), Rabastens (Hautes-Pyrénées), Grenade, Revel et Villefranche (Haute-Garonne), la Française et Beaumont-de-Lomagne (Tarn-et-Garonne), l'Isle-d'Albi et Réalmont (Tarn), Mazères et Mirepoix (Ariège), etc.

Plusieurs bastides de Guyenne sont de fondation anglaise.

La ville basse de Carcassonne, bâtie en 1247 avec la permission de saint Louis, et Aigues-Mortes, fondée en 1248 par le roi lui-même, peuvent être aussi considérées comme des bastides régulières. Les

Fleurance (Gers), pour Florence ; — *la Française* (Tarn-et-Garonne) et *Francescas* (Lot-et-Garonne) ; — *Grenade* (Haute-Garonne et Landes) ; — *Libourne*, pour Livourne ; — *Miélan* (Gers), pour Milan ; — *Modène* (Vaucluse) ; — *Pampelonne* (Tarn), pour Pampelune ; — *Valence* (Gers, Tarn et Tarn-et-Garonne) ; etc.

remparts d'Aigues-Mortes, admirablement conservés, furent com-
mencés en 1272 par l'architecte génois Bocanegra ou Bouche-Noire ;
plusieurs autres villes neuves du Midi ne reçurent de fortifications
que longtemps après avoir été créées. Quelques-unes, même devenues importantes, ne furent érigées en paroisses qu'après un
demi-siècle.

L'ère des bastides méridionales, ouverte en 1222 par la fonda-

tion de Cordes, fut close en 1344 par une protestation des capitouls
(magistrats municipaux) de Toulouse, sur laquelle le roi interdit
désormais toute création nouvelle. Il existe en Guyenne, en Gascogne, en Languedoc et dans les pays circonvoisins, au moins deux
cents bastides, dont plusieurs, n'ayant point prospéré, sont restées
de petits villages ; sur certains points, elles étaient trop rapprochées les unes des autres pour ne pas se porter un préjudice
mutuel.

Par les bastides, l'art civil était parvenu au quinzième siècle dans le Midi à un degré de prospérité comparable à celui qu'il avait atteint dans le Nord. Telle fut sa puissance dès le règne de Louis XI, qu'il se vit en état de transmettre à son tour quelques-unes de ses formes à l'art religieux : les arcs en accolade, en anse de panier, les baies rectangulaires à angles arrondis employées dans les portes d'églises

VIEUX PONT D'ORTHEZ

n'ont pas d'autre origine. Au seizième siècle, l'art civil était le maître, et ce fut lui qui imposa la Renaissance.

Les observations que nous a suggérées la vassalité de l'art civil et de l'art féodal vis-à-vis de l'art religieux, avant le règne de Charles V, ne s'appliquent pas à une classe importante de constructions qui, tout en admettant souvent l'ogive à partir du treizième siècle, n'a cessé de puiser aux traditions antiques : il s'agit des ponts. Dès qu'il se fut formé, au milieu du onzième siècle, des ouvriers assez habiles, on s'occupa de jeter des ponts sur les grands

fleuves, à Orléans, à Tours, à Nantes, à Lyon, à Vienne. Contribuer
par ses dons ou par son labeur personnel à ces travaux d'utilité publique était considéré comme une œuvre pie, et des indulgences y
étaient attachées aussi bien qu'à la construction des églises. Lorsqu'un simple berger, saint Benezet, se fit maçon pour jeter sur le
Rhône, de 1177 à 1185, le célèbre pont d'Avignon, il crut sincèrement
avoir obéi à une impulsion directe du Saint-Esprit, et si son magnifique ouvrage avait été mieux entretenu, il serait en entier debout

PONT VALENTRÉ A CAHORS

aujourd'hui, sur sa belle longueur de 900 mètres. Ce furent des religieux qui entreprirent, de 1265 à 1309, pour imiter Benezet, le pont
Saint-Esprit, qui a donné naissance à une ville. Les beaux ponts de
Béziers (treizième siècle), de Montauban (1303-1316) et de Cahors,
avec ses trois tours (1308-1380), sont l'œuvre des municipalités
aidées des encouragements et des secours du clergé. La plupart
des ponts du moyen âge qui nous restent ont perdu leurs ouvrages
de défense, mais tous avaient, soit une tour au milieu comme au
pont d'Orthez, soit deux tours aux extrémités comme jadis à Montauban, soit trois tours comme à Cahors.

CHAPITRE XIII

LA RENAISSANCE ET LE TRIOMPHE DE L'ARCHITECTURE CIVILE

Le terme de *Renaissance*, appliqué à l'ère intellectuelle des derniers Valois, est d'un usage si universel parmi nos savants et dans toutes nos écoles, que nous aurions mauvaise grâce à l'écarter, malgré son inexactitude flagrante vis-à-vis de l'architecture. Veut-il signifier un mouvement de recrudescence dans les travaux de construction, il devrait comprendre aussi la fin du règne de Charles VII et celui de Louis XI. Marque-t-il la restauration de l'art antique, il s'applique à tort aux règnes de Louis XII et de François Ier, pendant lesquels on ne bâtissait pas plus à la mode romaine que Rabelais, Amyot et Brantôme n'écrivaient en latin ou d'après les tournures latines. Indique-t-il enfin un réveil, une résurrection dans le goût, il est une insulte imméritée à notre génie national, qui ne s'est jamais endormi du sommeil de la mort.

C'est précisément parce que le génie national était vivant et veillait que la Renaissance — puisque tel est le nom consacré — fut chez nous une époque si brillante. Il veillait sous l'étreinte des formes étiques où il était allé se confiner; pour lui imprimer un nouvel essor, il n'y avait qu'à le débarrasser de ces combinaisons géométriques et de ces maigreurs cadavéreuses qui le tyrannisaient. L'adoption raisonnable de l'art gréco-romain produisit ce résultat. Rentré en France après de longs siècles d'oubli, cet art n'y serait resté qu'à l'état de langue morte, alors surtout que les idées morales, les procédés scientifiques, les mœurs et l'état politique du moyen âge n'avaient pas encore entièrement disparu. Le sang généreux qui n'avait cessé de couler dans les veines de l'art ogival pouvait seul, en passant dans les membres momifiés de l'art antique, lui rendre la chaleur, la vie et la fécondité. Ce fut ainsi que la Renaissance devint un bienfait pour notre pays.

Bien qu'accueillie avec faveur par la plupart des architectes français, la Renaissance fut avant tout une œuvre royale. Généralement, les princes n'ont pas mission de réformer l'architecture et n'ont guère la main heureuse quand ils s'en mêlent. Ici, Louis XII et

PALAIS DE L'ÉCHIQUIER A ROUEN

François Ier n'ont droit qu'à nos éloges; leurs folles expéditions d'Italie nous rapportèrent autre chose que des revers et des augmentations de gabelles.

A ces deux rois il est bon de réunir Charles VIII, qui avait pu admirer à Florence les ouvrages de Brunelleschi, et à Rome ceux, inachevés, de Bramante. Entre l'année de son retour, 1495, et celle de sa mort, 1498, on voit poindre quelques pilastres, quelques chapiteaux corinthiens, quelques arabesques et quelques embryons d'entablement, par exemple dans l'encadrement du Saint-Sépulcre

de Solesmes (Sarthe), dans les hôtels de ville de Beaugency et d'Orléans, dus à l'architecte Viart, et ce dernier terminé l'année même
de la mort de Charles. Peut-être faut-il faire honneur des deux
hôtels de ville à l'influence de Louis d'Orléans, seigneur de l'Orléanais avant d'être le roi Louis XII.

CHAPELLE DE LA VIERGE
A L'ÉGLISE DE LA FERTÉ-BERNARD

Ce prince toutefois paraît avoir eu personnellement un médiocre
attachement aux idées nouvelles ou n'y avoir été poussé que vers
le milieu de son règne par son ministre, le cardinal Georges d'Amboise. Tandis que celui-ci, dans son château de Gaillon, de 1497 à
1510, unissait la colonne et l'entablement corinthiens aux festons
et aux pinacles gothiques, Louis XII, dans l'aile du château de Blois
à laquelle il a attaché son nom, n'abandonnait presque rien de

notre style national. Georges d'Amboise lui-même, dans le château
de Meillant, en Berry, qu'on dit avoir été bâti par ses ordres pour
un de ses neveux, est resté fidèle à l'art de la dernière période ogivale. Beaucoup d'édifices civils du règne de Louis XII accusent les
mêmes dispositions dans leurs constructeurs, par exemple le splen-

SAINT-MICHEL DE DIJON

dide palais de l'Echiquier de Normandie, aujourd'hui le **Palais de
Justice à Rouen**.

C'est véritablement François Ier qui est le père de la Renaissance,
comme il est, au témoignage des historiens, le « père des lettres ».
Avec lui, plus d'hésitation : l'art civil se dépouille des formes gothiques, ne conserve des traditions nationales que la verve et l'esprit;

dès lors il finit par entraîner à sa suite l'art religieux, trop faible
pour lui résister toujours.

La lutte entre le moyen âge et la Renaissance dans l'art religieux
a offert trois caractères principaux, suivant les églises ou les artistes. Ici, on conserva purement et simplement le style ogival : on
sentait que ses dispositions générales convenaient mieux au temple
chrétien, et il est tel château de la Renaissance où la chapelle, contemporaine des autres constructions,
reste gothique. Là, on voulut montrer
que l'architecture flamboyante n'était
pas à bout de combinaisons nouvelles et
ménageait, aussi bien que la Renaissance, des ressources à l'esprit inventif
des constructeurs : c'est ainsi qu'à Notre-
Dame de la Ferté-Bernard, dans le Maine,
église due à une pléiade d'artistes de
premier ordre (parmi lesquels Jean
Texier ou de Beauce, l'auteur du Clocher-Neuf de Chartres), on remplaça la
voûte ogivale ordinaire par des nervures
dont les reins percés d'arcatures à jour
soutenaient des plafonds bombés, système en vogue aujourd'hui dans les
constructions en fer; dans le Beauvaisis,
Jean Vast lança comme un défi son clocher de Beauvais et les voûtes de Maigne-
lay, où la courbe est convexe au lieu
d'être concave; plusieurs de ses confrères, usant, comme lui, d'artifices dans
la coupe des pierres, suspendirent au
sommet des voûtes d'énormes clefs pen-

PAVILLON DE LA BIBLIO-
THÈQUE AU LOUVRE

dantes, véritables épées de Damoclès qu'une force magique semble
seule retenir.

Plus conciliant, Pierre Lemercier, qui, en 1532, traça le plan de
Saint-Eustache à Paris, voulut contenter à la fois les deux partis;
mais, dans sa conception étrange, il tortura le plein cintre en voulant éviter l'ogive, et il fit jouer aux ordres antiques un rôle assez

ridicule en cherchant à les assouplir aux proportions trop sveltes
des colonnettes gothiques. A Saint-Michel de Dijon, Hugues Sambin s'y prit autrement : il conserva assez pur le style ogival à
l'intérieur de l'église, et paya dans la décoration extérieure, sur-

LANTERNE DE CHAMBORD

tout à la façade, un plus ample tribut aux ordres gréco-romains.

A tort ou à raison, de semblables compromis satisfirent peu de
monde, et une église ogivale construite après François Ier est une
exception qu'on doit remarquer, à moins qu'elle ne se produise
dans certains pays qui, comme la Picardie, l'Artois, la Flandre

CHATEAU DE CHAMBORD

et la Bretagne, ont employé le style ogival, concurremment avec la Renaissance, jusqu'en plein règne d'Henri IV.

Le plus souvent, il faut le dire, la fusion des deux styles, ogival et gréco-romain, ne fut pas heureuse dans les églises, qui plaisent seulement par le charme de leurs détails; et encore faut-il ajouter que beaucoup de figures sculptées étaient des grâces tout à fait païennes, fort peu à leur place dans un sanctuaire chrétien. On voit là le monstrueux assemblage que présentent les œuvres littéraires de l'époque : les Sibylles et Apollon avec les Prophètes, Vénus et Diane avec la Mère du Christ, Jupiter avec Dieu le Père, les scènes mythologiques à côté de celles de la Bible. Il est clair que la soumission de l'art religieux à l'art civil laissait peu à désirer.

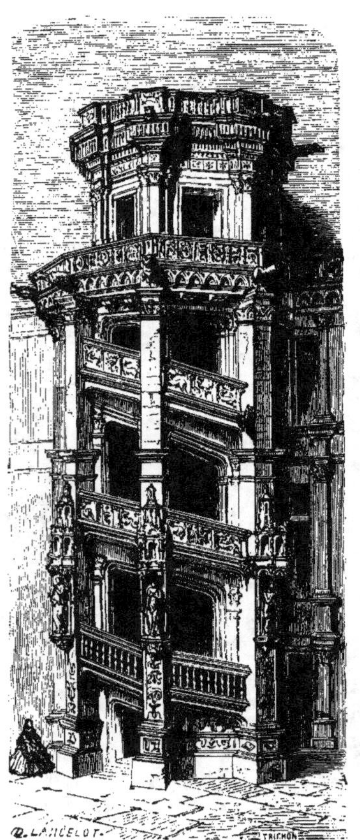

ESCALIER DU CHATEAU DE BLOIS

Cette soumission servile de l'art catholique à l'art civil, et par l'art civil au paganisme, n'a du reste rien de bien extraordinaire, en ce siècle où des prélats mondains occupaient les sièges épiscopaux, et où les idées mondaines étaient faites de paganisme bien plus que de christianisme. En veut-on des exemples? Jean Olivier, évêque d'Angers,

signait « Janus, hiérophante angevin »; sur son tombeau, préparé par lui-même, furent sculptés Alexandre, Rhéa Sylvia, Romulus, Linus, Hercule, Priam, etc.; il voulut bien y admettre cependant Moïse et Salomon. D'autres évêques n'étaient pas peu fiers de tenir de leurs parents des noms grecs ou romains : nous

LE CHATEAU DE BLOIS SOUS FRANÇOIS 1er

avions un Cyrus à Châlon, un César à Limoges, des Hector à Saint-Lizier, à Lavaur, à Toulouse, à Bayonne, des Horace à Arles et à Lavaur, un Lélius, puis un Ascagne à Lodève, un Ascagne-Marius à Perpignan, un Vespasien à Vienne, etc., sans parler des laïques : Hercule, duc d'Alençon, Diane de Poitiers, Diane de Châteaumorand, César de Bus, etc., ni des écrivains qui firent changer leurs noms patronymiques pour avoir le plaisir de s'entendre appeler Antésignan, Scaliger ou Calvin.

Sous François Ier, les monuments civils furent pour l'art ce qu'avaient été les cathédrales sous Philippe-Auguste et saint Louis. Le roi lui-même entreprit trois édifices de premier ordre : le château de Chambord en 1526, sur les plans du Blésois Pierre Trancault, dit Nepveu; celui de Fontainebleau l'année suivante, sur les plans de Gilles Lebreton, qui y travailla un quart de siècle, et le Louvre actuel en 1541, sous la direction de Pierre Lescot. A ces trois merveilles, dont il faudrait pouvoir décrire une à une les magnificences, s'ajoutent d'autres constructions fort importantes : l'aile principale, et la plus belle, du château de Blois, commencée en 1516 ou 1517; le château de

CHEMINÉE, A FONTAINEBLEAU

Madrid, dans le bois de Boulogne, dont Pierre Gadyer fournit les plans en 1528, et qui n'existe plus; le château de Villers-Cotterets, auquel travaillèrent, de 1532 à 1550, les deux frères Jacques et Guillaume Lebreton, et le château de Saint-Germain, assemblage de pierre et de brique où la matière la moins précieuse, la brique, joue le rôle décoratif. Ce dernier monument est dû à l'architecte Pierre Chambiges, qui commença l'hôtel de ville de Paris et a aussi laissé des souvenirs à Fontainebleau.

Les ministres du souverain, les seigneurs imitaient de leur mieux

LE CHATEAU DE FONTAINEBLEAU SOUS HENRI IV

les prodigalités royales. Jean Bullant et Philibert Delorme furent appelés à construire plusieurs châteaux aux environs de Paris, comme à Écouen, et dans les vallées de la Loire et du Cher, comme à Chenonceaux, connu surtout pour sa situation au milieu d'un pont jeté sur le Cher. La vallée de la Loire vit encore s'élever les châteaux de Bury (Loir-et-Cher), d'Ussé (Indre-et-Loire) et de Serrant (Maine-et-Loire); celle du Cher, le château de Saint-Aignan; celle de l'Indre, Azay-le-Rideau; le Soissonnais, le château de Cœuvres; la Champagne, le château du Pailly; la Guyenne, le château de

CHATEAU D'ÉCOUEN (SEINE-ET-OISE)

Coutras; l'Angoumois, le château de la Rochefaucauld, bâti par l'architecte Fontant; le Périgord, le château de Puyguilhem et les curieuses maisons de Périgueux; le Rouergue, le château de Bournazel; la vallée du Rhône, le château de Grignan, etc.

Il se forma des centres et des écoles d'art en Normandie, où brilla Hector Sohier; en Anjou, pays où florissait l'architecte Jean de l'Épine; dans le Maine; en Bourgogne, où fut bâti, entre autres édifices religieux ou seigneuriaux, le château d'Ancy-le-Franc; à Toulouse, sous la direction de Nicolas Bachelier. Les maisons d'Orléans constituent à elles seules un type d'une grâce admirable; on peut encore aller découvrir une école de la Renaissance en pleine Vendée,

à Fontenay-le-Comte, ville que François Ier appelait « la fontaine
et la source des plus heureuses intelligences ».

Quelques-unes de ces constructions nous reportent aux règnes
d'Henri II et de ses trois fils. L'art fit alors un nouveau pas vers le
gréco-romain, sous l'influence dominante de Philibert Delorme,
grand admirateur de l'antiquité, qui put appliquer ses théories
dans la construction du château d'Anet, destiné par Henri II à Diane

CHATEAU DE CHENONCEAUX (INDRE-ET-LOIRE)

de Poitiers, et dans celle du palais des Tuileries, commencé pour
la reine Catherine de Médicis, en 1564.

Le genre François Ier avait usé avec réserve de la colonne antique,
lui préférant le pilastre avec ses losanges et ses arabesques, mais le
prodiguant partout; il avait soigné l'encadrement des fenêtres,
les niches, délicatement ciselé et festonné les lucarnes, abusé des
hautes cheminées dont il avait fait de petits monuments; en abandonnant l'ogive, il avait conservé l'arc et largement employé soit le

plein cintre, soit l'anse de panier ; il n'avait pas changé la disposition des escaliers gothiques, dont il avait su tirer les combinaisons
les plus ingénieuses ; il n'avait pas sacrifié à la symétrie la disposi-

CHATEAU DU PAILLY (HAUTE-MARNE)

tion des salles intérieures, la liberté de la décoration et la variété
des aspects ; il avait su répandre avec abondance et harmonie une
sculpture égale comme conception et supérieure comme exécution

à tout ce qui avait jusqu'alors été fait en France. Les architectes,
sous les quatre derniers Valois, se scandalisèrent de tant de profusion et de laisser-aller, ils pensèrent qu'on faisait mieux en Italie,
recherchèrent, comme Michel-Ange, la majesté des lourdes façades,
l'harmonie sévère des grandes lignes et la sobriété dans la sculpture. Les ordres antiques plus largement appliqués leur semblèrent
aptes à procurer ce résultat, et alors commencent ces colonnades
ou plutôt ces entassements incompréhensibles de colonnes qui

CHATEAU DE LA ROCHEFOUCAULD (CHARENTE

devaient comprimer, comme dans un étau, sans toutefois parvenir
jamais à l'étouffer, notre génie natif.

Delorme néanmoins, tout en exaltant l'antique, se crut obligé de
faire quelque chose de national, et il inventa, à Villers-Cotterets,
une manière de colonne dont il se montra très fier et qu'il appela
« l'ordre français ». Dans cet ordre, les *tambours* ou assises qui forment le fut de la colonne sont alternativement de deux grosseurs et
de deux décorations différentes. On en voit un exemple dans l'ancien pavillon de la Bibliothèque au Louvre. L'innovation fit fortune, on l'appliqua aux pilastres et même aux pleins des murs.

On doit personnellement à Henri II, outre le château d'Anet, quelques parties du Louvre, des châteaux de Chambord, de Saint-Germain et de Fontainebleau ; dans ce dernier, la salle des Fêtes est regardée comme un chef-d'œuvre. Des trois fils d'Henri II, Charles IX fut celui qui fit le plus pour l'architecture ; mais il n'eut pas le temps de terminer le château de Charleval, qu'il avait fait commencer en Normandie. Le château disparu de Montceaux,

CHATEAU D'ANCY-LE-FRANC (YONNE)

en Brie (Seine-et-Marne), est l'œuvre de sa mère et annonce déjà le style Henri IV.

Prise dans son ensemble et indépendamment de la fâcheuse direction qu'elle prit en finissant, la Renaissance est une des gloires de notre pays. On le comprend assez, depuis trois siècles ; mais on a eu l'abnégation ou la faiblesse de laisser les Italiens s'emparer de cette gloire et se vanter d'en être les auteurs, par les modèles et les architectes qu'ils nous auraient envoyés. Il y a encore des ouvrages sérieux qui reproduisent ce vieux cliché d'après lequel nos

plus belles conceptions du seizième siècle, Blois, Chambord, Gaillon,
Écouen, Fontainebleau, seraient dues à des artistes transalpins.
Viollet-le-Duc a pris ainsi la défense de notre honneur national :

MAISONS, A TOULOUSE

« On ne saurait nier, dit-il, que la révolution qui se produisit
dans l'architecture à la fin du quinzième siècle coïncide avec nos
conquêtes en Italie ; que la noblesse française, sortant de ses tristes

donjons, s'était éprise des riantes villas italiennes et que, revenue chez elle, son premier soin fut de transformer ses sombres châteaux en demeures somptueuses, étincelantes de marbres et de sculptures. Mais ce qu'il faut bien reconnaître, en face des monuments, témoins irrécusables, c'est que le désir des seigneurs français fut interprété par des artistes français qui surent satisfaire à ces nouveaux programmes d'une manière complètement originale, qui leur appartient, et qui n'emprunte que bien peu à l'Italie. Il ne faut pas être très expert en matière d'architecture pour voir qu'il n'y a aucun rapport entre les demeures de campagne des Italiens de la fin du quinzième siècle et nos châteaux français de la Renaissance. Nulle analogie dans les plans, dans les distributions, dans la façon d'ouvrir les jours et de couvrir les édifices; aucune ressemblance dans les décorations intérieures et extérieures. Le palais de ville et celui des champs en Italie présentent toujours une certaine masse rectiligne, des dispositions symétriques que nous ne retrouvons dans aucun château français de la Renaissance et jusqu'à Louis XIV. Les artistes français de la Renaissance élevèrent des châteaux encore empreints des vieux souvenirs féodaux,

MAISON, A ORLÉANS

mais revêtant une enveloppe nouvelle en rapport avec cette société élégante, instruite, polie, chevaleresque, un peu pédante et maniérée, que le seizième siècle vit éclore et qui jeta un si vif éclat pendant le cours du siècle suivant. Soit instinct, soit raison, l'aristocratie territoriale comprit que la force matérielle n'était plus la seule puissance prépondérante en France, que ses forteresses devenaient presque ridicules en face de la prédominance royale; ses

ANCIEN CHATEAU DE MONTCEAUX

donjons redoutables, de vieilles armes rouillées ne pouvant plus inspirer le respect et la crainte au milieu de populations chaque jour plus riches, plus unies, et commençant à sentir leur force, à discuter, à vivre de la vie politique.

En gens de goût, la plupart des seigneurs s'exécutèrent franchement et jetèrent bas les murs crénelés, les tours fermées, pour élever à leur place des demeures fastueuses, ouvertes, richement décorées à l'intérieur comme à l'extérieur, mais dans lesquelles cependant on retrouve bien plus la trace des arts français que

SALLE DES FÊTES A FONTAINEBLEAU

celle des arts importés d'Italie. Les architectes français surent tirer un parti merveilleux de ce mélange d'anciennes traditions avec des mœurs nouvelles, et les châteaux qu'ils élevèrent à cette époque sont, pour la plupart, des chefs-d'œuvre de goût, bien supérieurs à ce que la Renaissance italienne sut faire en ce genre. Toujours fidèles à leurs anciens principes, ils ne sacrifièrent pas la raison et le bon sens à la passion de la symétrie et des formes nouvelles, et n'eurent qu'un tort, celui de laisser dire et croire que l'Italie était la source de leurs inspirations. » (*Dictionnaire raisonné*, t. III, p. 173.)

Il y a mieux : les noms italiens qui jusqu'ici avaient été acceptés sans contestation ont dû être presque toujours éliminés au profit

de noms français : Dominique de Cortone ou le Boccador, prétendu
architecte de l'hôtel de ville de Paris, n'y a travaillé qu'en qualité
de maître charpentier, en sous-ordre et sous la direction de l'architecte français Pierre Chambiges; les constructeurs de Gaillon,
Pierre Fain, Nicolas Biard et Guillaume Venant, n'ont point subi
les inspirations de Frà Giocondo; le Primatice n'a rien fait à Chambord, dû tout entier à un Blésois nommé très prosaïquement Pierre

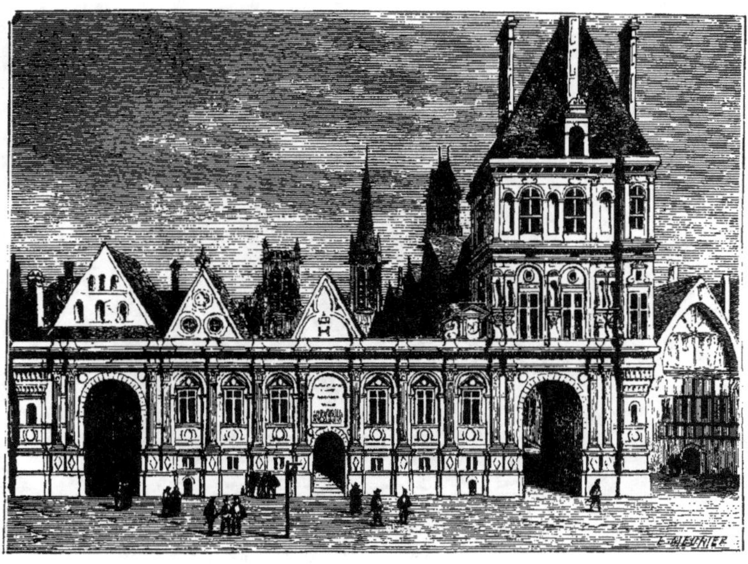

HOTEL DE VILLE DE PARIS EN 1590

Trancault, mais plus homme de génie, malgré son obscurité, que
le Primatice et ses collègues Rosso et Serlio, bons peintres et sculpteurs de second ordre, dont le talent comme architectes n'est guère
démontré. Venus spécialement pour construire et orner le palais
de Fontainebleau, ces trois artistes, peu capables de faire fortune
en Italie, reçurent de François Ier des fonctions assez analogues
à celles de nos inspecteurs des bâtiments civils; ils eurent à
approuver ou à modifier quelques plans, dont ils passèrent ensuite
facilement pour être les auteurs. Et cela sans doute avec la conni-

vence du roi et des grands seigneurs, plus flattés d'attribuer leurs
châteaux à des étrangers que de laisser pour signatures des noms
tels que Pierre, Martin ou Gilles. Mieux informés aujourd'hui, nous
savons que la Renaissance française, en y comprenant même Fontainebleau, dû à un maître maçon parisien, est représentée exclusivement par des architectes français dont nous avons mentionné quelques-uns. Et si deux de ces architectes, Sambin et Bachelier, ont été,

TOMBEAU DE LOUIS XII A SAINT-DENIS

comme on l'a supposé, des élèves de Michel-Ange, il n'y paraît
guère à leurs œuvres.

On peut en dire autant des sculpteurs Michel Colomb, Jean Juste,
Jean Goujon, Germain Pilon et nombre d'autres. Leurs œuvres, et
particulièrement les tombeaux qu'ils ont exécutés à Nantes, à Tours
et surtout à l'abbaye de Saint-Denis, sont issues des traditions gothiques ou ne perdent, en s'en affranchissant, rien de leur atta-
chante originalité.

Il se publie en ce moment un magnifique ouvrage qui achèvera
de réduire à leur juste valeur les prétentions italiennes sur la pater-

nité de notre architecture du seizième siècle. Nous voulons parler de *la Renaissance en France*, dont les livraisons embrassent successivement toutes nos provinces. L'auteur, M. Palustre, a mis en lumière, non seulement beaucoup de splendeurs inconnues de cette époque, mais encore la biographie souvent complète d'artistes de premier ordre dont l'existence était à peine soupçonnée. Nous devons à M. Palustre lui-même communication de la majeure partie des noms que nous avons cités. Bien que très incomplète, la liste de ces architectes suffit à montrer que nous avons su faire nous-mêmes notre Renaissance.

Et si des Italiens sont réellement venus s'établir en France à la suite des expéditions de nos rois et par la protection de Catherine de Médicis, les uns se sont contentés de rôles plus ou moins subalternes dans la construction ou la décoration de nos édifices, tandis que les autres, grâce à leur ambition, à leur naissance et à leurs intrigues, obtenaient de hautes dignités dans l'armée, le clergé et la magistrature (la plus grande partie des évêques du Midi de la France étaient, au seizième siècle, des Italiens, et pas un seul, excepté le cardinal Sadolet, ne s'est rendu célèbre).

CHAPITRE XIV

L'ART CLASSIQUE ET LES BOURBONS

L'art monumental, depuis le règne d'Henri II, était entraîné sur une pente fatale, où il glissa avec rapidité sous les trois premiers Bourbons. On voulut épurer l'architecture, on trouva que les traditions nationales s'y mêlaient à trop forte dose et on s'attacha à les affaiblir, sans remarquer, ou plutôt affectant de ne pas voir, que c'étaient elles qui avaient jusque-là maintenu à l'art sa vigueur. Des deux langues monumentales que d'heureux caprices avaient réunies, on élimina la langue vivante et on maintint la langue morte ; on asservit le tempérament national à un tempérament étranger au lieu d'assouplir doucement le tempérament étranger au tempérament national, et telle est la voie que jusqu'à nos jours se sont tracée les architectes.

Cependant, même après la création par Colbert, en 1666, de l'Académie de France à Rome, école qui permettait aux meilleurs artistes d'étudier sur place et à loisir les monuments de l'antiquité romaine et de la Renaissance italienne, malgré l'engouement de Louis XIV pour l'empire des Césars et la profonde aversion de tous ses sujets pour le gothique, l'imitation chez nous resta digne ; elle ne descendit pas encore à la copie ou au plagiat ; sans être exempte de défauts, elle se préserva des écarts de goût dans lesquels tombèrent si souvent les nations voisines [1], et quelques œuvres des dix-septième et dix-huitième siècles prouvent que notre originalité française n'abdiqua jamais entièrement ses droits.

1. L'Espagne surtout, qui posséda la Flandre et y construisit des édifices lourds et incorrects dont la gravure ci-jointe offre un exemple frappant, emprunté à l'église abbatiale de Saint-Amand-les-Eaux (Nord).

On n'oublie pas à point nommé cinq ou six siècles de bonnes et
fortes traditions. Les châteaux du temps d'Henri IV et de Louis XIII
en sont le témoignage. Ils conservent les tourelles en encorbelle-

ÉGLISE DE SAINT-AMAND-LES-EAUX (NORD)

ment et les pavillons d'angle, dernier souvenir des anciennes demeures féodales. Si les toitures perdent l'élancement que la fin du
moyen âge avait transmis à la Renaissance, les châteaux prennent

un nouveau cachet d'originalité par leurs couvertures en dôme ou
en carène de navire, dont l'usage n'a guère survécu à Louis XIII,
et par le rôle que joue la brique dans leur décoration, en formant
les pleins, tandis que la pierre de taille constitue les encadrements
des baies, les angles des murs et divers motifs d'ornementation qui
coupent les pleins lorsqu'ils sont trop larges.

Les monuments publics et les palais n'adoptent pas tous ces ca-

PALAIS DE MAZARIN

ractères, afin de se rapprocher davantage du goût antique ou plutôt
de ce qu'on appelait, même avant Louis XIV, « le grand goût ». Si
Marie de Médicis se contente, pour son palais du Luxembourg, de
pilastres appareillés suivant « l'ordre français », et Mazarin un peu
plus tard de l'assemblage de la pierre et de la brique, avec quelques
petits frontons, pour son hôtel, compris aujourd'hui dans les bâtiments de la Bibliothèque Nationale, il faut de grands frontons à
Richelieu pour sa demeure, si célèbre depuis sous le nom de Palais-

Royal. Le collège des Quatre-Nations, plus tard l'Institut, bâti par Mazarin, n'a presque rien de français et sa partie centrale a la prétention de rappeler les temples païens. Au contraire, l'hôtel de ville de Lyon, élevé de 1643 à 1655, durant les premières années du règne de Louis XIV, a un cachet qui le rapproche des châteaux du temps d'Henri IV et de Louis XIII.

Pour les églises, l'exemple de Saint-Pierre de Rome a porté ses

HOTEL DE VILLE DE LYON

fruits. Les façades sont des entassements d'ordres et ne laissent rien deviner de l'édifice qu'elles cachent. Les piliers sont flanqués de pilastres dont la dimension est calculée sur l'entablement qu'ils doivent supporter et non sur la force qui leur est nécessaire. Les voûtes ont repris l'antique berceau ou les arêtes romaines, ou bien encore une disposition intermédiaire qui permet de loger tant bien que mal des fenêtres au-dessus des entablements. On ne pouvait abandonner l'arc-boutant, dont l'absolue nécessité était si évidente :

mais pour y effacer tout point de ressemblance avec l'architecture gothique, on en renversa la courbe, ce qui le rendit à la fois plus

ÉGLISE ET CALVAIRE DE PLEYBEN (FINISTÈRE)

lourd et moins solide. Le triforium avait été déjà supprimé par la Renaissance : celui de Saint-Eustache est une exception à cette

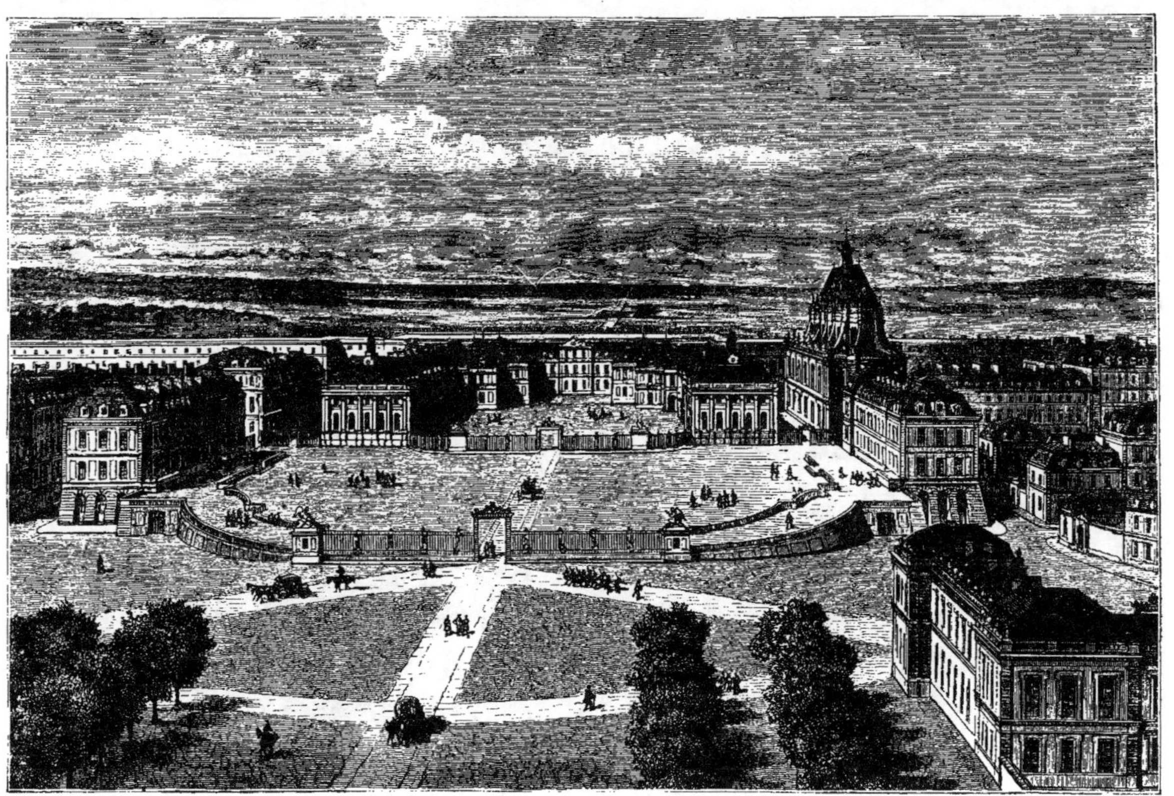

LE PALAIS DE VERSAILLES SOUS LOUIS XIV

époque. Enfin, pour avoir une coupole au transsept, on n'hésita pas
à sacrifier souvent le clocher.

DOME DES INVALIDES

Louis XIV porta un dernier coup à l'art : ce fut de le centraliser
et d'effacer totalement les provincialismes[1] qui nous avaient valu

1. Excepté la moyenne et la basse Bretagne (Côtes-du-Nord, Morbihan et Finistère),

au moyen âge et à la Renaissance une si grande richesse d'écoles. C'est malheureusement la situation que l'architecture garde encore et à laquelle il ne lui sera peut-être plus donné d'échapper. Le roi eut son architecte officiel, Hardouin Mansart, et sa cour donna le ton aussi bien pour l'architecture que pour les modes et le langage.

Mansart, personnellement, a construit deux des édifices les plus

remarquables du règne : le palais de Versailles, commencé par Levau en 1671, repris sur un plan plus vaste par Mansart pour être achevé en 1684; et le dôme des Invalides, exécuté dans les premières années du dix-huitième siècle.

Le palais de Versailles, qui, avec ses jardins peuplés de statues et arrosés de magnifiques pièces d'eau, a englouti tant de millions

qui gardèrent leur Renaissance mêlée de gothique jusqu'à la Révolution. L'église et le calvaire de Pleyben, ici représentés p. 250, datent en grande partie de Louis XIV.

alors que les peuples souffraient de la famine et de la guerre, ne produit certes pas l'effet qu'on pourrait attendre d'une façade se développant sur près d'un demi-kilomètre. Et pourtant ici toutes les commodités de l'habitation ont été sacrifiées au désir de « faire grand ». Pas de toitures, pas de cheminées, d'une extrémité à l'autre une longue ligne horizontale que coupe seul le comble de la chapelle. Comme la cour de Louis XIV, l'art a été soumis à une sévère étiquette. Mansart fut plus heureux dans la chapelle du château de Versailles et dans le dôme ajouté par lui à l'église des In-

PAVILLON, A MARLY

valides, déjà construite, ainsi que le reste de cet établissement, par l'architecte Bruant. Ce dôme, haut de cent mètres, est une des pièces capitales de l'art français.

Cette sereine majesté, que Louis XIV aimait tant à porter sur son front et qu'il tenait à imprimer sur toutes ses œuvres, Claude Perrault la fit éclater dans la fameuse colonnade du Louvre, dont il fut chargé en 1666. Pour exécuter cette façade, qui ne s'adaptait ni comme dimensions ni comme style au monument qu'elle était appelée à compléter, on n'hésita pas à remanier de fond en comble trois corps de bâtiment déjà terminés.

La colonnade du Louvre contribua beaucoup à propager une disposition qu'on avait déjà vue, mais rarement, sous Louis XIII : au lieu de consacrer un ordre particulier à chaque étage, on voulut augmenter le volume des colonnes ou des pilastres, dont on fit un lourd placage englobant deux et quelquefois trois étages sous un même entablement.

LE PANTHÉON A PARIS

C'est au caractère personnel de Louis XIV et à son goût pour les adulations qu'il faut rapporter les deux arcs de triomphe, la porte Saint-Denis et la porte Saint-Martin, qui lui furent érigés à Paris, à l'occasion de ses victoires sur les Hollandais, les Allemands, les Espagnols, et de la conquête de la Franche-Comté. Imitant ainsi les antiques Césars, il voulut encore, comme eux, s'ériger à lui-même un temple, et il commanda à Mansart « l'ermitage » de Marly, sorte de sanctuaire composé de douze pavillons faisant escorte à un pavil-

lon central de plus grande dimension, le tout figurant le soleil
entouré des douze signes du zodiaque. Les pavillons logeaient deux
par deux les vingt-quatre courtisans qui avaient été admis à l'in-
signe honneur d'accompagner le roi dans cette retraite, où pourtant, dit Saint-Simon, la peur du diable l'empêcha de se faire adorer
comme un Dieu.

Avec Louis XV, l'architecture et la royauté descendirent des cimes
olympiennes où les avait portées Louis XIV. L'une ne s'en trouva pas
mieux que l'autre : l'architecture ne descendit que pour tomber,

avec ses sœurs la peinture et la sculpture, dans la « mignardise ».
Chute excusable cependant, et trop sévèrement qualifiée du nom de
« goût rococo » ! Ces formes tourmentées, ces ornements sans nom
et sans raison d'être ne sont vraiment bizarres que lorsqu'ils vont
maladroitement s'associer aux nobles lignes des ordres antiques; or
une alliance aussi choquante ne fut pas de longue durée, elle fut
combattue, dès le règne même de Louis XV, par le cours d'architecture qu'ouvrit Blondel le neveu, en 1740, et par la puissante conception de Servandoni, qui, dans sa façade de Saint-Sulpice à Paris,
poursuivit l'effet monumental au moyen de la superposition de deux
portiques à colonnades. On retrouve cet effet monumental dans

l'église Sainte-Geneviève ou le Panthéon, commencée en 1764 par Soufflot et presque achevée quand éclata la Révolution; dans la Monnaie (1768-1775), due à Antoine, l'École Militaire, les colonnades de la place de la Concorde, le palais de Compiègne, le théâtre de Bordeaux (1773-1780), chef-d'œuvre de l'architecte Louis, et dans les édifices qui firent de Nancy, sous les derniers ducs de Lorraine, une des plus belles villes de l'Europe. Mais, ne le perdons pas de vue et que le lecteur ne se fatigue pas de nous l'entendre

THÉATRE DE BORDEAUX

répéter, ces qualités sont d'emprunt et acquises au détriment de notre originalité française. Celle-ci, réduite à n'apparaître que dans les édifices privés ou dans les monuments publics de second ordre, ou bien à se confiner dans les façades latérales et les cours des grands monuments, se livre à ces gracieuses fantaisies devant lesquelles le blâme expire sur les lèvres, à ces charmants caprices de courbes et de contre-courbes qui font tant rechercher aujourd'hui par les amateurs les meubles Louis XV et Louis XVI.

L'engouement pour l'art antique, sous les Bourbons, n'eut pas l'unique résultat de nous donner un art s'éloignant le plus possible des traditions nationales, il engendra à l'égard de ces traditions et de ce qui les représentait le mieux, le style ogival, un superbe dédain, qui se traduisit de différentes manières. Les églises. que le moyen âge avait laissées sans façade, on les termina par des frontispices gréco-romains, croyant leur faire ainsi beaucoup d'honneur. Ainsi agirent Jacques Debrosses à Saint-Gervais de Paris et l'architecte de la cathédrale d'Auch. Ailleurs, sous prétexte d'embellissement, de commodité, et avant tout pour avoir occasion d'enlever le plus de témoignages possible de notre « barbarie gothique », on se livra à des actes du plus inqualifiable vandalisme. Sans y songer, le clergé des dix-septième et dix-huitième siècles continua, avec un zèle digne d'une meilleure cause, les destructions si vigoureusement commencées par les Huguenots sous Charles IX et Henri III [1]. Les évêques, les chanoines et les abbés s'acharnèrent à dénuder leurs églises ou à remplacer les prétendus « colifichets » qu'elles contenaient par des œuvres de « grand goût ». On brisa les autels, les retables, les jubés, les clôtures des chœurs avec leurs admirables sculptures, pour en faire du moellon; on défonça les vitraux, qu'on vendit et auxquels on substitua des panneaux blancs. Le jubé de la cathédrale de Tours fut détruit en 1682, celui de Saint-Étienne de Meaux en 1723, celui d'Amiens en 1755, celui de Chartres en 1763. L'exécution du Vœu de Louis XIII, consacrant la France à la Sainte-Vierge, amena, au commencement du règne de Louis XIV, le remaniement complet du chœur de Notre-Dame de Paris. Pour être mieux vus du peuple durant les cérémonies, les chanoines des cathédrales ou des collégiales abattirent, en même temps que les jubés, les hauts dossiers des stalles. On ne sut même pas respecter ce que l'antiquité païenne n'avait pas su profaner, les tombeaux, et tel chapitre, sous prétexte d'établir une circulation plus libre, vendit au poids du bronze la statue funéraire de l'évêque du douzième ou du treizième siècle qui avait sacrifié son repos et ses revenus pour construire la cathédrale.

---

1. Les démolisseurs du seizième siècle, non contents d'abattre les « idoles » des portails, détruisirent ou mirent à l'état de ruine un grand nombre de monuments religieux : les cathédrales d'Orléans, de Périgueux, de Saintes, de Bazas, de Dax, de Montauban, de Pamiers, d'Alet, de Castres, d'Uzès, de Valence, de Die et de Mende; les églises abbatiales de Saint-Eutrope de Saintes, de Saint-Jean-d'Angély, de Saint-Maixent, de Saint-Étienne de Caen, d'Orbais, etc.

NANCY

En 1748, juste six siècles après la mort d'Ulger, qui avait bâti en majeure partie la cathédrale Saint-Maurice, les chanoines d'Angers célébrèrent le centenaire de cet évêque en brisant les sculptures de son tombeau, et en livrant à un fondeur le métal qui provenait de cette destruction sans excuse. En 1757, douze tombes en cuivre disparurent à la fois de la cathédrale de Beauvais pour faire place à un pavé neuf.

Les inscriptions contenant les noms des architectes ou des souvenirs historiques, des armoiries, des devises, on les enleva comme choses indifférentes ou importunes. En 1778, un chanoine de Reims se chargea des frais de la destruction du labyrinthe de la cathédrale, scandalisé qu'il était de voir des enfants le parcourir en manière d'amusement. Ses confrères acceptèrent avec gratitude et le récompensèrent en lui décernant une stalle d'honneur!

SAINT-GERVAIS A PARIS

On alla jusqu'à gratter les murs, jusqu'à cacher par du stuc ou du marbre les colonnes et les ogives, pour « dégothiser » le plus possible le monument. Le chœur de Saint-Germain l'Auxerrois à Paris et la façade de la cathédrale de Soissons portent des traces profondes et inguérissables de ces outrageantes mutilations.

Les moines, plus modérés quant aux églises, se rattrapèrent sur les bâtiments conventuels, qu'ils renouvelèrent autant que le leur permirent leurs ressources. Et pourtant ces vieux bâtiments gothiques étaient suffisants, alors que les monastères ayant renfermé des centaines de religieux n'en possédaient que trente, vingt et parfois moins encore.

Il est vrai que beaucoup d'abbayes avaient été ruinées par les protestants, ou si maltraitées qu'elles seraient restées à peu près inhabitables sans une réédification complète. Il faut dire aussi que les nouvelles constructions monastiques furent supérieures, comme correction et originalité à la fois, aux autres constructions civiles du même temps. Ajoutons enfin que certains abbés ou prieurs, pla-

CATHÉDRALE D'AUCH

nant au-dessus du mépris que professaient leurs contemporains pour le moyen âge, mirent toute leur étude à rendre à leurs églises mutilées la physionomie romane ou ogivale que leur avaient enlevée les Vandales du seizième siècle. Les églises de Saint-Étienne de Caen, de Saint-Maixent, Toussaint d'Angers, sont si frappantes à cet égard, qu'il faut un sérieux examen pour reconnaître leurs vraies dates. A Corbie, on construisit dans le style ogival la nef et le transsept de l'église abbatiale, que le quinzième siècle avait laissés inachevés.

SAINTE-CROIX D'ORLÉANS

Louis XIV avait fait du vandalisme un de ses moyens de gouvernement. Ayant eu à se plaindre des Bordelais, qui pendant la Fronde avaient pris parti contre la cour, il ordonna de raser le clocher de Saint-Michel, pour punir les rebelles. Devant les représentations qui lui furent soumises, il eut le bon goût de ne pas insister et se contenta de l'effet produit par ses menaces; mais il fut inexorable contre les malheureux habitants d'un village de Bretagne, nommé Lambour, qui s'étaient soulevés, en 1673, contre l'impôt du papier timbré. La flèche dentelée de leur église, objet de leur orgueil, fut abattue sans miséricorde.

On ne sait sous quelle influence les Bourbons se décidèrent à tolérer le style ogival flamboyant pour une grande cathédrale, Sainte-Croix d'Orléans, qu'avaient renversée les Calvinistes, et pour la cathédrale, beaucoup plus modeste, de Blois. Ces deux édifices trahissent néanmoins leur époque, tant les incorrections y sont graves, surtout à la façade de Sainte-Croix.

Il est un autre genre de vandalisme qu'il faut imputer au dix-septième siècle et surtout à Richelieu, tout en reconnaissant que ce fut une nécessité politique : la destruction des châteaux forts. Malgré les progrès de l'artillerie, un certain nombre de forteresses étaient devenues la proie d'aventuriers, qui, à la faveur des guerres de religion, puis des troubles de la Ligue, avaient pu s'y maintenir assez longtemps, et de là pressurer tout un pays. Un édit de Louis XIII, rendu en 1625 sur la proposition du cardinal, ordonna le rasement des places fortes non situées sur les frontières. On n'avait pas attendu jusqu'alors pour démanteler plusieurs châteaux, par exemple Dreux, Montlhéry, Chalusset, Carlat, Pierrefonds et le Château-Gaillard. C'est à Mazarin qu'est due la mise en état de ruine du château de Coucy.

Louis XIV acheva l'œuvre de destruction, en 1668 et années suivantes, par les châteaux de la Franche-Comté.

CHAPITRE XV

L'ARCHITECTURE DEPUIS LA RÉVOLUTION

La Révolution française produisit sur l'architecture les mêmes effets que sur les idées et l'état social : elle brisa toutes les traditions, souvent ce qui les représentait[1], et obligea l'art de bâtir à se frayer de nouvelles voies.

Jeté violemment hors de sa carrière et séparé de traditions qui, indépendamment de leur plus ou moins de mérite intrinsèque, seraient son meilleur point d'appui, l'art monumental n'a pas encore trouvé le repos auquel il aspire : il s'agite avec inquiétude, oscille, hésite et varie, suivant la direction que prennent les études archéologiques, devenues son principal, presque son unique aliment. Il s'efforce de renouer la chaîne qui le relie au passé, afin de marcher avec plus de force à la conquête de l'avenir; seulement il va emprunter ce passé à des temps ou à des civilisations qui n'ont rien de commun

---

1. Le marteau révolutionnaire abattit les statues là où les Huguenots en avaient laissé, rasa un grand nombre de clochers, détruisit violemment quelques églises, profana et brisa de magnifiques tombeaux, chefs-d'œuvre de la sculpture du moyen âge et de la Renaissance. Mais la Convention rougit elle-même de tels excès, qu'elle réprima par un décret du 24 octobre 1793 défendant de mutiler à l'avenir les monuments. Les démolitions les plus regrettables et de beaucoup les plus nombreuses furent le fait de la « bande noire », c'est-à-dire de spéculateurs avides qui, après avoir acheté à vil prix les édifices enlevés au culte, en débitèrent les matériaux au mètre cube. Ainsi périrent les splendides cathédrales d'Arras et de Cambrai, celles d'Agen et d'Avranches, l'incomparable basilique de Cluny, les églises de Saint-Martin de Tours, de Marmoutier, de Saint-Aubin d'Angers, de Saint-Wandrille, de Saint-Bertin, de Déols, de Charroux, la rotonde de Saint-Bénigne de Dijon, etc. Ces œuvres de ruine se poursuivirent jusque sous la Restauration. La bande noire acheta également plusieurs châteaux : celui de Richelieu (Indre-et-Loire), bâti par le cardinal de ce nom, les châteaux de Monceaux, de Marly, de Chantilly, de Grignan, et, dans la vallée de la Loire, ceux de Bury et d'Onzain.

avec notre époque; plus malheureusement encore, dans ses emprunts, il ne sait pas toujours se préserver du pastiche, du plagiat, et, à moins d'être doué de ces intelligences hors ligne qui s'assimilent instantanément et se rendent propres les connaissances les plus diverses, nos architectes retirent de leurs études sur tous les anciens styles une macédoine de réminiscences souvent contradictoires qui anéantit l'individualité et l'unité de leurs conceptions.

LA MADELEINE A PARIS

On a trop répété que la première République n'a su que briser et démolir : elle a construit aussi et su faire reconnaître ses ouvrages, sinon par la nouveauté du style, du moins par la nature de ses emprunts. D'une austérité puritaine, elle proscrit à la fois et les décorations capricieuses des deux règnes précédents et l'ordre corinthien, avec lequel elle enveloppe dans une commune disgrâce les autres ordres romains, pour aller chercher à Pæstum, dans l'an-

tique Lucanie (Italie méridionale), l'ordre dorique grec. On peut
voir ce qu'elle en fit dans les pavillons d'octroi des anciennes bar-
rières de Paris et dans beaucoup de maisons particulières de la
même ville, aux alentours de l'Opéra et de la Madeleine. On ne doit
toutefois à la République inaugurée en 1792 aucun édifice réelle-

ARC DE L'ÉTOILE

ment important, aucun de ces souvenirs d'art qui portent jusqu'au
yeux des générations les plus reculées la physionomie vivante d'une
époque.

Il fallait du prestige au premier Empire, qui voulut étouffer sous
la richesse et la masse de ses constructions le souvenir de son origine plébéienne. Napoléon prit dans ses victoires le thème ou l'ob-

jet de ses monuments : l'arc de triomphe de l'Étoile, le plus colossal qui existe, l'arc du Carrousel, la colonne Vendôme et le temple, qui, à peine commencée, fut destiné à porter le vocable de sainte Madeleine, devaient rendre impérissable la gloire du conquérant moderne et de sa Grande-Armée. Comme Louis XIV, il puisa à Rome ses inspirations, et l'on profita de la connaissance plus parfaite qu'on avait acquise de l'antiquité romaine pour s'astreindre à une imitation qu'on ne craignit pas de pousser jusqu'à la servi-

LA BOURSE A PARIS

lité. L'arc du Carrousel est la copie de celui de Septime-Sévère, la colonne Vendôme une répétition de la colonne Trajane, la Madeleine un temple qu'on aurait pu, sans en changer la moindre moulure, dédier à Jupiter Capitolin.

A la suite de l'expédition de Bonaparte en Orient et des travaux de l'Institut d'Égypte, on avait tenté d'acclimater en France l'architecture des Pharaons. Cet essai n'a déterminé que des constructions trop peu importantes et trop peu nombreuses pour influer notablement sur la marche de l'art.

Nulle époque artistique, en France, n'a été plus pauvre d'inven-

tion que le premier Empire, et si la grandeur et la richesse donnent
quelque prix à ses monuments de premier ordre, les constructions

NOUVELLE CATHÉDRALE DE MOULINS

d'une moindre importance ne se distinguent que par une désolante
platitude, qu'on peut constater dans tout le parcours de la rue de

Rivoli à Paris, et dans la ville de la Roche-sur-Yon, rebâtie
sous le nom de Napoléon-Vendée.

Il en fut de même durant la majeure partie de la Restauration,

comme on peut le voir, encore à Paris, par l'encombrante colonnade de la Bourse et la fausse façade du Palais-Bourbon (Chambre
des députés).

Les artistes sérieux finirent par s'émouvoir de cet état de choses et cherchèrent les moyens d'y remédier. Lebas, Lepère et Hittorf pensèrent que la basilique est le type qui convient le mieux aux églises modernes : de là Notre-Dame-de-Lorette et Saint-Vincent-de-Paul à Paris, et à Rennes la cathédrale. Mais l'art religieux allait être dirigé sur une voie bien différente. Le Musée des monuments français, où Alexandre Lenoir avait réuni les épaves arrachées à la destruction des monastères, et particulièrement les débris des

PALAIS DE LONGCHAMP A MARSEILLE

tombes royales, avait, sous l'Empire, attiré une sympathique attention sur le moyen âge, sympathies que fortifièrent, sous la Restauration et le gouvernement de Juillet, les écrivains romantiques : Chateaubriand dans le *Génie du christianisme* [1], Victor Hugo, dans *Notre-Dame de Paris*, et l'orateur Montalembert, dans son ouvrage sur *le Catholicisme et le Vandalisme dans l'art*. Les leçons d'Arcisse de Caumont, qui dès 1830 professait à Caen son *Cours d'antiquités monumentales*, et trois ans après organisait une importante Société archéologique et des Congrès annuels, inau-

---

1. Livre déjà publié en 1802, mais dans toute sa vogue sous la Restauration.

gurèrent l'étude impartiale de l'art roman et de l'art ogival[1], étude
que poursuivirent ou encouragèrent, de leur côté, les architectes
Piel, Labrouste, Lassus et Viollet-le-Duc, disposés à les réduire
eux-mêmes en pratique. Mais la réhabilitation du style gothique
tint moins à ses qualités maîtresses qu'à l'impression produite sur
ses admirateurs par ses formes élancées et le symbolisme tout ascé-

LE GRAND-OPÉRA

tique qu'on croyait y découvrir ; cette impression, jointe au goût
des fabriques de nos paroisses pour le clinquant et les panaches,

1. Le *Cours d'antiquités monumentales*, publié en 1830 en 6 vol. in-4° ornés de
planches, et surtout l'*Abécédaire ou rudiment d'archéologie*, publié à partir de 1850 en
3 vol. avec nombreuses gravures sur bois, sont encore les meilleurs ouvrages que puissent lire ceux qui veulent pousser un peu loin l'étude de notre architecture nationale
et des arts qui en dépendent : charpente, serrurerie, orfèvrerie, etc. La *Société française d'archéologie*, fondée par ce grand homme, existe toujours, et avec la modeste
cotisation de 10 francs que lui fournissent ses membres, elle contribue plus qu'aucune
autre Société savante à la conservation et à la sage restauration de nos antiquités nationales, qu'elle fait en outre connaître par son *Bulletin monumental*, parvenu à la
cinquantième année de sa publication.

nous a valu depuis près d'un demi-siècle un nombre incalculable
d'églises et de chapelles gothiques, élancées, pyramidales, où
rarement se retrouvent les beautés sévères de leurs modèles. Au

ESCALIER DU GRAND-OPÉRA

lieu d'édifices bien conçus, amples, majestueux jusque dans leur
exiguïté même, nous voyons se bâtir des monuments mesquins,
chétifs malgré leurs grandes dimensions, ne disant rien au cœur
ni à l'esprit, semblables à une page éloquente récitée d'un ton

uniforme par un écolier qui n'en a point encore découvert le sens.
C'est que le style ogival, tout en représentant le catholicisme qui vit
toujours, représente aussi une époque morte pour nous à la plupart
des points de vue ; il resterait cependant préférable à l'architecture
classique s'il eût été employé avec discernement, comme l'ont fait
Lassus dans son église du Sacré-Cœur à Moulins et dans celle de

SALLE DE TRAVAIL À LA BIBLIOTHÈQUE NATIONALE

Saint-Jean-Baptiste à Belleville (Paris) et Viollet-le-Duc dans la nouvelle nef de la cathédrale de Moulins.

Les essais d'application de l'art ogival aux monuments civils,
pour la raison que nous venons d'alléguer, n'ont pas abouti à des
résultats dont on ait lieu de s'applaudir, bien que l'hôtel de ville
d'Angoulème, imité du treizième siècle, ne manque ni d'ampleur,
ni d'harmonie.

Les styles roman et de la Renaissance, moins éloignés de l'art antique, à l'influence duquel nous restons plus ou moins assujettis, sont mieux compris dans les nombreuses imitations qui en sont faites, comme l'église de la Trinité, à Paris, dont la façade rappelle assez bien le temps d'Henri II. On peut en dire autant du style byzantin, et quand seront achevées à Paris l'église de Montmartre et à Marseille la nouvelle cathédrale, la France aura peu à envier à Saint-Marc de Venise et à Sainte-Sophie de Constantinople.

LES HALLES CENTRALES

Comme l'art religieux, l'art civil, dès la Restauration, éprouva le besoin de se retremper à de nouvelles sources, et ce ne fut plus à Rome qu'il alla les demander. Dans son étude graphique sur les monuments de Pæstum, exposée en 1829 dans les salles de l'Académie des Beaux-Arts, Henri Labrouste montrait sous son vrai jour l'architecture grecque, et dans son cours, inauguré l'année suivante, il faisait comprendre à ses élèves que la supériorité de cet art, aussi bien que de l'art du moyen âge, tenait, en dernier ressort, à l'adop-

tion du principe d'analyse, c'est-à-dire à l'accord des formes avec
le programme à remplir et avec les moyens d'exécution. Il obtint
ainsi un double effet : ses contemporains s'inspirèrent de l'art grec
authentique aussi bien que de l'art romain, surtout après qu'eut
été fondée, en 1840, l'École française d'Athènes ; et on reprit insensiblement l'habitude, perdue à peu près depuis la Renaissance, de
conformer la décoration à la structure et celle-ci aux besoins mo-
raux et matériels qu'elle est destinée à satisfaire. Labrouste donna

AQUEDUC DE ROQUEFAVOUR (BOUCHES-DU-RHONE)

lui-même l'exemple dans la Bibliothèque de Sainte-Geneviève à
Paris et dans la salle de travail de la Bibliothèque nationale.

C'est de ce principe d'analyse et de ces appels à l'antique Grèce
que procèdent le bâtiment principal de l'École des Beaux-Arts à
Paris, bâti par Duban sous Louis-Philippe, et les plus beaux édifices
du second Empire et de la troisième République : la Bourse de
Lyon, le palais de Longchamp à Marseille, et à Paris les ailes ou
les galeries destinées à relier les Tuileries au Louvre, les nouveaux
bâtiments du Palais de Justice, de l'École de Médecine, et surtout

le Grand-Opéra, conception puissante qui a placé son auteur, M. Garnier, au premier rang des architectes modernes. L'hôtel de ville de Paris, terminé en 1883, est la reproduction à peine déguisée de celui qu'avait détruit la Commune de 1871.

Il est deux classes de constructions qui doivent peu à l'archéologie et n'en font que plus d'honneur à notre siècle.

Les unes sont les constructions industrielles, pour lesquelles a été imaginé l'emploi du fer et de la fonte comme matériaux principaux.

GARE DE L'EST A PARIS

paux. Labrouste s'est heureusement servi de ces métaux dans les deux édifices que nous avons déjà mentionnés de lui; sous le second Empire, l'architecte Baltard les a appliqués sur une vaste échelle aux Halles Centrales de Paris, merveille de logique et d'habileté, sans qu'on ose pourtant les qualifier d'œuvre d'art.

Les autres sont les travaux de voirie, dans lesquels, soit avec l'aide du fer, soit avec la pierre seule, nos ingénieurs ont surpassé les Romains. Le célèbre Pont du Gard pâlirait à côté de l'audacieux aqueduc de Roquefavour, qui depuis 1846 porte à 82 mètres au-dessus de la rivière d'Arc les eaux enlevées à la Durance pour ap-

VIADUC DE MORLAIX (CHEMIN DE FER DE PARIS A BREST)

provisionner Marseille. L'établissement des chemins de fer a nécessité en France une foule de constructions réellement grandioses. A part les gares, qu'on peut assimiler à des bâtiments industriels et qui cependant, comme celles du Nord et de l'Est à Paris, affichent avec succès des prétentions à l'architecture ; à part les tunnels, voûtes dont le plus ou moins de longueur fait le principal mérite, les progrès de la vapeur nous ont valu des ponts en pierre, des ponts métalliques ou bien des ponts tenant des deux systèmes à la fois, et de gigantesques viaducs à un, deux ou trois étages qu'on ne cite plus aujourd'hui, tant ils sont nombreux.

Naguère encore, le viaduc qui porte à 58 mètres au-dessus des quais de Morlaix la route de terre et le chemin de fer de Paris à Brest, passait à juste titre pour le plus imposant que nous eussions en France, avec celui de Chaumont, plus long et à peine moins élevé, jeté, pour le chemin de fer de Paris à Belfort, sur la vallée de la Suize (Haute-Marne). Ces deux ouvrages sont relégués au second rang depuis la construction, en 1867, du chemin de fer de Clermont à Nîmes. Dans son parcours entre Chanteuges (Haute-Loire) et la Grand'Combe (Gard), à travers un coin du département de la Lozère, sur une longueur de 132 kilomètres, ce railway s'engage dans 98 tunnels d'une longueur totale de 25 kilomètres, et coupe les vallées au moyen de 46 viaducs, dont un, celui de l'Altier, n'a pas moins de 72 mètres de hauteur. A leur tour, les travaux d'art de la ligne de Clermont à Nîmes restent bien au-dessous du magnifique pont de Garabi, dans le Cantal, construit en 1883 pour le chemin de fer de Neussargues à Marvejols. L'arche principale de ce pont semble être le dernier mot de la science appliquée à l'architecture. Son cintre métallique est lancé à 122 mètres au-dessus du lit de la Truyère, entre deux culées éloignées de 165 mètres.

Notre siècle, surtout depuis l'avènement du second Empire, est un de ceux qui auront le plus construit, nulle époque n'a même assisté à un mouvement aussi fiévreux de la truelle et du marteau. Cela est dû à des causes nombreuses et diverses. Les besoins de la civilisation moderne, si différente non seulement de celle du moyen âge, mais encore de celle du dix-huitième siècle, ont nécessité le remaniement des cités, qu'on a bouleversées de fond en comble pour en élargir les rues, percer des voies nouvelles, élever des édifices en

rapport avec l'augmentation de la richesse publique. Les exigences
de l'industrie et du commerce ont parsemé la France d'usines, de

TOUR SAINT-JACQUES A PARIS

gares, d'entrepôts, etc., créé des centres de population et nécessité
l'agrandissement des vieilles villes. La passion du neuf et le zèle
religieux ont fait remplacer à grands frais la plupart de nos églises.
Enfin, la spéculation dresse le plus qu'elle peut de maisons à cinq

ou six étages où l'architecture n'est pas dédaignée, malgré les règlements de voirie qui en arrêtent la libre expansion.

Non content de couvrir le sol français de constructions nouvelles, notre siècle s'applique à sauver, parmi les anciennes, celles que recommandent leurs dates, leur beauté ou les caractères de leur architecture. Il en a fait une classe à part, celles des *monuments historiques*, et l'État envoie ses meilleurs architectes restaurer ces vénérables débris, sur lesquels le loi défend de porter une main dévastatrice. Beaucoup d'édifices qui n'ont pu conserver leur ancienne destination ou en recevoir une nouvelle ont été mis en état de servir tout au moins à l'embellissement de nos villes. Telle la tour Saint-Jacques-la-Boucherie à Paris, ancien clocher veuf de son église et dont on a fait avec succès l'ornement d'un jardin public. Il est fâcheux seulement que les restaurations manquent leur but en le dépassant, et qu'elles aboutissent à des reconstructions complètes, parfois même inexactes, n'offrant plus aucune garantie pour l'étude. Les debris d'architecture ou de sculpture ayant fait partie des monuments détruits sont pieusement recueillis dans nos musées; à Paris, le musée de Cluny, installé dans l'hôtel de ce nom, est riche en remarquables fragments lapidaires du moyen âge et en objets mobiliers de cette époque. Enfin, dans la même ville de Paris, le palais du Trocadéro, resté sans destination à la suite de l'exposition universelle de 1878, a été affecté, deux ans après, à un musée des moulages où figurent avec honneur les reproductions des belles œuvres de la sculpture française depuis le onzième siècle.

Le temps n'est plus où nous méprisions notre passé : nous avons appris à le respecter, parce que, dans les arts surtout, il est la meilleure garantie de notre avenir.

CHAPITRE XVI

Nous avons eu longtemps en France une singulière façon d'entendre le patriotisme. Fiers uniquement de nos exploits militaires et de quelques exemples de vertu civique, en les mettant toutefois bien au-dessous des Grecs et des Romains, nous avions renoncé, avec la meilleure grâce du monde, à nos droits les mieux établis sur la gloire artistique, scientifique et littéraire. Tout en restant fort orgueilleux, nous abjurions ou laissions dans l'oubli ce qui pouvait justifier notre orgueil national. Pour ne parler que de l'architecture, nous allions, avec cette belle galanterie qu'on nous connaît, au-devant des prétentions ou des calomnies des nations étrangères. « Les Gaulois, disions-nous sans contrainte, n'étaient que des intelligences à peine dégrossies ; capables tout au plus d'élever ou de grouper des pierres brutes, ils reçurent des Romains les notions de l'art de bâtir, que plus tard les Francs vinrent étouffer. Au moyen âge, les Français furent de vrais barbares, ils ne surent que corrompre l'architecture romaine et ensuite la remplacer par un système digne des Goths, système que vinrent heureusement détruire, à la Renaissance, les travaux et l'influence prédominante des artistes italiens. Et si depuis Louis XIV nous construisons avec goût, nous le devons à l'antiquité classique, dont nous imitons avec plus ou moins de rigueur les immortels ouvrages. »

Tel était notre langage avant la seconde moitié de ce siècle. Un premier mouvement, depuis près de cinquante ans, donne à notre vieille abnégation une tournure plus réservée. On admet que les styles du moyen âge sont moins grossiers qu'on ne l'avait d'abord supposé, on

laisse même les nombreux disciples de Viollet-le-Duc croire à l'absolue perfection de l'art ogival; mais nous n'avons accepté ces
vérités que pour en faire hommage à d'autres pays. Nous en sommes
encore à nous raidir contre ceux qui nous adjurent de ne voir dans
notre ancienne architecture qu'une production essentiellement
française, et qui nous représentent notre patrie comme sans rivale
dans ce genre de mérite.

C'est cette thèse que nous allons développer, avec l'autorité que
nous donnent, nous osons l'affirmer, de longues études et une froide
impartialité, s'il est permis à un Français de se dire froidement
impartial quand il écrit pour sa patrie.

Les Gaulois, il est vrai, n'ont pas eu d'architecture digne de ce
nom; mais rien n'indique en eux l'incapacité de concevoir un art
parfait : la conquête romaine, survenue avant le complet développement de la civilisation gauloise, n'a pas donné à celle-ci le temps
de faire ses preuves. Il est fort probable que, si nos premiers ancêtres historiques avaient possédé plus longtemps leur autonomie,
ils n'auraient eu rien à envier, sous ce rapport, à leurs dominateurs.
Ce qui l'insinue puissamment, c'est que l'élévation de notre génie
national, en tant qu'appliqué à la littérature et aux arts, tient en
grande partie à la conservation d'un élément gaulois considérable
dans notre race. La logique dans la structure et la verve dans la
décoration, qui distinguent nos monuments du moyen âge et de la
Renaissance, nous ne les devons ni aux Grecs, ni aux Byzantins, ni
aux Romains, ni aux Arabes, ni aux Italiens : elles dérivent de notre
caractère, et ce caractère, comme le sang qui bouillonne dans nos
veines, ce sont surtout les Gaulois qui nous l'ont transmis.

Tributaires de l'art grec, les Romains imposèrent à leur tour aux
peuples subjugués par eux en Occident leur architecture aussi bien
que leurs mœurs et leur langue; les Gaulois, comme les autres,
oublièrent un instant les tendances naturelles de leur génie national. Mais aussitôt que la barbarie au milieu de laquelle s'était effondré
l'Empire eut fait place à une première renaissance de la civilisation,
sous Charlemagne, le génie gaulois reprit son essor et son indépendance, et il se servit, à partir de ce moment, de ses merveilleuses
aptitudes pour tenter jusqu'au bout, seul au sein de l'Église catholique, la solution du problème légué par la basilique romaine.

Sans nos aïeux, c'en était fait à jamais de cette solution artistique, dont la recherche avait découragé tous les autres peuples. Les Orientaux, qui tenaient à la voûte, sacrifièrent le plan basilical, et, dès qu'ils eurent trouvé, sous Justinien, le moyen de bâtir une coupole sur quatre piliers, ils cessèrent tout effort ; depuis quatorze siècles, les Grecs n'ont rien changé à leur système de construction. Les Italiens tantôt adoptèrent les errements des Orientaux et tantôt conservèrent intact le plan basilical, en renonçant à la voûte. Quelquefois ils imitèrent les Allemands, qui, comme les Français, trouvèrent un style roman assez convenable, mais sans avoir, eux, la force ni la volonté d'aller plus loin.

Le style roman, bien que répandu, avec une plus ou moins forte dose de byzantin, dans les diverses nations occidentales de l'Europe, resta en France complètement national par ses origines et son caractère. Il fut même chez nous plus national et plus pur que partout ailleurs, car ce fut chez nous qu'il subit le moins les influences byzantines, jusqu'à s'en trouver, dans la plupart des provinces, complètement affranchi.

On a prétendu et l'on croit généralement encore que notre style roman doit beaucoup aux croisades ; Viollet-le-Duc a été jusqu'à affirmer que les principaux éléments de ce style se retrouvent dans les églises syriennes du quatrième au septième siècle, monuments dont les pèlerins ou les croisés se seraient souvenus à leur retour en Europe. Nous avons assez longuement réfuté, dans un précédent ouvrage [1], cette imprudente assertion et quelques autres qui tendraient à attribuer à nos expéditions en Palestine des résultats artistiques auxquels elles ont été à peu près étrangères. Il suffira ici de rappeler que le style roman a pris sa racine, sinon ses inspirations, dans l'art romain, qu'il a perfectionné cet art en le simplifiant, et que cette simplification était en voie de s'opérer trois cents ans avant la première croisade. Le style ogival ne doit pas davantage aux importations orientales, pas même l'ogive, comme nous l'avons surabondamment établi dans la même publication.

Non seulement le roman français fut un art individuel, mais il eut une vie tellement exubérante, qu'il se répandit au dehors, et

<hr>

1. *Viollet-le-Duc, ses travaux d'art et son système archéologique*, p. 179-189.

jusqu'en Terre-Sainte. Les croisés l'y apportèrent ainsi que le style ogival, bien loin d'aller chercher des types dans ce pays. Quelques parties du Saint-Sépulcre portent encore les traces de notre passage à Jérusalem. Déjà les célèbres aventuriers normands Robert Guiscard et Roger avait implanté en Sicile et dans l'Italie méridionale l'art de leur patrie, qu'y entretinrent de nouveaux guerriers venus des bords de la Manche avec des compatriotes de toute profession.

Ce qui est encore bien plus honorable pour la France du onzième siècle, c'est qu'elle n'eut pas besoin d'invasions militaires pour importer son architecture romane dans l'Espagne chrétienne et en Angleterre : la réputation de nos monuments suffit pour nous susciter dans ces contrées des imitateurs fort habiles. Le 28 décembre 1065, une grande réunion d'évêques procédait, dans l'église abbatiale de Westminster, à une imposante cérémonie : on consacrait le nouvel édifice en présence du roi Édouard le Confesseur, qui avait expressément appelé, pour le bâtir, des architectes français. Les années suivantes, les architectes venus à la suite de l'armée de Guillaume le Conquérant achevèrent de fixer pour un siècle le style roman dans la riche Albion et y bâtirent, dans le goût normand, de majestueux donjons, par exemple la célèbre Tour de Londres, des abbayes richement sculptées et des cathédrales magnifiques dont on retrouve encore des fragments considérables à Cantorbéry, Durham, Peterborough et Rochester.

C'est aussi à la France qu'appartient la gloire d'avoir imprimé au style roman une si féconde et si attrayante variété, d'en avoir poli et harmonisé les formes, et de l'avoir revêtu de son incomparable ornementation. Où trouver des portails et des clochers aussi parfaits que ceux de nos églises romanes, une sculpture aussi vigoureuse, aussi riche, et en particulier des rosaces comme celles du portail de Saint-Pierre à Moissac, rosaces que Viollet-le-Duc, avec un peu d'exagération pourtant, mettait au niveau des plus belles conceptions de l'antiquité grecque?

Tout cela est encore peu de chose auprès du triomphe artistique, sans exemple dans l'histoire, qui récompensa, au milieu et à la fin du douzième siècle, les efforts de plusieurs générations de constructeurs français. De son propre mouvement, sans révolution intérieure, sans influences venues du dehors, la France, après avoir

ÉGLISE DU SAINT-SÉPULCRE A JÉRUSALEM

extrait en quelque sorte de l'art antique un art déjà très original,
l'art roman, a pu substituer à ce dernier un art plus original
encore. Aucun peuple ne fit jamais pareil tour de force : ni les
Égyptiens, ni les Hindous, ni les Grecs, ni les Romains ne sont parvenus à changer eux-mêmes si profondément et si heureusement
leurs traditions artistiques; ils ont toujours gardé dans tous les
points essentiels, jusqu'à l'arrivée d'un peuple conquérant ou la
prédication d'une religion nouvelle, les systèmes de construction et
d'art que leur avaient transmis leurs ancêtres.

Longtemps notre architecture ogivale s'est trouvée en butte aux
sarcasmes des artistes de tous les pays, sans excepter nos compatriotes, et c'est d'un tel mépris qu'est issue cette qualification de
« gothique » dont l'ignorance a affublé une des plus belles manifestations du beau dans les créations humaines. De nos jours cependant, la lumière s'est faite, les préjugés sont tombés, et depuis
les solides et brillants travaux de Viollet-le-Duc, il n'est plus possible d'abaisser notre art national à un rang plus modeste que
celui-là même où trône depuis vingt-quatre siècles l'admirable
architecture grecque.

Ces deux architectures ne peuvent être comparées entre elles,
du moins quant à leurs principes de construction, car elles n'éma-
nent pas l'une de l'autre et sont, chacune de son côté, le dernier
perfectionnement, l'apogée de deux systèmes contraires, les seuls
qui aient jamais pu être appliqués dans l'art de bâtir. De même
que l'art grec est la plus haute expression du système de la stabilité inerte, ainsi l'art ogival est la plus parfaite application possible
du système des poussées obliques ou d'équilibre.

On a pourtant essayé de comparer les deux arts, même quant à
leurs principes ou aux conséquences de ces principes. « L'étroit
égoïsme de l'homme antique, dit Viollet-le-Duc, se peint dans les arts
de l'Égypte et de la Grèce. C'est parfait, c'est complet, c'est exact,
c'est clair, mais c'est fini. Ces arts n'ont pas de *par-delà*, et s'ils nous
émeuvent, c'est parce que notre imagination d'hommes modernes
nous reporte aux choses et aux évènements dont ces monuments
ont été les témoins. Il faut être instruit pour jouir réellement de la
vue d'un monument antique, pour ressentir une émotion devant
ces œuvres qui ne promettent rien au delà de ce qu'elles montrent;

le plus pauvre monument du moyen âge fait rêver même un igno-
rant..... Il est difficile de donner un autre nom que celui « d'orga-
nisme » à cette architecture du moyen âge, qui se développe et
progresse comme la nature dans la formation des êtres; partant
d'un principe très simple, qu'elle modifie, qu'elle perfectionne,
qu'elle complique, mais sans jamais en détruire l'essence première.
Il n'est pas jusqu'à la loi d'équilibre, appliquée à cette architecture
pour la première fois, qui ne procure comme une sorte de vie à ces
mouvements, en opposant, dans leur structure, des actions inver-
ses, des pressions à des pressions, des contre-poids à des porte-à-
faux; en décomposant des pesanteurs pour les rejeter loin du point
où elles tendraient verticalement; en donnant à chaque profil une
destination en rapport avec la place qu'il occupe, à chaque pierre
une fonction telle qu'on ne saurait supprimer aucune d'elles sans
compromettre l'ensemble. N'est-ce pas là la vie, autant qu'il est
permis à l'homme de la communiquer à l'œuvre de ses mains? »

Pour être équitable envers les détracteurs de l'art ogival, nous
devons reconnaître que cet art est difficile à saisir, dans l'état où
nous sont parvenues ces productions, les unes inachevées, les
autres défigurées par les restaurations ou les remaniements posté-
rieurs. La beauté d'un édifice gothique est tout d'une pièce; chaque
détail y concourt si puissamment qu'on n'en peut enlever ou alté-
rer le moindre sans changer totalement le caractère de l'ensemble.
Si les monuments antiques avaient subi de pareilles dégradations
ou de pareilles retouches, on n'aurait pas écrit à leur sujet tant de
pages enthousiastes. Il a fallu aux Caumont, aux Chateaubriand et
aux Montalembert une merveilleuse intuition, et aux Viollet-le-Duc,
aux Lassus et aux Vitet une étonnante patience d'analyse pour découvrir la haute valeur artistique de notre vieille architecture
nationale. Ajoutons qu'on n'a pas assez distingué dans l'art ogival
ses deux ou trois diverses périodes et que les blâmes, justes à l'égard
des styles des quatorzième et quinzième siècles, impliquent à tort
dans le même discrédit les admirables monuments qu'avait su concevoir et en grande partie exécuter le siècle de Philippe-Auguste et
de saint Louis.

Si de l'architecture proprement dite on passe à la sculpture, la
comparaison ne sera pas non plus facile entre le moyen âge et les

meilleurs siècles de l'antiquité classique. La sculpture historiée des douzième et treizième siècles peut paraître inférieure aux œuvres de Phidias et de Praxitèle, pour qui recherche la perfection plastique et une exécution irréprochable; mais, au point de vue de la pensée, les productions de nos vieux imagiers sont incontestablement supérieures à celles de toute l'antiquité. Le parallèle est plus aisé à établir en ce qui concerne la sculpture ornementale et les éléments de l'architecture se rapportant spécialement à la décoration, tels que les moulures. On trouve entre ces deux systèmes, que séparent plus de quinze siècles et des principes opposés, une frappante analogie dans les procédés d'ornementation. A ce titre, ils se valent, si même on ne trouve encore dans le moyen âge plus d'exubérance et de variété, une distribution plus logique.

Notre ancienne peinture murale était loin sans doute de valoir comme exécution celle de l'antiquité; mais la conception en est aussi puissante, l'effet décoratif tout aussi riche; de plus, jointe à la sculpture, elle instruit beaucoup mieux et beaucoup plus efficacement que les représentations offertes par les temples païens. De plus encore, nous possédons une merveille que n'ont connue ni les Grecs ni les Romains, la peinture sur verre, pour laquelle, si l'on s'en tient au coloris, le principal objet en cette matière, nos ancêtres des douzième et treizième siècles n'ont jamais été égalés.

Enfin, notre architecture nationale est celle qui répond le mieux aux besoins et aux aspirations d'une croyance; si bien que M. Henri Martin, un des historiens les plus célèbres de notre époque, n'a pu s'empêcher de s'écrier à la vue de nos cathédrales : « Qui pourra contester que ce soit la forme la plus solennelle qu'ait encore revêtue la pensée religieuse depuis l'origine des cultes? »

La France a donc été, en architecture, la Grèce des temps modernes, et elle l'a été jusque dans l'influence prédominante qu'elle exerça, depuis le douzième siècle, sur toute l'Europe catholique. Les premières productions du style ogival attirèrent sur nos maîtres-maçons les regards des pays étrangers. Déjà les moines, et en particulier ceux de Cîteaux, avaient apporté en Espagne, en Portugal, en Italie, en Allemagne et dans les Pays-Bas, peut-être jusqu'en Pologne et en Scandinavie, le style de transition tel qu'ils le pratiquaient en France. Ce fait curieux est prouvé par d'innombrables exemples.

Dès la fin du règne de Louis VII, l'invasion du style ogival à l'étranger prit un autre caractère et une tout autre importance.

L'Angleterre, si bien placée par sa situation politique et géogra-

ABBAYE DE KELSO EN ANGLETERRE

phique pour tirer parti de nos lumières, convoqua en 1175 un grand concours d'artistes, appelés à fournir les plans de la cathédrale de Cantorbéry, métropole du royaume. Ce fut le projet d'un Français qui fut couronné, parce que ce projet se trouvait conçu dans le style ogival. L'auteur, Guillaume de Send, était né dans la ville dont il prenait le nom et dont la cathédrale était presque terminée à l'époque où il passa en Angleterre. Il puisa dans cet édifice des souvenirs qu'il sut utiliser dans son œuvre. Une blessure grave, reçue en tombant d'un échafaudage, obligea Guillaume à rentrer dans sa patrie; mais son rôle était rempli, et après lui on ne construisit guère plus qu'en style ogival chez nos voisins d'outre-Manche. Les Anglais surent même si parfaitement s'approprier, s'assimiler notre architecture, qu'ils la transformèrent bientôt suivant leur propre génie et construisirent, pendant les treizième, quatorzième et quinzième siècles, jusqu'au schisme d'Henri VIII, des églises sinon aussi pures dans tous leurs détails, du moins aussi légères et aussi majestueuses dans leur ensemble que celles de France. Si elles manquent de flèches (celle de Salisbury, haute de 130 mètres, est une rare exception) et si les roses y sont sacrifiées, elles l'emportent sur nos cathédrales par la beauté de leurs proportions. Les cathédrales gothiques d'York, de Lincoln, due à un architecte blésois, d'Ely, de Wells, de Salisbury, bâtie avec quelques influences françaises de 1220 à 1258, et l'abbaye de Westminster, rebâtie au treizième siècle, n'ont rien à envier à nos cathédrales de Reims, de Chartres et d'Amiens.

Le type des cathédrales anglaises passa bientôt en Écosse et en Irlande; on le retrouve sur la côte de Norvège, à la cathédrale de Drontheim, commencée à la fin du douzième siècle sous des influences angevines, et jusqu'en Portugal, à la célèbre abbaye de Batalha ou de la Bataille.

Si l'Angleterre a cessé de revendiquer la création du style ogival, l'Allemagne est plus tenace dans ses prétentions. Nous entendons ici l'Allemagne artistique du moyen âge, qui embrasse la plus grande partie de la Suisse et des Pays-Bas. Cependant une vive polémique, soutenue par plusieurs journaux germaniques à la fin de l'année 1882, a amené une des principales feuilles périodiques de Berlin, le *Tagblatt*, à reconnaître les droits de la France; et de nombreux savants, convertis par les arguments de ce journal, ne nous disputent plus l'honneur d'avoir créé un style dont les Allemands se sont bornés à tirer le plus heureux parti. Ces arguments, qui du reste n'auraient rien de bien nouveau si nos compatriotes avaient su plus

CATHÉDRALE DE CANTORBÉRY

tôt les faire valoir, se bornent en réalité à trois points. D'abord, on construisait, sur les bords du Rhin, dans un style roman à peine altéré par quelques ogives, en 1225 ou 1230, alors qu'en France le style ogival, créé depuis près d'un siècle, arrivait à sa maturité. En second lieu, les églises allemandes qui, construites à cette époque et jusqu'à la fin du treizième siècle, offrent le style ogival, procèdent d'édifices français qu'il est presque toujours possible de déterminer. Les cathédrales de Noyon et de Laon sont les prototypes évidents des cathédrales de Lausanne, de Limbourg et d'une partie de celle de Bamberg. Le Dom (cathédrale) de Cologne, le légitime orgueil des populations rhénanes, terminé à grands frais de nos jours par le gouvernement prussien, n'est dans son chœur, entrepris en 1248, qu'une habile compilation de nos cathédrales d'Amiens et de Beauvais, faite par un artiste ayant vécu en Picardie. En dernier lieu, un document allemand du treizième siècle constate de la façon la plus expresse l'importation française de l'art ogival, en le désignant par ces termes fort clairs : *opus francigenum*, « système français ».

A ces faits, qui n'ont jamais été contestés, ajoutons une dernière question. Si les architectes français ont travaillé en Allemagne, pourrait-on, par une sorte de compensation, trouver un seul maître-maçon allemand ayant exercé son art en France pendant le douzième et le treizième siècle? Pourrait-on du moins établir que les Allemands ont été eux-mêmes dans leur voisinage les premiers missionnaires de l'art ogival? Pas davantage, et cela se comprend, puisqu'ils ne connaissaient pas, avant 1250, assez l'art ogival pour être en état de l'enseigner. Ceux qui l'avaient créé étaient seuls, à cette période, capables de l'exporter et d'en communiquer l'intelligence.

Paris, sous Philippe-Auguste et sous saint Louis, devint le grand foyer intellectuel de la chrétienté. Avoir étudié à Paris était le meilleur titre et la meilleure recommandation qui pût être ambitionnée; un prestige tout particulier entourait à leur retour les étrangers qui avaient pris à Paris leurs grades universitaires; les honneurs et les dignités les attendaient dans leur patrie. Ainsi plusieurs évêques étrangers se trouvèrent avoir vu nos cathédrales et nos architectes. C'est en grande partie à ces circonstances que sont dus les voyages de nos maîtres-maçons en Allemagne et dans les pays d'alentour. Vilard, né en Picardie, nous apprend lui-même qu'il fut mandé en

PORTE, A LA CATHÉDRALE DE ROCHESTER

Hongrie pour y construire une église importante. Il ne désigne pas cette église, qui fut peut-être la cathédrale de Kaschau, picarde et champenoise dans son style. Dans la cathédrale également hongroise de Kolocsa, existait l'épitaphe de Martin Ravège, venu de France tout exprès pour la bâtir dans le genre gothique.

En Danemark, le célèbre évêque Absalon, qui avait étudié à Paris, employa aussi des ouvriers français pour sa cathédrale de Rœskilde, qui a plus d'un rapport avec l'ancienne cathédrale d'Arras; et plus d'un siècle après, en 1287, le primat de la Suède faisait venir de Paris à Upsal un certain nombre de maçons sous les ordres de Pierre Bonneuil. La métropole suédoise, malgré les mutilations qu'elle a subies, porte encore les traces les plus frappantes de son origine française.

En Espagne, où l'architecte français Gautier bâtissait, vers 1200, l'abbaye cistercienne de Val de Dios, les trois plus anciennes cathédrales gothiques sont celles de Léon, de Burgos et de Tolède. Les deux premières portent des traces d'influence champenoise et normande; la troisième dérive de la cathédrale de Bourges. Maurice, qui fit commencer la cathédrale de Burgos en 1221, et Rodrigue Ximenès, qui entreprit celle de Tolède en 1227, étaient d'anciens étudiants de l'université de Paris.

L'Italie, malgré ses attaches byzantines et gréco-romaines, se rapprocha elle-même, du mieux qu'elle put, de notre style ogival. Elle ne parvint jamais à le comprendre, et si elle appela parfois nos artistes pour s'aider de leurs conseils, elle n'adopta qu'à demi leurs projets, ne leur empruntant que ce qui pouvait lui servir à produire des effets étonnants. La cathédrale de Milan, commencée au quatorzième siècle, n'est qu'une conception bizarre et un assemblage de tours de force; à Sienne, à Orvieto, à Sainte-Marie-des-Fleurs de Florence, l'unité est rompue au profit des réminiscences byzantines et d'un retour plus ou moins accentué à l'art antique.

Dans l'ancien royaume de Naples, la maison d'Anjou apporta le style ogival des provinces du Midi, comme seul capable d'inspirer des monuments durables sur ce sol agité par de fréquents tremblements de terre. Par exemple, à l'abbaye de Santa Chiara (1310), on voit une nef très large sans transsept ni collatéraux, avec chapelles et tribunes entre les gros contreforts. Lorsqu'il y a des églises

ABBAYE DE BATALHA, EN PORTUGAL

à trois nefs dans le sud de l'Italie, elles n'ont point de voûtes.

CLOCHER DE SALISBURY

Dans la Sicile, l'influence de la maison d'Anjou avait été précédée de celle des Normands, qui, pendant l'époque romane, s'était mêlée à des influences arabes et byzantines pour produire des édifices d'un caractère particulier, comme les cathédrales de Montréal et de Cefalù. L'influence normande persista après 1195, malgré les conquêtes allemande et française. La cathédrale de Palerme est l'expression la plus grandiose de cet art gothique normand, mêlé encore de sarrasin. Elle fut commencée à la fin du douzième siècle par un archevêque anglais, et continuée pendant le treizième. Ses minces clochers ressemblent assez aux petites tours qui encadrent les chœurs de Saint-Étienne de Caen et de la cathédrale de Bayeux. Les archivoltes des portes et de quelques fenêtres sont ornées de torsades, de chevrons, de losanges, et d'autres motifs de la décoration normande; les corniches, fort développées et semblables à un entablement complet, ont du normand dans leurs modillons, de l'arabe dans leurs créneaux.

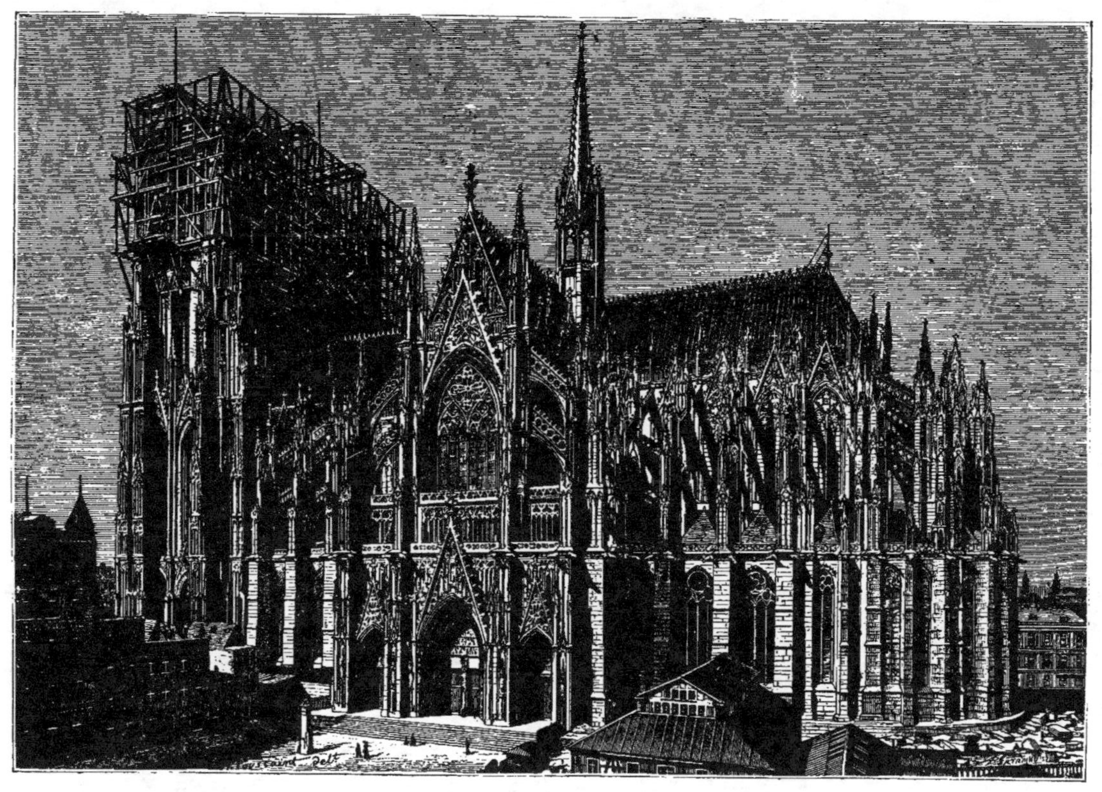

LA CATHÉDRALE DE COLOGNE EN 1875

Il se construisit en Italie, pendant les treizième, quatorzième et quinzième siècles, beaucoup de monuments civils de style ogival. Ils sont généralement plus purs que les églises contemporaines, nous ne savons pourquoi. Ces monuments civils ont à peu près uniformément leurs façades régulières, divisées en trois ou en quatre étages, percées de fenêtres en ogives toutes semblables; ces ouvertures sont divisées en deux, trois ou quatre baies à colonnettes, avec tympan massif ou incomplètement ajouré. Tels sont le palais de la République à Sienne (1345), dominé par une tour de 87 mètres, le palais Buonsignori et beaucoup d'autres, dans la même ville, le premier palais du podestat à Arezzo (1324), les palais des podestats à Vico Pisano (treizième siècle) et à Figlino (1387), le palais communal, à Volterra (roman et ogival), le palais des prieurs dans la même ville (1387), etc. Le palais des doges, à Venise, est dans sa façade un brillant spécimen du style ogival flamboyant français, comme plusieurs palais ou maisons de la même ville; toutefois de fortes modifications locales se font sentir dans ces édifices.

La première l'Italie se débarrassa complètement, dès les premières années du quinzième siècle, de ce style ogival qui ne convenait guère ni à son génie particulier, ni à son climat.

Si l'Italie se crut obligée de répudier l'art ogival, ce n'était pas une raison pour elle de déverser sur lui le mépris après nous l'avoir emprunté. Dès qu'ils n'ont plus senti le besoin de notre architecture, les Italiens lui ont jeté l'épithète dédaigneuse de « gothique », car c'est à eux et principalement à leur peintre Vasari qu'est due cette injurieuse qualification, aujourd'hui passée dans l'usage universel.

Après nous avoir accusés de n'avoir su construire d'après nos propres inspirations que des monuments barbares, les Italiens se sont vantés d'avoir réveillé chez nous l'habileté et le bon goût, endormis, suivant eux, pendant le moyen âge. A les entendre, nous leur devons la Renaissance. Nous n'avons pas eu la patience d'arriver à la fin de ce volume sans réfuter une allégation longtemps acceptée par les Français eux-mêmes : ce que nous avions à dire à ce sujet se trouve placé à la fin du chapitre XIII.

Suivant les mêmes Italiens et un trop grand nombre de nos compatriotes, c'est encore de la presqu'île des Apennins que nous est

CATHÉDRALE DE RŒSKILDE, EN DANEMARK

venue la sculpture. Ouvrez un livre consacré aux beaux siècles de la
sculpture, et vous verrez presque toujours le chapitre de la Renaissance italienne ou française suivre immédiatement le chapitre de

CATHÉDRALE DE SIENNE

la sculpture antique. Point de chapitre pour le moyen âge, à peine
quelques mots pour dire qu'il ne connut pas la sculpture, absolument comme, il y a un siècle, on disait qu'il avait ignoré l'ar-

chitecture. Il est temps de renoncer à ce préjugé antipatriotique,
et le peut aujourd'hui quiconque a une grande cathédrale gothique
à sa portée ou possède la faculté de se rendre, à Paris, au palais du
Trocadéro. Il y a dans cet édifice un musée de sculpture comparée.
qui devient une véritable révélation. Et voici ce que les esprits les
plus prévenus contre notre art national finissent par découvrir
dans cette précieuse collection de moulages. Nos sculpteurs du
onzième siècle furent évidemment des praticiens maladroits ; mais,
nous l'avons dit en temps et lieu, ils n'avaient ni maîtres ni modèles, et ils laissèrent des élèves qui surent déjà donner une tournure et une exécution admirables à la sculpture décorative, tout
en s'essayant à communiquer un peu de vie à leurs bas-reliefs ou
à leurs statues. Au commencement du treizième siècle, cent cinquante ou deux cents ans de généreux efforts avaient produit leur
résultat. Les Grecs étaient-ils donc parvenus à former d'un seul
coup leur Phidias et leur Praxitèle? Si la France eut, comme la
Grèce, sa période « éginétique », elle eut également son siècle de
Périclès, et nos Périclès à nous, ce sont Philippe-Auguste et saint
Louis. Ce n'est pas assurément que nous osions placer au même
rang la sculpture française et la sculpture athénienne, le portail
d'Amiens ou ceux (latéraux) de Chartres et les frises du Parthénon ;
mais vraiment on ne voit pas trop en quoi la comparaison serait
injurieuse pour les chefs-d'œuvre antiques. C'est une calomnie que
d'attribuer aux statues du treizième et du quatorzième siècle cette
raideur de pose, cette sécheresse de draperies, cette incorrection
des formes, cette maigreur ascétique dont on peut accuser seuls
les artistes romans. Nous ne pouvons appuyer nos affirmations
d'exemples et figurer ici des ouvrages tels que le Beau-Dieu
d'Amiens, les Vertus de Chartres, les statues de sainte Bathilde à
Corbie, de Nanthilde à Saint-Denis, de sainte Osanne à Jouarre
et mille statuettes de vierges, d'anges et de bienheureux, sans
compter les bas-reliefs et les groupes en ronde-bosse. Notre sujet
ne comporte pas une pareille démonstration, que Viollet-le-Duc a
déjà faite pour les érudits, à l'article de son *Dictionnaire raisonné*
consacré à la sculpture.

Si, au quinzième siècle, la sculpture française déclina et tomba
dans les mêmes exagérations et affectations que l'architecture, elle

était encore assez puissante pour servir de véritable point de départ à la sculpture de la Renaissance ; et la sculpture du seizième siècle, malgré ses tendances au paganisme, fut avant tout nationale.

Après la Renaissance, la sculpture sut rester française tout en changeant de caractère ; il en fut de même jusqu'à un certain point de l'architecture. Celle-ci, tout en perdant peu à peu de son cachet national au profit des souvenirs antiques d'abord, puis de ceux de toutes les époques et de tous les pays, garda toujours, si l'on excepte certains pastiches, une originalité suffisante, soit vis-à-vis de l'art gréco-romain, soit vis-à-vis des styles étrangers. Louis XIV put appeler le Bernin en France, mais il le combla de plus d'honneurs que de travaux, et l'artiste italien dut retourner à Rome sans avoir chez nous ni bâti un édifice ni fondé une école. Ce furent peut-être ses œuvres d'Italie qui, un peu plus tard, préparèrent les voies au goût rococo du temps de Louis XV ; mais, sous Louis XV encore, notre art était un art français. Nous avons eu beau connaître de fâcheuses décadences, nous avons toujours gardé, en architecture, plus que notre indépendance, nous n'en n'avons jamais perdu le sceptre ; nous n'avons jamais eu à l'étranger de maîtres, à peine des rivaux.

FIN

INDEX ALPHABÉTIQUE

DES TERMES DÉFINIS OU EXPLIQUÉS DANS L'OUVRAGE

TABLE DES MATIÈRES

FIN DE LA TABLE DES MATIÈRES